北京文化书系
古都文化丛书

大运河——都城命脉

中共北京市委宣传部
北京市社会科学院　组织编写

蔡蕃　著

北京出版集团
北京出版社

图书在版编目（CIP）数据

大运河：都城命脉 / 中共北京市委宣传部，北京市社会科学院组织编写；蔡蕃著. — 北京：北京出版社，2023.3
（北京文化书系. 古都文化丛书）
ISBN 978-7-200-15514-3

Ⅰ.①大… Ⅱ.①中… ②北… ③蔡… Ⅲ.①大运河—介绍—北京 Ⅳ.①K928.42

中国版本图书馆CIP数据核字（2020）第051552号

北京文化书系　古都文化丛书
大运河
——都城命脉
DAYUNHE

中共北京市委宣传部
北京市社会科学院　组织编写
蔡蕃　著

*

北京出版集团
北京出版社　出版

（北京北三环中路6号）
邮政编码：100120

网　　址：www.bph.com.cn
北京出版集团总发行
新华书店经销
北京华联印刷有限公司印刷

*

787毫米×1092毫米　16开本　21印张　292千字
2023年3月第1版　2023年3月第1次印刷
ISBN 978-7-200-15514-3
定价：248.00元
如有印装质量问题，由本社负责调换
质量监督电话：010-58572393；发行部电话：010-58572371

"北京文化书系"编委会

主　　　任　莫高义　杜飞进

副　主　任　赵卫东

顾　　　问（按姓氏笔画排序）
　　　　　　于　丹　刘铁梁　李忠杰　张妙弟　张颐武
　　　　　　陈平原　陈先达　赵　书　宫辉力　阎崇年
　　　　　　熊澄宇

委　　　员（按姓氏笔画排序）
　　　　　　王杰群　王学勤　刘军胜　许　强　李　良
　　　　　　李春良　杨　烁　余俊生　宋　宇　张　际
　　　　　　张　维　张　淼　张劲林　张爱军　陈　冬
　　　　　　陈　宁　陈名杰　赵靖云　钟百利　唐立军
　　　　　　康　伟　韩　昱　程　勇　舒小峰　谢　辉
　　　　　　翟立新　翟德罡　穆　鹏

"古都文化丛书"编委会

主　　编：阎崇年

执行主编：王学勤　唐立军　谢　辉

编　　委：朱柏成　鲁　亚　田淑芳　赵　弘
　　　　　杨　奎　谭日辉　袁振龙　王　岗
　　　　　孙冬虎　吴文涛　刘仲华　王建伟
　　　　　郑永华　章永俊　李　诚　王洪波

学术秘书：高福美

"北京文化书系"
序言

文化是一个国家、一个民族的灵魂。中华民族生生不息绵延发展、饱受挫折又不断浴火重生，都离不开中华文化的有力支撑。北京有着三千多年建城史、八百多年建都史，历史悠久、底蕴深厚，是中华文明源远流长的伟大见证。数千年风雨的洗礼，北京城市依旧辉煌；数千年历史的沉淀，北京文化历久弥新。研究北京文化、挖掘北京文化、传承北京文化、弘扬北京文化，让全市人民对博大精深的中华文化有高度的文化自信，从中华文化宝库中萃取精华、汲取能量，保持对文化理想、文化价值的高度信心，保持对文化生命力、创造力的高度信心，是历史交给我们的光荣职责，是新时代赋予我们的崇高使命。

党的十八大以来，以习近平同志为核心的党中央十分关心北京文化建设。习近平总书记作出重要指示，明确把全国文化中心建设作为首都城市战略定位之一，强调要抓实抓好文化中心建设，精心保护好历史文化金名片，提升文化软实力和国际影响力，凸显北京历史文化的整体价值，强化"首都风范、古都风韵、时代风貌"的城市特色。习近平总书记的重要论述和重要指示精神，深刻阐明了文化在首都的重要地位和作用，为建设全国文化中心、弘扬中华文化指明了方向。

2017年9月，党中央、国务院正式批复了《北京城市总体规划（2016年—2035年）》。新版北京城市总体规划明确了全国文化中心建设的时间表、路线图。这就是：到2035年成为彰显文化自信与多元包容魅力的世界文化名城；到2050年成为弘扬中华文明和引领时代潮流的世界文脉标志。这既需要修缮保护好故宫、长城、颐和园等享誉中外的名胜古迹，也需要传承利用好四合院、胡同、京腔京韵等具有老北京地域特色的文化遗产，还需要深入挖掘文物、遗迹、设施、景点、语言等背后蕴含的文化价值。

组织编撰"北京文化书系"，是贯彻落实中央关于全国文化中心建设决策部署的重要体现，是对北京文化进行深层次整理和内涵式挖掘的必然要求，恰逢其时、意义重大。在形式上，"北京文化书系"表现为"一个书系、四套丛书"，分别从古都、红色、京味和创新四个不同的角度全方位诠释北京文化这个内核。丛书共计47部。其中，"古都文化丛书"由20部书组成，着重系统梳理北京悠久灿烂的古都文脉，阐释古都文化的深刻内涵，整理皇城坛庙、历史街区等众多物质文化遗产，传承丰富的非物质文化遗产，彰显北京历史文化名城的独特韵味。"红色文化丛书"由12部书组成，主要以标志性的地理、人物、建筑、事件等为载体，提炼红色文化内涵，梳理北京波澜壮阔的革命历史，讲述京华大地的革命故事，阐释本地红色文化的历史内涵和政治意义，发扬无产阶级革命精神。"京味文化丛书"由10部书组成，内容涉及语言、戏剧、礼俗、工艺、节庆、服饰、饮食等百姓生活各个方面，以百姓生活为载体，从百姓日常生活习俗和衣食住行中提炼老北京文化的独特内涵，整理老北京文化的历史记忆，着重系统梳理具有地域特色的风土习俗文化。"创新文化丛书"由5部书组成，内容涉及科技、文化、教育、城市规划建设等领域，着重记述新中国成立以来特别是改革开放以来北京日新月异的社会变化，描写北京新时期科技创新和文化创新成就，展现北京人民勇于创新、开拓进取的时代风貌。

为加强对"北京文化书系"编撰工作的统筹协调，成立了以"北京文化书系"编委会为领导、四个子丛书编委会具体负责的运行架构。"北京文化书系"编委会由中共北京市委常委、宣传部部长莫高义同志和市人大常委会党组副书记、副主任杜飞进同志担任主任，市委宣传部分管日常工作的副部长赵卫东同志担任副主任，由相关文化领域权威专家担任顾问，相关单位主要领导担任编委会委员。原中共中央党史研究室副主任李忠杰、北京市社会科学院研究员阎崇年、北京师范大学教授刘铁梁、北京市社会科学院原副院长赵弘分别担任"红色文化""古都文化""京味文化""创新文化"丛书编委会主编。

在组织编撰出版过程中，我们始终坚持最高要求、最严标准，突出精品意识，把"非精品不出版"的理念贯穿在作者邀请、书稿创作、编辑出版各个方面各个环节，确保编撰成涵盖全面、内容权威的书系，体现首善标准、首都水准和首都贡献。

我们希望，"北京文化书系"能够为读者展示北京文化的根和魂，温润读者心灵，展现城市魅力，也希望能吸引更多北京文化的研究者、参与者、支持者，为共同推动全国文化中心建设贡献力量。

"北京文化书系"编委会

2021年12月

"古都文化丛书"
序言

北京不仅是中国著名的历史文化古都，而且是世界闻名的历史文化古都。当今北京是中华人民共和国首都，是中国的政治中心、文化中心、国际交往中心、科技创新中心。北京历史文化具有原生性、悠久性、连续性、多元性、融合性、中心性、国际性和日新性等特点。党的十八大以来，习近平总书记十分关心首都的文化建设，指出北京丰富的历史文化遗产是一张金名片，传承保护好这份宝贵的历史文化遗产是首都的职责。

作为中华文明的重要文化中心，北京的历史文化地位和重要文化价值，是由中华民族数千年文化史演变而逐步形成的必然结果。约70万年前，已知最早先民"北京人"升腾起一缕远古北京文明之光。北京在旧石器时代早期、中期、晚期，新石器时代早期、中期、晚期，经考古发掘，都有其代表性的文化遗存。自有文字记载以来，距今3000多年以前，商末周初的蓟、燕，特别是西周初的燕侯，其城池遗址、铭文青铜器、巨型墓葬等，经考古发掘，资料丰富。在两汉，通州路（潞）城遗址，文字记载，考古遗迹，相互印证。从三国到隋唐，北京是北方的军事重镇与文化重心。在辽、金时期，北京成为北中国的政治中心、文化中心。元朝大都、明朝北京、清朝京师，北京是全中国的政治中心、文化中心。民国初期，首都在北京，后都城虽然迁到南京，但北京作为全国文化中心，既是历史事实，也是人们共识。北京历史之悠久、文化之丰厚、布局之有序、建筑之壮丽、文物之辉煌、影响之远播，已经得到证明，并获得国际认同。

从历史与现实的跨度看，北京文化发展面临着非常难得的机遇。上古"三皇五帝"、汉"文景之治"、唐"贞观之治"、明"永宣之治"、清"康乾之治"等，中国从来没有实现人人吃饱饭的愿望，现在全面建成小康社会，历史性告别绝对贫困，这是亘古未有的大事。中华民族迎来了从站起来、富起来到强起来的伟大飞跃，迎来了实现伟大复兴的光明前景。

"建首善自京师始"，面向未来的首都文化发展，北京应做出无愧于时代、无愧于全国文化中心地位的贡献。一方面整体推进文化发展，另一方面要出文化精品，出传世之作，出标识时代的成果。近年来，北京市委宣传部、市社科院组织首都历史文化领域的专家学者，以前人研究为基础，反映当代学术研究水平，特别是新中国成立70多年来的成果，撰著"北京文化书系·古都文化丛书"，深入贯彻落实习近平总书记关于文化建设的重要论述，坚决扛起建设全国文化中心的职责使命，扎实做好首都文化建设这篇大文章。

这套丛书的学术与文化价值在于：

其一，在金、元、明、清、民国（民初）时，北京古都历史文化，留下大量个人著述，清朱彝尊《日下旧闻》为其成果之尤。但是，目录学表明，从辽金经元明清到民国，盱古观今，没有留下一部关于古都文化的系列丛书。历代北京人，都希望有一套"古都文化丛书"，既反映当代研究成果，也是以文化惠及读者，更充实中华文化宝库。

其二，"古都文化丛书"由各个领域深具文化造诣的专家学者主笔。著者分别是：（1）《古都——首善之地》（王岗研究员），（2）《中轴线——古都脊梁》（王岗研究员），（3）《文脉——传承有序》（王建伟研究员），（4）《坛庙——敬天爱人》（龙霄飞研究馆员），（5）《建筑——和谐之美》（周乾研究馆员），（6）《会馆——桑梓之情》（袁家方教授），（7）《园林——自然天成》（贾珺教授、黄晓副教授），（8）《胡同——守望相助》（王越高级工程师），（9）《四合院——修身齐家》（李卫伟副研究员），（10）《古村落——乡愁所寄》（吴文涛副研究员），（11）《地名——时代印记》（孙冬虎研究员），（12）《宗教——和谐共生》（郑永华研究员），（13）《民族——多元一体》（王卫华教授），（14）《教育——兼济天下》（梁燕副研究员），（15）《商业——崇德守信》（倪玉平教授），（16）《手工业——工匠精神》（章永俊研究员），（17）《对外交流——中国气派》（何岩巍助理研究员），（18）《长城——文化纽带》（董耀会教授），（19）《大运河——都城命脉》（蔡蕃研究员），（20）《西山永定河——血脉根基》（吴文涛副研究员）等。署名著者分属于市社科院、清华大学、中央民族大学、首都经济贸易大学、北京教育科学研究院、北京古代建筑研究所、故宫博物院、首都博物馆、中国长城学会、北京地理学会等高校和学术单位。

其三，学术研究是个过程，总不完美，却在前进。"古都文化丛书"是北京文化史上第一套研究性的、学术性的、较大型的文化丛书。这本身是一项学术创新，也是一项文化成果。由于时间较紧，资料繁杂，难免疏误，期待再版时订正。

本丛书由市社科院原院长王学勤研究员担任执行主编，负责全面工作；市社科院历史研究所所长刘仲华研究员全面提调、统协联络；北京出版集团给予大力支持；至于我，忝列本丛书主编，才疏学浅，年迈体弱，内心不安，实感惭愧。本书是在市委宣传部、市社科院的组织协调下，大家集思广益、合力共著的文化之果。书中疏失不当之处，我都在在有责。敬请大家批评，也请更多谅解。

是为"古都文化丛书"序言。

阎崇年

目 录

前 言 ... 1

第一章 中国大运河始终是朝着首都修建 ... 1
第一节 第一次建设高潮 秦汉东西大运河及三国至南北朝分裂期运河 ... 3
第二节 第二次建设高潮 隋代建南北大运河及唐宋进一步发展时期运河 ... 15
第三节 第三次建设高潮 元代建京杭大运河及明清进一步完善至衰落期 ... 30

第二章 北京地理特点及隋以前运河建设 ... 55
第一节 北京地区水文水资源概况 ... 58
第二节 北京城与大运河密不可分 ... 67
第三节 隋以前北京地区引水与漕运工程 ... 73
第四节 隋唐永济渠及辽南京的运河 ... 78

第三章 金代中都至通州运河初步开发 ... 85
第一节 白莲潭至通州的金漕渠 ... 87
第二节 白莲潭至中都水运通道的西河 ... 89
第三节 永定河通漕运金口河工程失败 ... 95

第四节　中都至通州闸河艰难运行十年　　99

第四章　元代大都运河及京杭大运河全线贯通　　101
　　第一节　元初建设大都至通州运河　　103
　　第二节　开通惠河实现京杭大运河全线贯通　　131
　　第三节　创建白浮瓮山河开发新水源　　139
　　第四节　修建水库瓮山泊及积水潭码头　　153
　　第五节　通航水道创建24闸实现"节水行舟"　　170
　　第六节　元代大都运河与北运河的连接　　186

第五章　明清北京大运河的重建与终结　　191
　　第一节　明清北京运河重建与治理　　193
　　第二节　明清运河水源治理　　205
　　第三节　明清北运河治理与通州北上运河　　216
　　第四节　民国时期北京的运河及复航规划　　226
　　第五节　通惠河成为城市重要排水干渠　　232
　　第六节　民国时期的北运河　　234

第六章　新中国北京地区的河道保护与治理　　235
　　第一节　北京市城市水源的开发——永定河引水渠与京密引水渠　　237
　　第二节　北京地区运河的保护与治理　　241
　　第三节　北京运河的保护　　243
　　第四节　中国大运河申遗成功与北京大运河保护规划　　250

第七章　北京大运河建设特点与成就　　253
　　第一节　历史上北京大运河闸坝形式及特点　　255

第二节	北京大运河建设成就	268
第三节	运河水源调蓄建筑——水库（水柜）	272
第四节	运河码头与桥梁建筑	279

第八章　运河管理与制度　289

第一节	历代运河管理	291
第二节	历代漕运管理	297
第三节	历代漕仓建设与管理	303

参考文献　314

后　记　315

前　言

中国大运河自公元前486年吴国开邗沟沟通江淮伊始，公元前361年沟通黄河和淮河的鸿沟，到秦始皇二十八年（前219）开凿沟通长江支流湘江与珠江水系漓江的灵渠，秦汉国家实现大一统，掀起修建大运河第一次高潮。此间将原来地区性的运河连通起来，初步形成从江浙通江淮，再通过汴渠向西进入黄河，最后到达关中长安总长2000余千米的"东西大运河"。[1]三国两晋南北朝期间，疆土分裂，大运河成为区域运河。直到隋代全国再次统一，用将近30年时间，修建了东起杭州西到长安的东西大运河，还利用曹操开辟的海河流域的运河建成了北达涿郡（今北京）的永济渠，史称南北大运河。隋唐的南北大运河维系了近300年的国家统一和繁荣。元代结束宋辽金西夏国家的分裂局面，立刻着手修建通往新首都大都城（今北京）的京杭大运河。此后至清末的600多年间，中国的政治中心一直在北京，这条京杭大运河成为沟通中国南北的政治、经济、文化的纽带，在维系国家统一上也发挥了重要作用。

北京至少有3000年的建城史。三国时开始引永定河水灌溉北京周边农田。金代将莲花河引入城中，修建了西苑、太液池及北京历史上最早的皇家园林——同乐园。元代准备在北京建都，需要扩大城市规模，而莲花河水系不能满足城市用水要求，于是在金中都城东北郊新建大都城。这样可以使用高梁河水系及其上游的玉泉山水和白浮泉

---

[1] 姚汉源《中国水利史纲要》，水利电力出版社，1987年，第79—84页。

等作为城市主要水源。

元初，郭守敬建议引玉泉水济漕运，后来改建为坝河，实现大都城至通州码头的漕运，终元一朝发挥了很大的作用。为了解决新建大都城市建筑材料的运输问题，1266年，郭守敬亲自设计施工，重新开凿金口河，实现引永定河水通漕运，保证了百万人口的世界大都会新城市的顺利建设。后由于永定河洪水难以控制，1301年，郭守敬主动将金口河堵塞。

1289年，山东会通河开通，京杭大运河自杭州已经可以通航到通州，而通州至大都城50余里距离的运河只有一条坝河担任漕运任务，运输能力明显不足，大部分漕粮需要陆路运输。1293年，在郭守敬考察设计和亲自主持下完成通惠河建设，漕船可以直接驶入积水潭，实现京杭大运河的全线通航。通惠河的方案是开发昌平白浮泉等泉水，通过60余里的白浮瓮山河注入今天的昆明湖。再沿长河注入积水潭，开辟为终端码头。然后出万宁桥，东至通州李二寺与北运河连接，沿途修建24闸，成功解决了元朝首都漕运难题。

明初永乐帝准备迁都北京之前，首先恢复已经断航多年的大运河山东的会通河。而元代通惠河由于白浮泉断流，而且规定不许继续使用，城市和运河水源只有玉泉一源，漕运非常困难。到嘉靖七年（1528），吴仲吸取明初屡次修复运河失败经验，彻底改造通惠河上闸坝及运行模式，保留5闸，新建土石2坝，将通州城打造为北运河至首都的转运中心，7/10漕粮在石坝搬运到通惠河葫芦头停泊的船上，然后经过5闸至大通桥下，再转运到朝阳门内皇家粮仓，另外3/10漕粮在土坝码头起岸，车运至通州粮仓暂时存储，待用车运至京仓。这样的运行方式至清末没有大的改变。

清乾隆十五年（1750），扩大瓮山泊为昆明湖，增加北京水源、水库的调蓄能力，同时建设颐和园，使之成为世界著名园林。后来又建12千米石槽引导西山泉水补充玉泉山水，但仍然是杯水车薪，难以改变北京河运艰难的格局。1901年，随着京杭大运河漕运停止，北京运河逐渐成为城市的排水河道。1949年以来，北京运河水系得到大规模治理。尤其2014年中国大运河申遗成功，习近平总书记提出对大运河要保护好、传承好、利用好，北京市在大运河文化带建设上进入新的篇章。

第一章

中国大运河始终是朝着首都修建

中国五大河流（黄河、长江、淮河、海河、珠江）水系的干支流成为东西方向水运交通的骨干航道，而要发展南北方向内陆运河，就必须开凿五大水系的分水岭，这成为最早开凿运河的重点区域。开凿运河沟通各大水系的历史已经有2500年。大运河沟通五大水系，构成全国内河航运的巨大交通网，不但解决了南北交通问题，还可以使水流通过运河体系达到全国各主要省份。

中国运河初创始自春秋时期。运河历史可以按建设高潮为节点分作三个时期：第一次高潮是秦汉初步沟通全国的通航水运网的东西大运河，至南北朝分裂时期；第二次高潮是隋代建设成东西大运河，到唐宋进一步发展时期；第三次高潮是元代建设京杭大运河，明清进一步完善至衰落期。

第一节　第一次建设高潮　秦汉东西大运河及三国至南北朝分裂期运河

利用天然河道的航运起源很早，《左传》记载，鲁僖公十三年（前647），秦国运输大批粮食到晋国救灾，即"泛舟之役"。当时船队从渭水顺流入黄河，由黄河逆流北上至汾水口入汾水，再逆流到晋国首都绛（今翼城东）。人工开凿运河传说春秋中期在淮河上游已经出现。有明确记载最早开通的人工运河是江淮间的邗沟。吴王夫差为了北上争霸，于鲁哀公九年（前486）筑邗城（今扬州），向北利用一连串天然湖泊开运河至今淮安，沟通长江和淮河间水运。此后4年，又在今山东鱼台到定陶开运河叫菏水，沟通济水和泗水，实现了淮河和黄河之间的通航。另外，自长江入巢湖，经南淝河至东淝河入淮河，有古运河沟通；太湖流域利用天然条件也有北通长江的运河。

战国中期，魏惠王十年（前361），自黄河开鸿沟，向南通淮水北岸各支流，向东通泗水；又可过济水向东通航，形成一个水运网，特别是向东一支名古汴水，是隋代以前黄河和淮河间最重要的水上通道。

秦代为了统一岭南，开凿灵渠沟通湘漓二水，从而把长江水系和珠江水系沟通，成为后代的重要运河之一。西汉自长安北引渭水开漕渠，沿终南山麓至潼关入黄河，和渭水平行，但是避开渭水航运风险，成为都城长安对外联系的主要通路。此时，自长安经漕渠、经黄河至今郑州北入浪荡渠（即鸿沟）、古汴水（也称汴河），通泗水、淮河，经邗沟通长江，再经太湖流域诸水道，直达杭州一带，形成了西北至东南的大运河；另由长江过灵渠南通广州。

东汉末年，曹操向北方用兵，开凿了一系列运河，沟通黄、海、滦河各流域。建安九年（204），自黄河向北开白沟，后又开平虏渠、泉州渠连通海河各支流。大致相当于后来的南运河和北运河南段。建安十八年（213），曹操又开利漕渠，自邺城至馆陶南通白沟。这时，自海、滦河水系可以经黄河、汴河通泗水、淮河，经邗沟至长江，过江后由江南各河至杭州一带，已形成了早期沟通海河、黄河、淮河、长江直至杭州一带的水道。中国运河体系的雏形已经形成。

三国魏黄初年间（220—226），在淮河支流颍水、汝水流域开贾侯渠长200里①，又在召陵开讨虏渠。东晋南北朝时邗沟多次整修，已有自扬州至仪征的分支运河。当时南方向北方的军事行动经常由泗水至济水再入黄河。东晋永和十二年（356）曾开洸水引汶水入泗水；太和四年（369），桓温北伐，曾于泗水西面开桓公沟三百余里，沟通泗、汶、济三水入黄河。长江和汉水间，西晋时杜预从汉水开运河南通江陵，又东通湘江。魏晋南北朝时，江南运河修建不多，萧梁时曾开上容渎代替破岗渎。这一时期宁波至杭州的浙东运河已经形成。

一、沟通长江与淮河的运河——邗沟

古代长江与淮河之间的分水岭不十分明显，大致自今邵伯镇向东，沿通扬运河一线。打通这个分水岭的运河工程，是从春秋末年吴国所开凿的邗沟开始。这是历史上第一条有确切修建记载的运河，是自今扬州至淮安的运河一部分。公元前486年，吴王夫差为了北上争霸，"城邗，沟通江淮"②。邗城即扬州，邗沟在扬州向北利用天然湖泊河道，疏浚开凿，至今淮安东北入淮水。后来虽然屡经改道整修，2500年来一直是连通江淮的主要运河。《史记·河渠书》所记"于楚，东方则通鸿沟江淮之间"，"鸿沟"应该是指"邗沟"。后来魏惠王开凿的"鸿沟"，不在楚而在郑地。开邗沟后3年，吴又于"商鲁之间"开一条运河，名菏水。吴军可以由邗沟北上经泗水，由菏水通济水，至黄河。吴王夫差当时与晋国在黄池争当盟主，就是沿这条水路北上。

汉代邗沟称渠水，已经成为东南重要运道，《水经》称其为中渎

---

① 本文记述古代运河工程长度数字依据文献记载的当时计量单位，没有进行换算，特此说明。

② 《左传·鲁哀公九年》。

水、韩江等。汉末，邗沟"自广陵北出武广湖东，陆阳湖西，二湖东西相直5里，水出其间，下注樊梁湖"[①]。这时的运河问题，一是所经湖面多而且开阔，风浪大，行船困难，有必要开挖出专门渠道躲避风浪；二是绕行湖中行程迂曲，改直航道要快捷许多；三是运河南端引长江水变化多。这些问题也一直是后代这段运河不同程度存在的问题。三国时已经改由樊梁湖（今高邮西北25里）向北开渠，直接津湖（今宝应南30里），过白马湖，至山阳西，由山阳口（末口）入淮河。晋永和年间（345—356）邗沟最南段由于江都水断，改由西边引长江水入欧阳埭，北行30里至广陵（今扬州市）。

南北朝时期南北分裂，邗沟与巢肥运河并重，对邗沟水道进行改造，渠化的堰埭建筑这时已经出现。晋太元七年（385）谢安在邵伯附近筑邵伯埭。后来，在邵伯埭南20里建秦梁埭，北15里建三枚埭，再北15里建绕梁埭。在扬州南运河上还建闸门控制运河与长江连接处水流。

二、沟通淮河与黄河的运河——鸿沟、汴渠、泗水运道

历史上黄河下游在淮河和海河流域之间摆动，大体上是在"黄淮海"地区，对黄河相邻的流域影响巨大。因此这里讨论淮河与黄河之间的概念，是以现在黄河位置而言。

（一）鸿沟

在黄淮这一地区的运河开凿历史十分悠久，最著名的是战国时开凿的鸿沟。鸿沟又名大沟、渠水等。魏惠王九年（前362），国都迁到大梁（今开封），次年为使国都能够连通黄河与淮河而开凿了鸿沟。鸿沟自圃田泽（在今中牟县西）引水，而圃田泽的上游是黄河。经过不断改建，到汉代其行经路线大致是：自黄河边的荥阳泽、圃田泽，向东至大梁，折向南行经陈留入颍水。颍水是淮河的支流，这样将黄

[①]《水经·淮水注》。

淮连接起来，构成黄淮之间的运河网。汉代鸿沟称狼荡渠，在阳武分出汴渠，也称汴水、汳水。

鸿沟经秦、汉、魏、晋、南北朝，一直是黄淮间主要水运通道之一。鸿沟在今河南省荥阳北引黄河水，东经中牟北、开封北而折向南，经尉氏东、太康西、淮阳，分为两支：南入颍河，东入沙水，二者皆入淮河。中途在开封东分水入汳水（即后来的古汴水），又南分水入睢水，流入泗水通淮；再南又分水东入涡水直接通淮河，形成了黄淮之间水运交通网。相当于鸿沟位置的蔡河仍部分起着沟通黄淮的作用。

（二）汴渠

这一时期利用汴渠通航仍占有重要地位，根据水系情况经常局部整修和改建。建安七年（202）曹操修浚仪（今开封）到睢阳（今商丘市南）的汴渠。后来又不断修整。东晋义熙十二年（416），刘裕进攻后秦，一部分水军即溯汴渠入黄河向西进军关中。第二年底灭后秦，班师路线从长安经渭水入黄河，开汴渠由泗水南归。北魏控制汴水流域，对汴渠不很重视，经常泛滥成灾。直到太和十八年（494），北魏准备迁都洛阳，为了洛阳漕运及南伐行军，重修石门，后来又疏浚汴渠。

（三）泗水运道

黄淮之间的河流，泗水是淮河较大的支流，水流方向是自北而南，自然形成黄淮平原上一条南北水运的主要航道。泗水在黄河夺淮前是淮河的主要支流，泗水流域有洸河、薛河、泇河等小河流，洸河与独立入海的汶河以今山东西南东平县安山、南旺间丘陵为分水岭。自春秋时期至清代，中间虽然经过黄河侵夺，但是这条航道历代都被利用，它先后成为隋以前古汴渠和元以后京杭大运河的一部分。

泗水的利用可以上溯到春秋时期。鲁哀公十三年（前482），吴王北上争霸中原，开运河，大体是后代的菏水。水运由邗沟可通泗水，由泗水西接菏水连通济水、黄河。因此《汉书·地理志》以菏水所出为泗水之源，泗水又是济水分支。自战国魏开鸿沟后，江淮由泗水至彭城可西转古汴水及睢水通黄河。《禹贡》记有"浮于淮泗"，西汉泗水已经成为南北运道。景帝时吴楚七国之乱，汉派轻兵切断淮泗口——泗水入淮之口，即切断吴向北运粮通道。

西晋泗水航道，以徐、吕二洪为主要险滩。徐州洪在旧徐州城东南2里，又名百步洪；吕梁洪在徐州东南60里，有上下二洪，相距六七里。徐、吕二洪之间乱石林立，船行其间极易倾覆。东晋南北朝时期，泗水运道很重要。东晋太元九年（384），谢玄平兖州，因泗水运粮困难，改善吕梁航道，做了7道木栅，形成7个临时堰埭。南朝时北上出兵经常溯泗水，通济水，入黄河。《水经注·泗水》有人工治理情况的记载。梁普通六年（525）五月，曾经修筑宿预堰。宿预堰西临泗水，引泗水环城，城在水中。宿预堰应该是在泗水上的堰。普通八年（527），梁将成景儁攻魏彭城（今徐州），"筑栅造堰，谋断泗水以灌彭城"①。

另外，东晋永和十二年（356），晋将荀羡北征前燕慕容兰，开洸河引汶水通泗水，可到达东阿县。洸河是泗水支流，应该是这次开凿的结果。太和四年（369），晋桓温再伐燕，在泗水西南开渠，由菏水过巨野泽，北通汶水、济水。这条渠名桓公沟，长300里。当时泗水和桓公沟都是重要水运通道。

三、关中漕渠与黄河运道

早在秦汉时建都关中，运输经常顺渭水、黄河东出通关东。秦统一六国之前，"水运、牛耕"已经发达。秦在黄河及鸿沟衔接处建敖仓（在今郑州西北），是一个重要的转运仓。秦统一六国后，出关中自黄河通鸿沟水系，可以通达江淮。班固《西京赋》："（长安）东郊则有通沟大漕，溃渭洞河，泛舟山东，控引淮湖，与海通波。"描述

---

① 《魏书·崔孝芬传》。

西汉沿东西大运河从首都长安向东，可以通达东南到达淮湖至海边。长江以南的运河在先秦已经修建①。过长江入邗沟可以通到淮安，向西由泗水、汴渠，再通到黄河，利用黄河逆流西上可以到渭水，再沿人工开凿的漕渠到达长安。这条自西向东连接起来的2000多千米大运河称作"东西大运河"②。

西汉自长安东南过江淮，到达江南至钱塘（杭州）都有水路相通，但是每年漕运不过几十万石。武帝时大司农郑当时说：关东漕运经黄河、渭水需要6个月才能运完，水道长900里，沿途多险阻。其中渭水回转曲折，需要改善。他建议自长安引渭水，沿终南山北坡，东至黄河，开漕渠300余里，漕运只用3个月即可完成。于是在元光六年（前129），发军工数万人修渠。先令齐地水工（水利工程师）徐伯勘测、设计，工程3年后完成。汉武帝时每年漕运至关中400万石，最多达600万石。漕渠在长安城附近及入城水道，在《水经注·渭水注》有记载。长安城东有嘉仓，也通漕渠。漕渠合沴水支渠后向东北，再向北分二支，一支北通渭水，一支（干渠）穿灞水东流至新丰县会灞水分支，灞水入渭，向东流可以到黄河。

由渭水或漕渠通黄河，黄河运道最险段是三门峡砥柱，漕船很难通过，损失惨重。后来曾经有人建议开河东渠田，收粮食可以免去漕运，结果失败。以后又有人建议从褒斜道运粮食，可以免去过砥柱之险。大约在元狩三年至六年（前120—前117），派张卯发军工数万人修褒斜道500里，结果不能行船而失败。后百余年，成帝鸿嘉四年（前17）杨焉建议为了治理水运通道应该开凿砥柱，减少危险和损失。成帝批准杨焉的建议，并且派他主持施工。工程将砥柱凿矮了些，但碎石都落在水面以下，结果过水断面缩小了，水流更急，比原来更危险，三门峡治理又一次失败。东汉为了避开三门峡漕运的艰难，迁都洛阳，粮食西运任务大减，漕渠逐渐失修，不久报废。

---

① 《史记·河渠书》：先秦时"于吴，则通渠三江五湖。……此渠皆可行舟，有余则用溉浸，百姓飨其利"。引自周魁一等《二十五史河渠志注释》，中国书店出版社，1990年。

② 姚汉源《中国水利史纲要》，水利电力出版社，1987年。

四、沟通钱塘江与长江的运河——江南运河

　　江南运河以太湖水域为中心，北通长江，南达钱塘江口杭州，是大运河中水源最充沛、天然河道最稠密的一段运河。江南地区河流水系以太湖为调蓄总水库。太湖是中国第三大淡水湖，古称震泽、具区、笠泽、五湖。太湖主要水源有二：一是来自浙江省天目山的苕溪；二是来自江苏宜溧山地北麓的荆溪，分由太浦、百渎等多条港渎入湖。整个太湖水道组成一个密如蛛网的水系。对航运、灌溉和调节河湖水位都十分有利。江南运河穿过太湖水系众多的河流和湖荡，吞吐江湖，调节水量，成为这个水网的重要干流。太湖排水河道历史上有三条，即所谓的"三江"①，至宋代只剩吴淞江一条主要入海通道。因此在这一段的江南运河水源充足，地势平坦，问题最少。而江南运河常州以北至镇江段正是太湖与长江流域的分水岭，地势较高，运河引长江水困难，也没有天然河湖可以利用，因此这一段运河常患缺水，需要人工建筑物调控。另外，江南运河南端地势较高，与北端情况相似。

　　江南运河的修建大致始于春秋后期吴越时代，即《史记·河渠书》记载的"于吴，则通渠三江、五湖"。此处的"渠"，就是"运河"，"五湖"所指大部分是太湖水域内的湖泊。秦代曾经修建过江南运河，《越绝书》记载，这一地区开凿"百尺渎，奏江，吴以达粮"，从苏州向西北通长江；另外还治理苏州通浙江的水道。

　　据考证，西汉时在苏州嘉兴之间有一条人工水道。②到三国初期江南运河已经形成，并在运河上修筑了堰埭等建筑物。吴赤乌八年（245），孙权派陈勋率屯田士兵3万人修筑从句容至云阳（今丹阳）的运河，名破冈渎，沿途建埭14处，从南京到会稽不必经过镇江。此运河解决常州至镇江段运河"缺水"问题。"埭"就是与堰类似的挡

---

① 一说：东江、娄江、吴淞江。
② 陈桥驿《中国运河开发史》，中华书局，2008年。

水建筑。另外还在句容县东南最高处修上容渎，30里①间修建了16个埭，一直使用到隋代废弃。

魏晋南北朝时多次大规模治理常州至镇江的运河，在常州建奔牛埭，在运口建丁卯埭，修建练湖水柜等。《晋书》记载，隆和元年（362），有人建议在钱塘收"牛埭税"，遭到反对未能施行。所谓"牛埭"，就是用牛拖船过埭，要正式收税说明已经有了一定的规模。后来在江南运河南端杭州至盐官、秀州段，修建了许多堰埭也是这个原因。这也是历代江南运河要解决的重点难题。

五、沟通黄河与海河的运河——曹操开白沟和枋堰、平虏渠、利漕渠

海河水系主要由蓟运河、潮白河、北运河、永定河、大清河、子牙河、漳卫南运河等支流最后汇集天津，注入渤海。平原地形的总趋势是由西南、西、北向天津附近的渤海湾倾斜。黄河以北与海河水系相接，由于黄河的改道变化很大，黄河向北改道就会严重影响海河水系。因此，海河水系运河的修建大部分是利用天然河道航运，将相临两条河流打通，连接全水系。

海河流域运河，历史上记载早在东汉初年（约33—59），王霸为太谷（旧怀来县）太守，戍守北边，"陈委输可以温水漕，以省陆转输之劳，事皆施行"②。

曹魏嘉平二年（250），幽州刺史刘靖在永定河上筑戾陵堰，开车箱渠，使高梁河穿过北京市区，下游通到通州鲍丘水（这条渠距离今通州很远）。当时修建的目的是灌溉农田，并没有通航的记载。北齐天统元年（565），幽州刺史斛律羡"导高梁水北合易京水，东合于

---

① 本书所用"里"，均为当时制度中的里，与现在的里的长度有所不同；数字原为中文数字，此处除引文外均改用阿拉伯数字，特此说明。

② 《后汉书·王霸传》，温水，就是温余水，按《后汉书·地理志·上谷郡》《水经注》均作湿余水。以上谷地理位置分析走湿余水更顺便，就是走永定河或者支流。

潞，因以溉田。边储岁积，转漕用省"①。记载提到转漕，但是不能确定是否利用了这条渠道。东汉末年，曹操开泉州渠，北经泉州、雍奴等县之东，沟通沽河（潞水）、鲍丘水（潮河）等水道，北端约在今宝坻附近。

三国时期曹操建都邺，修建了一系列短渠（运河），沟通了黄河与海河。

白沟和枋堰　海河水系明确记载开凿运河时间始于东汉建安九年（204），曹操为了北征袁尚，"过淇水入白沟以通粮道"。当时黄河向东北可以通今海河水系各条河流，但是水小时河道散漫淤浅，水大时候又是洪水滔天无法航运。在淇水入黄河处（今淇县东卫贤镇）用大枋木筑堰（又称枋堰），拦截淇水东北流，进入新开挖的白沟运渠，运输粮饷。在淇水入黄河处有清水（即后来的卫河）自西南来和淇水汇合，白沟的开始一段就是利用了这条故道。枋堰规模巨大，南北朝时在枋边筑城，名枋头。由此，漕运可通今卫河上游和黄河下游。到北魏时还开凿了阿难渠，自今馆陶西向北至威县入漳水，可以通航，兼起防洪灌溉作用。北魏时枋堰毁坏，运道不通。熙平时（516—518），曾经疏浚通航。这些运河就是隋开凿永济渠的基础。

平虏渠　建安十一年（206），曹操为了消灭袁氏残余势力，北征乌桓，派董昭开凿平虏渠和泉州渠。沟通白沟与沽河和滹沱河。白沟下游又叫清河或淇河，大致在今黄骅市境入海。文献记载平虏渠在鲁城县（今沧州东北40里），约今南运河下游的前身。

利漕渠　东北流到今馆陶县南，左岸有利漕渠汇入，名利漕口。建安十八年（213），曹操以邺城（今临漳县邺镇）为首都，引漳水过邺城，并开挖利漕渠通白沟。这样可以由白沟南通黄河，转江淮，北通平虏渠等，可以到达幽州（今北京地区）。

---

① 《北齐书·斛律羡传》。

六、沟通长江与珠江的运河——灵渠

早在秦代，中国的运河就已经沟通了长江和珠江水系，在两个流域的分水岭处开凿了运河，创造了便利的交通，加快了秦统一全国的步伐。这条运河就是秦代著名的三大水利工程之一的灵渠。

秦始皇统一中原后，立即进军岭南。为了保证军队的粮饷供应，秦始皇二十八年（前219）开凿了穿越湘江与桂江分水岭的运河——灵渠。灵渠早期记载始于汉代，《淮南子·人间训》记：秦始皇二十八年（前219）秦进击岭南，"使监禄无以转饷，又以卒凿渠而通粮道"[1]。相传东汉建武十八年（42），光武帝拜马援为伏波将军南征交趾，马援率两万多楼船之士途经灵渠时，曾对灵渠进行疏浚，开渠60里。

秦国的工程师们寻找运河与湘江最恰当的分水点。这个点既可实现尽可能少的渠道开挖量和运河与天然河流的平顺衔接，又以湘江为主要水源实现了运河南北向自流供水，同时使人工渠道与天然河道平缓连接，获得适合航行的流速和航深等基本要求。因此，要实行灵渠通航，必须进行以下几项工程：一是修建简单的分水工程，使湘江一分为二，即后来的大小天平；二是再分别向北、向南开挖运河，将湘江和始安水连接起来。后代将渠首以下与湘江相接段称北渠，将与始安水通流段称南渠；三是除去飞来石附近岩埂障碍；四是开凿城台岭与始安岭之间的渠道，筑四里长的秦堤至今大湾陡处，引水入渠；五是打开分水岭太史庙山，这是工程量最大的地方；六是疏浚漓江上源的相关河道；这样才能具备当年船队通航条件。

灵渠古名秦凿渠，《旧唐书》作"澪渠"，亦作"零渠"，唐代《桂州重修灵渠记》中首见灵渠之名。明、清两代称陡河，近代又称湘桂运河、兴安运河。由于科学合理的规划，凭借简单的工程取得了稳定的水源和必要的通航条件，并为运河的进一步完善奠定了基础。灵渠建成后，成为古代内地与两广的重要交通通道，一直到清代还出

---

[1] 灵渠的始建年代参考郑连第《灵渠工程史略》的考证。

现过日过船量200多艘的情况。1941年湘桂铁路通车后，灵渠才逐渐演化成以灌溉为主的输水渠道。

七、浙东运河

浙东运河是京杭大运河南端的延伸，是杭州通往浙东宁绍平原的重要运河，也是建设和使用时间十分悠久的运河。运河西起与钱塘江北岸江南运河相对的萧山西兴镇，东经绍兴、余姚至宁波甬江口入海，总长400余里。现在杭甬运河，西起杭州三堡，经钱塘江航行26里后，又经萧山、绍兴、宁波至镇海口出海。

浙东运河按运河形成可分为两段：自西兴至上虞通明堰（江口坝）为人工运河，有完善的控制工程，长106千米；自上虞通明堰至甬江口主要利用天然河道局部渠化运行，长107千米。按地理特征浙东运河又可以分为三段：萧绍运河，西起萧山西兴镇，东过钱清江至绍兴城，又称西兴运河；上虞运河，从绍兴城东南至会稽县（今绍兴市东），东流至上虞曹娥江运河，过曹娥江后至余姚江止。以上二段为人工运河段；余姚江、甬江河段。自余姚以下，沿余姚江、甬江入海段，是利用天然河道局部渠化后形成的运河，为控制水流也修建了许多堰坝以通航。由于整条运河人工开凿的部分所占比例不如京杭大运河其他段，而渠化比例大，修建的堰埭多，因此历来对浙东运河长度等有不同的说法。

浙东运河修建始于春秋时期的越国，当时越地水运发达，东浮大海，北袭吴地，西溯江淮。《越绝书》记载："山阴故水道，出东郭，从郡阳春亭，去县五十里。"可能是自山阴城阳春亭50里另外有水道远航，应该是后来浙东运河一段。这时的水道应该是已经治理后的天然河道，首先是为了"御咸蓄淡"，当然可以用于水运。《越绝书》还记载："山阴大城者，范蠡所筑治也，今俗称蠡城。陆门三，水门三。"城市陆门与水门并重，还有"以船为车，以楫为马"的说法，足见当时水运已经十分重要。

东汉永和五年（140）会稽太守马臻主持修建鉴湖，在浦阳江与曹

13

娥江之间修建东西大堤，拦蓄上游36溪之水，形成面积约200平方千米的水库。鉴湖工程改变了绍兴地区的水利环境，其大堤之外为运河的修建提供了有利条件。

魏晋南北朝时期，中原战乱，人口南迁，促进江浙地区加快开发，水运相应发展。永康元年（300）前后，西晋会稽内史贺循，将原有水道疏浚、整理，形成西起西陵（今萧山西兴镇）、西南抵曹娥江长达二百余里的运河，史称"西兴运河"。这条运河将原来南北流向的河流连接起来，形成区域水系调节。由于运河基本与鉴湖大堤平行，湖堤有涵洞泄洪，妥善解决了拦蓄与运河供水的矛盾。

浙东运河到南北朝时期已经形成。史料记载当时运河上有大量的堰埭、津渡，而且有官营和私营二种，船只过堰都要交费，形成可观收入。船只越埭技术成熟，运河水量、水深和流速控制均得到保障。史料记载南齐时主要堰埭自东向西有浦阳南津埭、北津埭、西陵埭、柳浦埭等。柳浦埭在钱塘江北岸，旧杭州城东南5里。

第二节　第二次建设高潮　隋代建南北大运河及唐宋进一步发展时期运河

隋统一全国，经济上依靠转输南方粮赋，因此大力开凿运河。隋开皇四年（584），从长安到潼关开广通渠，其线路与汉代漕渠大体相似。大业元年（605），从洛阳西苑开运河，以谷水和洛水为源，至洛口入黄河，再从板渚入古汴河故道至开封以东转向东南直至泗州（在今江苏盱眙县的淮河对岸）入淮河，叫通济渠（唐宋时称汴河）。大业四年（608），又向北开永济渠，由黄河通沁水、卫水，自今天津西再转入永定河分支通涿郡（今北京）。开皇七年（587）和大业元年（605年），还两次整修拓宽邗沟。大业六年（610），又系统整修了江南运河。这样，由永济渠、通济渠、邗沟和江南运河组成的东西大运河把海河、黄河、淮河、长江和钱塘江联系起来。这条西起长安东到杭州的东西大运河，长度达3400余里，每年经这一航道自江淮向长安、洛阳漕运粮食300万～400万石。（参见下图）

隋代开凿的大运河，在唐宋两代充分发挥效益，并对某些河段进行改进。其中包括：自长安向西开升原渠至今陕西省宝鸡市一带通千水；在长安建广运潭作为大运河西端的停泊港；在洛阳建洛漕新潭作为大运河中心的停泊港；为避免黄河三门峡的航行之险，曾经在左岸滩石上开凿开元新河；在汴河下游段开广济新河以避淮河上航运风险；在邗沟南端开伊娄河通长江。五代时通

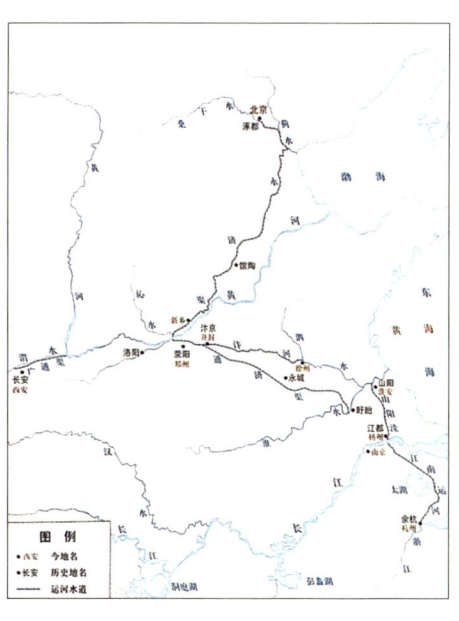

隋唐大运河路线示意图

济渠一度废弃，北宋时重开。北宋因开封运河行运方便而建都：有汴河东通江、淮，西通黄河和御河（即永济渠）；有广济渠（又名五丈河）东通今山东；开惠民河西南通河南南部；有蔡河东南通淮河北岸诸支流，也与惠民河相通。每年从江淮运六百万石粮食至汴京。为避免淮河之险，唐代的广济新河没成功，又在淮河右岸淮安至盱眙间先后开沙河、洪泽新河和龟山运河，最终代替了淮河的航运。

唐代以后，特别是在宋代，江南运河北段和邗沟段曾修建过大量闸堰等渠化建筑物，世界最早的船闸即出现在这里，并得到普及，后来还出现了澳闸，即带有蓄积和周转用水水澳的特殊船闸。北宋后期为避免黄河引水对汴河的泥沙淤积，改用引洛河水的导洛通汴工程。唐宋时运河上还有不少水柜济运。

这时，中国运河体系更加完善，并发挥了巨大作用。应该说这一时期的中国运河大体是呈东西方向的走势，即从粮食生产和经济富庶的江浙地区向西北政治中心地区的漕运。从运河的目的地看应该称为"东西大运河"更确切。隋唐通往北方的运河主要目的还是征战需要。运河将全国最富庶的江南连通到当时的政治中心西安，这就是中国历代运河建设根本的规律，即运河的两端一边是江南，一边是国家的京师——首都。

一、通济渠（汴渠）及泗水运道

隋、唐、北宋时期可以说是我国古代运河最为发达时期，其成就远超前代，许多方面也是北宋以后所不及的。这一时期运河的发展与首都的地理位置有着直接的关系。隋代通济渠，唐宋时称汴河或汴渠，其开创于隋而完善于唐，到宋代运河路线虽然缩短不再进关中，但经营管理投入最大，作用也最显著。南宋首都南迁，这一地区的运河也迅速衰落。南宋建炎二年（1128），宋将杜充为阻止金兵南下决开黄河堤防，造成黄河七百余年大改道。决堤没有挡住金人南下，而隋、唐、北宋经营了五百余年的汴渠，却被黄河的泥沙掩埋。

（一）隋开通济渠

隋大业元年（605）三月，隋炀帝命令宇文恺在北魏洛阳城西18里建东都。同时，命令皇甫议发河南、淮北诸郡男女百万人开通济渠。自西苑引谷水、洛水分支入洛水通黄河，又自板渚引黄河水经过旧汴渠入新渠，通入淮河，又称御河。又发淮南民丁10余万开邗沟，自山阳（今淮安）至扬子（今扬州南）入长江。两渠都宽40步，渠旁修筑御道，栽柳树。八月十五隋炀帝乘龙舟，率庞大船队从东都洛阳出发游幸江都（今扬州）。船队由洛口出发，经黄河行百余里至板渚汴口，进入通济渠，至大梁城西南改向东南，经雍丘（今杞县）北，宋城（今商丘市南）南，宿州埇桥南（今宿县），经泗州虹县（今泗县）、临淮县（淹入洪泽湖中）西，南入淮河。

在隋炀帝修建的通济渠运行14年后，宇文化及发动江都兵变，杀炀帝立杨浩为帝。叛军从水路北返，行至徐州水路不通，弃舟陆行。2个月后，李渊在长安称帝，唐朝建立。隋修建的通济渠，到唐朝真正发挥出巨大作用，成为国家交通命脉。

通济渠的最大问题是水源。其西北端以黄河为源，并利用一段黄河河道行船，其东南端以淮河为源，都存在许多问题。通济渠渠口又称汴口，在隋炀帝开通济渠之前（开皇七年，587），派大臣梁睿在汴口修堰，逼黄河水入汴，名梁公堰。实际负责修建的是工程专家宇文恺。梁公堰在河阴西20里，西南距汜水50里。隋炀帝开通济渠，渠口改在汜水东北35里的板渚。唐初梁公堰、板渚两口并用，而汴口逐渐淤塞。唐开元二年（714）重修梁公堰，以后一度废弃板渚口。开元十五年（727）将作大匠范安及率丁夫3万人，疏浚两个运口及河道，重新恢复了运口。天宝元年（742），在此改造梁公堰。此后，通济渠（汴渠）进水口以河阴梁公堰汴口为主，一直使用到北宋末年。隋唐时淮河河口至江阴是潮汐河段，通济渠南端受潮水影响较大。

唐代通济渠称汴渠，一名广济渠，开元二十七年（739）曾经一度改道。安史之乱导致通济渠断航，河道淤塞八年。广德二年（764），命第五琦、刘晏重修汴河。刘晏重修汴河后，又制定出较好的漕运制度，管理运河30年。唐代诗人白居易曾写过一首著名的词《长相思》，上半阕："汴水流，泗水流，流到瓜洲古渡头，吴山点点愁。"写的就是当时从汴渠至扬州的运河。另外，韩愈诗"汴泗交流郡城角"，则写到汴泗交汇在徐州。唐末，地方割据，自宿州以下决毁汴堤，汴渠中断航运。周显德二年（955）疏浚泗州河道，五年疏通江淮，六年修汴口作斗门，全面疏浚河道，恢复了汴渠漕运。

梁、晋、汉、周、北宋都定都汴梁（今开封），称汴京，人口集中，仅京城驻扎的禁军就有几十万，粮饷供给全仰仗江淮。所谓"天下甲胄数十万众，战马数十万匹，并萃京师，悉集七亡国之士民于辇下，比汉唐京邑，民庶十倍"。汴渠是古城开封的一条生命线。为进一步密切京师与全国各地经济、政治联系，修建了一批向四方辐射的运河，形成新的运河体系。它以汴河为骨干，包括广济河、金水河、惠民河，合称汴京四渠。并通过四渠，向南沟通了淮水、扬楚运河、长江、江南河等，向北沟通了济水、黄河、卫河（其前身为永济渠）。仅粮米一项，每年由汴渠漕运到开封，多达800万石（是明清漕运到北京的两倍）。孟元老在《东京梦华录》中记载："自西京洛口分水入京城，东去至泗州入淮，运东南之粮，凡东南方物，自此入京城，公私仰给。自东水门外七里，至西水门外，河上有桥十三。"宋人张择端的《清明上河图》也真实描绘了当年汴渠两岸繁忙的景象。这些物资供应运输渠道全依靠汴渠，因此汴渠一出问题，就人心惶惶。淳化二年（991）六月，汴渠暴涨，宋太宗车驾出乾元门，亲临工地督促抢塞。宰相、枢密等大臣劝他回宫休息，他说："东京养甲兵十万，居人百万家，天下转漕，仰给在此一渠水，朕安得不顾？"[①]可见北宋王朝意识到汴渠的兴废，是和政权的存亡紧密地联系在一起的。因此，北宋政府特别重视这条水道的维修和治理。

---

① 《宋史·河渠志三》，引自周魁一等《二十五史河渠志注释》，中国书店出版社，1990年。

（二）泗水运道

隋、唐、北宋时期使用最多的运河是汴渠，泗水已经不如前期重要。南宋和金时，黄河改道夺泗入淮，彭城以北虽是故道，但面目全非了。隋开皇初年兖州刺史薛胄筑丰兖堰，引泗水灌溉，并可以通水运，"又通转运，利尽淮海"[①]。开皇七年（587），开淮南山阳渎通漕运，路线自汴渠东至彭城仍然走泗水渡淮进入山阳渎。到大业元年（605），隋炀帝开通济渠时将汴渠改道，新汴渠由泗州入淮，成为通江淮的主要运道，不再走泗水。北宋曾延伸广济渠（五丈河），利用泗水通航。文献记载："菏水，即济水也，一名五丈沟，西自金乡县界流入。去县十里，又东南合泗水。"[②]五丈沟是北宋汴京通往东北方向的一条运河，主要运输山东的漕粮。

宋代泗水航道的最大问题依然是徐、吕二洪，宋初就专门设挽船水手60人帮助漕船过洪。从景德至天圣（1004—1032）近30年间，为解决徐、吕二洪问题而开浚夹黄河，修复五丈河，疏浚泗水。从此以后广济河通夹黄河，通五丈河，通泗水，成为一条经常使用的运道。大约50年后，广济河由于水源少，废河与开河之争不断。元祐元年（1086）对泗水进行较大治理，开凿徐州百步、吕梁二洪月河，修石堤，两端设闸按时启闭。

为绕开徐、吕二洪，还曾经尝试利用泗水南段开凿一条新运河——白沟，可是由于种种原因均没有完成。早在至道二年（996）就有人建议，从汴京到徐州吕梁口开一条600里长的白沟河，直通泗水到淮河。可是这条河没有水源，靠降雨的地面径流，只能季节性通航。结果施工到一半就停下了，已经开挖出的渠道成了排水沟。到王安石推行新政时（1073），都水监侯叔献建议开白沟（清汴），代替当时引黄河水的浊汴。设计路线由濉河入泗连接淮河，引周围几条河水

[①] 《隋书·薛胄传》。
[②] 《元和郡县志·兖州·鱼台县》。

为源，可以全年通航。王安石大力支持，宋神宗也批准，只是工程浩大，动工不久就停工了。

金与南宋对峙于淮河南北，为了战争的需要，疏浚了汶水入洸，再通泗水的水道。南宋末年（蒙古宪宗七年），东平守将严忠济为了运粮饷，修复汶水由洸入泗再由泗南航的旧运道。主要工程是在汶水上筑堽城坝，拦截汶水入洸河。这就是元代修京杭大运河开会通河时引用的水源。

二、关中漕渠和潼关至河阴黄河漕运

隋唐将通济渠西端再向西延伸，经过黄河有三门峡运道，潼关以西开广通渠，其目的地就是沟通隋唐的首都——长安（隋称大兴城，今西安）。

供应给隋唐都城的粮食和大量物资等，大部分要由关东溯黄河、渭水漕运，仰仗东粮西运的程度，远远超过西汉。隋在立国不久，便着手穿凿长安与黄河间的运粮渠道。隋开皇元年（581），隋文帝命大将郭衍为开漕渠大监，负责这一工程。他"部率水工，凿渠引渭水，经大兴城北，东至于潼关，漕运四百余里，关内赖之，名之曰富民渠"[1]。富民渠虽发挥重要作用，但因仓促成渠，渠道浅窄，航运能力有限，难以满足日益增加的东粮西运的需要。隋开皇四年（584），只好再次动工，加以改建。这次改建，要求凿得深宽顺直，可通"方舟巨舫"。要通航这样大型重载的舫，渠道必须又深又宽。改建工程由杰出的工程专家、大兴城的设计者宇文恺主持。动工之前，他先派"工匠巡历渠道，观地形之宜"[2]，以便在实地调查的基础上，将渠道布置得更为合理。在上下共同努力下，工程进展顺利，当年即竣工。新渠仍以引渭水为主要水源，自大兴城至潼关，长300余里，命名为广通渠。广通渠的运量大大超过旧渠，对缓和关中粮食的紧张起到重要作用。

---

[1] 《隋书·郭衍传》。

[2] 《隋书·食货志》。

隋开皇五年（585），关中大旱，发放广通仓的粮食300多万石。广通仓在广通渠旁的华州（今华县），仓内粮食就是沿广通渠从关东运来的。从潼关以东运粮入关，广通渠以下一段水路是黄河。黄河有三门砥柱之险，砥柱为两个石岛，兀立河道中间，形成神门、鬼门、人门三条险道。神、鬼二门无法通舟，人门虽可勉强航行，但十分危险，经常船沉人亡。三门砥柱是当时东粮西运的"瓶颈"。历史上多次开凿都不成功。如隋开皇十五年（595），下令"凿砥柱"，工程进展很小，只好半途而废。大业七年（611）砥柱突然崩塌，阻塞黄河逆流数十里。

唐代由渭水或漕渠可以到达黄河，而黄河航运最艰险的河段依然是通过三门峡，花费了大力气进行整治。主要工程有：一是整治航道，大规模地凿扩航道，即人工除礁，工程十分艰巨，后代亦曾多次进行这项工作。受技术水平所限，收效一直不显著。如唐显庆元年（656）发卒六千凿三门山，以失败告终。北宋乾德元年（963）也曾开凿过砥柱。二是修建栈道，为帮助河内行船，在三门峡岸边笔陡的山崖上开凿栈道，以供纤夫拉纤，位置在三门峡的三门中水流较顺的左岸人门一侧，壁立的岸边半腰开凿出一个条形大凹槽。平日露出河水面，夏季洪水时期则被淹没。由于岸边弯曲不齐，栈道常中间断开，用木桥把断处连接起来。栈道系木结构，在石壁上还凿成各种形状的石孔，用以固定木梁、木栏。三是开凿运河绕行。唐开元二十九年至天宝元年（741—742），在黄河左侧人门以东的岩石上，开凿一条人工运河，称开元新河，俗称娘娘河，以避开黄河三门的行船风险。运河全长280米，河身宽为6～8米，河槽高度为5～10米。两壁陡立，上口比河底稍宽。岸边也修一条栈道。据记载，因河底高程较高，一般水位不易进入，所以，在历史上的作用不明显。以后至唐初洛阳以西至陕州运输基本走陆路。四是在沿岸建粮仓。由于三门峡的阻碍，唐代开始在沿岸建粮仓，实行倒运的办法。开元二十二年（734），采纳裴耀卿建议，设河阴县，并设河阴仓，在河阴对岸设柏崖仓，三门以东设集津仓等，实行倒运。

到宋中叶停止了黄河的漕运。宋代以后再没有将首都设在关中，也就没有了这一段艰难的漕运问题。历史上运河对首都的重要性，这就是最突出的表现。

三、永济渠（御河）及京津之间的运河

（一）隋开永济渠

隋初曾经在卫州设黎阳仓（今浚县东北），招募运米丁夫，利用白沟水道。大业四年（608）春天，隋炀帝为征高丽，召河北诸郡100多万人开凿永济渠。当时督工的是隋朝有名的工程师阎毗。阎毗官为起部郎，擅长绘画，多才多艺，督修过长城，营建过宫殿。当时壮丁缺乏，开始征拉妇女服役，这在中国历史上也是很少有的记录。永济渠南引沁水通黄河，和黄河对岸洛口相对。永济渠自沁水向东北开凿，有几段与白沟重合，北端可以通到涿郡（治蓟，今北京城西南），长二千余里，可以说是曹操白渠的改造扩大和延伸。由于文献记载的缺失，永济渠北端通到涿郡的具体路线不十分明确。结合唐宋文献记载分析，幽州境内永济渠大体由今天津西信安镇，转西北经永清县城西接桑干河一条支流，过安次县（今旧州镇），再向西北百余里利用永定河支流至蓟，不大可能向东通过今通州进入北京。

永济渠开通后，大业七年（611）二月乙亥日，隋炀帝自江都乘龙舟出发，经过邗沟、通济渠到洛口，渡黄河入永济渠，四月庚午日到达涿郡，用了55天。龙舟高45尺，长200尺，共有4层，两岸用人拉纤。当年为了东征高丽，"七月发江淮以南民夫及船运黎阳及洛口诸仓米至涿郡。舳舻相次千余里……往还在道常数十万人。填咽于道，昼夜不绝"[①]。第二年正月从涿郡出发到辽东，军人达113万，丁夫又多一倍。大业九年、十年又两次同样规模伐辽东。应该说，隋开永济渠的初衷就是保卫边疆，当时消耗大量人力、物力，客观上给百姓带来巨大灾难，但是大运河的历史作用在后代得到充分的显现。

---

① 《资治通鉴·隋大业七年》卷一八一。

永济渠在唐代仍然是黄河以北的主要运道。贞观十八年（644）用兵辽东，曾经由幽州顺桑干河东下，走的应是永济渠路线。唐代除了军事活动外，永济渠也用于经济。永徽时（650—655）在魏州曾经开永济渠入新市，"控引商旅"，即通入魏州商业区。开元二十八年（740），刺史卢晖在魏州城引永济渠至城西魏桥，"夹水制楼百间，以贮江淮之货"。

宋代称永济渠为御河，仍然是通往华北漕运的重要通道，并设立专职官吏管理。当时自卫州以下可以航行三四百石的船舶，四季可以通航。自庆历八年（1048）黄河在商胡埽（今濮阳县内）决口，黄河东流改为北流。以后御河问题渐多，洪水时冲决运河，枯水时运河水量不足。更严重的是黄河泛滥对运河的影响。黄河北流期间，下游与御河合流，航运更困难了。而上游黄河与御河分流时，黄河不再与御河相通，漕运时中间要走一段陆路。这个问题一直到元代郭守敬开通京杭大运河才算解决。南宋时黄河、海河为金政权管辖，御河成为华北向中都运粮的重要通道，在管理制度上与宋基本一样。

（二）京津之间的运河

如前所述，隋代开永济渠的北段，应该是京津之间最早的运河。

辽代以燕京为南京，开始利用今北运河及燕京附近水道通漕运。《辽史》记载：统和十二年（994）春，由于漷阳镇（今漷县镇）水灾，"诏修旧渠"。由于记载过于简单，不能确定是哪条渠，依地理位置推断，应该是永济渠旧道。此外《辽史》还记载太平九年（1029）有开运河漕运辽东的议论，并没有实行。后来文献传说的"萧太后运粮河"有几处，如明蒋一葵《长安客话》讲：香河县，辽置，"境内有大龙湾、小龙湾二水，夏秋始合流，经宝坻界入海。相传辽时海运故道"。但这只是传说，无从落实。而近代通州张家湾附近地图上标记的"萧太后运粮河"或"萧太后河"，应该是金元所开凿金口河和金口新河的遗迹。因此，准确地讲有关"萧太后运粮河"没有历史文献记载，只是个传说。

金贞元元年（1153）迁都燕京，改名中都。首先需要将华北各地的粮食运到都城，实行春秋两季的漕运。文献记载当时可以漕运的河道很多，"皆会于信安海壖，溯流而至通州"[①]。信安海壖，即今天天津附近海岸，集中到北运河（当时称潞水）逆流而上到达通州。但是，距离中都城还有50余里，之间没有天然河道可以利用了，今天的通州这时开始建设。正是为解决这最后的50里运河运输任务，成为以后几百年水利家一直为之奋斗的目标。

《金史·河渠志》记载："金都于燕，东去潞水五十里，故为闸以节高良、白莲潭诸水，以通山东、河北之粟。"金代开凿的运河，记载有大定四年（1164），金世宗到密云狩猎，走过近郊，看见运河淤塞荒废，责备户部侍郎曹望之。于是第二年春天，命令官府闲杂人员及500里内军夫进行疏浚，这就是金漕渠。大定七年（1167），朝廷又决定开卢沟水（永定河）通京师漕运，这便是金代著名的金口河。工程修建了，结果因"地势高峻，水性浑浊，……不能胜舟"而失败。金口河失败后，通州至中都漕粮只得依靠陆运。又过30余年，开凿由中都直接向东至通州的金闸河获得成功。泰和五年（1205）正月，建议开凿通州潞水漕渠，使漕船运至都城，路线是通州至中都的金闸河。

总之，金代利用的白莲潭至通州漕运河道应该是南北两条路线。北支是从白莲潭东北部引出，沿三国所开车箱渠下游、高梁河东支旧道（元代坝河，今北护城河至坝河水道），绵延至通州的运河；南支是从中都城向东，经过白莲潭东南岸引水进入的金闸河故道，再东至通州潞水的运河。自金代疏浚金漕渠，打通白莲潭至通州的运河，白莲潭就是漕渠的终点码头。通州的漕粮运到中都，应该先要停泊在白莲潭内，然后再沿白莲潭西出口的河道（约今赵登禹路），运到中都城。

四、淮扬运河

隋开皇七年（587），根据平定陈国的需要，"扬州开山阳渎以通

[①]《金史·河渠志》，引自周魁一等《二十五史河渠志注释》，中国书店出版社，1990年。

漕运"①。山阳渎所做工程是将邗沟旧运河疏浚、裁弯取直、取消过多的堰埭等工程。山阳渎由江都南的扬子镇入江，称扬子津，不再向西南由欧阳埭（今仪征）到长江。大业元年（605），隋炀帝开挖通济渠，"发淮南民十余万开邗沟，自山阳至扬子入江。渠广四十步，渠旁皆筑御道，树以柳"②。自山阳县南至扬子江三百里，渠宽40步（约60米），这也是在原有基础上的大规模整修扩大。

唐初，扬子津前的瓜洲原来靠近南岸，属镇江管辖。因长江的沙洲淤涨向北移，与扬子津相连使北岸南移20余里，镇江来的船只迂回60里，不但多费时间，而且增加了长江风浪覆船的危险。开元二十六年（738），润州刺史齐澣在洲上开25里的伊娄河至扬子津，并建伊娄埭收税。大历六年（771），将瓜洲划归扬州管辖。瓜洲在今扬州市南15里。

这样从长江上游来的船只到扬州，仍然从今仪征附近入真扬运河；而下游镇江来的船只取道伊娄河入运河至扬州，行船距离缩短。贞元四年（788）淮南节度使杜亚大修扬州城内运河。扬州城内官河（即运河）因居民侵占，日久淤积，这次拓宽街道，疏浚运河，并开渠西引爱敬陂（陈公塘）及勾城塘水入运河，同时可以灌溉农田和供应城市用水。当时淮扬运河水流情况，据李翱《南来录》记载，元和四年（809）二月，"自淮阴至邵伯三百五十里，逆流。自邵伯至江九十里，自润州至杭州八百里，渠有高下，水皆不流"。"水皆不流"是因为邵伯有埭控制，江口有伊娄埭，所以水不流动，运河水是静止的，有利于行船。

唐代扬州北至楚州（今淮安）的运河又称作扬楚运河。邵伯埭以北运河入淮水流，因坡度太陡而流速过快，造成水大时逆流船只航行困难，水小时运河内存蓄水量减少也难航行。

五代时从长江进入运河的水道使用以西路为主，瓜洲河逐渐湮

---

① 《隋书·本纪·高祖上》。
② 《资治通鉴·隋纪四》卷一八〇。

塞。宋灭南唐，重新开通瓜洲河，河的北端有龙舟堰。五代时扬州以北有湾头堰、邵伯堰，淮安以北有北神堰。

北宋时期通过江淮漕运至首都汴京的漕粮每年在600万～800万石。大力修整淮扬运河，是为了确保江南的粮食和物资通过淮扬运河顺利到达泗州，进入汴河。首先淮扬运河北段楚州至泗州淮河水面宽阔，行船风险大，解决的办法是在淮河南侧新开一条运河。最先在雍熙元年（984）开始修建，淮南转运使乔维岳利用沙湖开挖河道。自淮安北末口到淮阴（今市西南马头镇附近）和磨盘口长60里，河道在这里形成30里的山阳湾。新开河名沙河，可以避开山阳湾险段。皇祐年间（1049—1054），江淮发运使许元接沙河又开运河49里，不久马仲甫又开洪泽渠60里。元丰六年（1083）都水监丞陈祐甫接洪泽渠向西开龟山运河57里，至盱眙龟山蛇浦，渡过淮河就可以至泗州进入汴渠了。这段避淮运河总长256里，前后修建整整用了100年时间。

而从扬州至楚州段运河要穿过众多的湖泊，中间大的湖泊不少，行船时遇到风浪大时常会倾覆。解决的办法就是修筑堤防将运河与湖泊分离，船行其间水源不缺又无风浪之虞。堤防上要修建闸涵、石硥等建筑保证湖水的排泄。这项工程始于景德四年（1007），在高邮北的新开湖砌石为长堤。天圣三年（1025），发运副使张纶又增筑大堤200里，堤上用块石修建10座滚水堰。景祐二年（1035）在邗沟段上建斗门19座。到重和二年（1119），真、扬、楚、泗、高邮运河堤上已经有斗门、水闸共79座之多。绍熙五年（1194），淮东提举陈损之在运河东筑堤，自扬州江都县至楚州淮阴县长360里，这就是今里运河西堤的基础。至此，江都至淮阴段河湖分开，废除很多堰埭，创建复闸等，渠化程度较高。南宋时，黄河开始夺淮入海，邗沟与淮河的关系发生新的变化。

五、江南运河

隋大业六年（610），隋炀帝疏浚扩建江南运河。"敕穿江南河，自京口（今镇江）至余杭八百里，广十丈，使可通龙舟。"①隋炀帝修运河的目的是要"东巡会稽"，就是要到绍兴去祭拜大禹陵，也说明杭州以东的"浙东运河"当时已经可以通航。隋修江南运河要全面控制浙江有两个原因：一是在政治上隋灭陈后，旧统治区尚不稳定；二是经济上江南经过长期开发已成为富庶地区，需要把这里的物产和财富，通过运河输送到作为政治中心的北方。经过这次大修，江南运河基本定型，河道没有大变化。

唐代江南运河主要问题是解决南北两端水源。北段大规模修治练湖，增加运河供水。南唐升元五年（941）重修练湖济运。江南运河南段曾经引西湖水济运。五代时，吴越引西湖水入运河。江南运河中段连接太湖，一般情况下水源充足。但在吴江一带运河与太湖没有明确界线，漕船要在太湖内行走，风浪大时经常发生不测。太湖与运河需要修筑纤道和保持下游排水畅通。元和五年（810），苏州刺史王仲舒"堤松江为路……时松陵镇南北西俱水乡，抵郡无陆路，至是始通"。这时太湖与运河初步分离。唐代加大对太湖治理，有利于江南运河的运营。到北宋庆历二年（1042），苏州通判李禹卿"堤太湖八十里为渠，益漕运"②。在吴江和平望之间修筑长堤，从此运河与太湖完全分离，这段堤即后人所称的"吴江塘路"或"吴江岸"。但是这条堤形成后同时也妨碍了太湖洪水的下泄，后来改造成连续桥梁、涵洞式建筑，堤上为行船纤路，堤下正常排水。

宋代江南运河将先前大部分堰埭改建为复闸、澳闸等连续节制闸，水工建筑愈加完善。南宋人说，这些堰之前是闸，因为难于管理，闸门开启难以控制，运河水经常流失，影响到正常行船，到唐代才改成堰，到宋代加强管理又恢复成闸。日本和尚成寻在12世纪70年代从杭州沿运河北上，将沿途所见船闸建筑及运营情况详细记载在他的日记中。从杭州向北到盐官县有长安堰，堰上有闸，闸门是三

---

① 《资治通鉴·隋大业六年》。
② ［清］金友理《太湖备考》卷三。

层，类似现在的二级船闸。[①]到绍圣时（1094—1098），京口、奔牛堰都修建了闸门。此时开始大量兴建澳闸，元符二年（1099），吕城、京口、奔牛都改成澳闸了。

南宋建都临安（今杭州），重视对江南运河和浙东运河的治理。对江南运河而言，过去目的地是从南向北，而杭州成为首都后，运河物流的方向则是从北向南，指向首都。从长江流域来的漕船、贡船都是沿江南运河运到杭州。诗人陆游乘船从杭州出发沿江南运河到镇江，记载了中间的闸堰情况。淳祐二年（1242），郡守何元寿大治练湖，修复闸堰，疏浚运河。淳祐七年（1247）大旱，西湖干涸，运河水源枯竭，自德清县开河36里，利用东溪水，漕船改线奉口河和下塘河，成为后来运河的主干河道。

浙东运河唐代在绍兴附近开新河，《新唐书·地理志》记载在城"北五里有新河，西北十里有运道塘，皆元和十年（815）观察使孟简开"。新河似是一条支河，运道塘后来称中塘。

宋代浙东运河趋于完善，运河工程建筑物可以实现对水流的控制，国家对运河直接进行管理，维护、疏浚及对堰埭的管理更加严格。这时运河上有记载的堰坝依次是：钱清北堰、钱清南堰、都泗堰、曹娥堰、梁湖堰、通明堰、西渡堰等（参见下图）。尤其在南宋

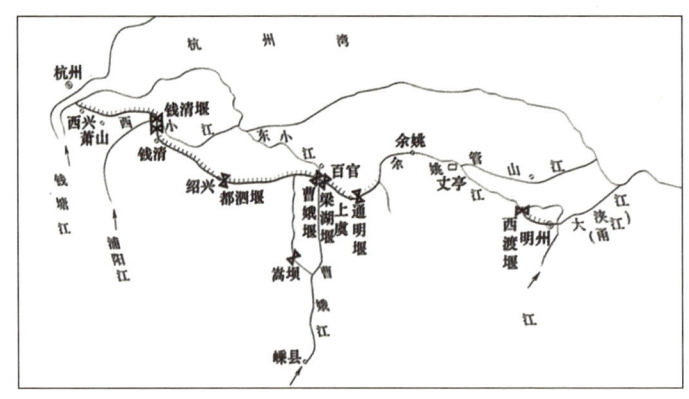

宋代浙东运河示意图

---

① 成寻《参天台五台山记》，白化文、李鼎霞校点，花山文艺出版社，2008年。

时临安为首都，浙东物产丰富，成为国家经济主要来源，浙东运河自然就成为漕运干道，因此治理最勤，最受重视。同时，明州（今宁波）是对外经济、文化、政治交流往来的海上丝绸之路重要港口，外国使团、到访学者、贸易商人都要从明州港登陆，沿浙东运河到杭州，再转道京杭大运河到中原。这时的浙东运河成为京杭大运河最紧密的延伸。北宋熙宁五年（1072）日本僧人成寻漂洋过海来中国求法，就是到杭州后经浙东运河去参拜天台山的。

南宋迁都到临安后四年（绍兴元年，1131），便着手对浙东运河的治理。乾道三年（1167），因萧山镇西兴闸被沙壅塞，地方官募夫自西兴至大江浚沙河20里，又浚闸里运河30里。[①]还派官吏专门管理西兴运河疏浚，拨捍江兵士疏浚沙浦，并建营房居住河边。据记载西兴营房有200人，特别拨50人捞沙。嘉定后期（约1220），绍兴知府汪纲，因萧山运河沙涨30余里，妨碍航行，疏浚河道8000丈，约合45里。由以上可以看出当时对浙东运河的重视。

---

① 《永乐大典》卷二二六七引《越州图经志》。

第三节　第三次建设高潮　元代建京杭大运河及明清进一步完善至衰落期

元统一全国，定都大都（今北京），结束了宋辽金几百年的南北分裂局面，同时也是中国历史上的政治中心第一次北迁到华北地区。国家庞大的开支和赖以生存的粮食，仍必须仰仗南方。南北的交通和漕运问题，立即成为国家头等重要的事情。这就是隋唐以来形成的以东西方向漕运为目的的运河，向以南北方向为目的的"京杭大运河"改造的首要原因。这项宏伟的中国大运河重心的大转变改造工程，由元初的水利学家郭守敬规划并实施。

至元十三年（1276）右丞相伯颜伐宋回京师后，建议国家应该立即全面开凿江南至首都的运河。他说："都邑乃四海会同之地，贡赋之入，非漕运不可，若由陆运，民力惫矣。"接着又说："江南城郭郊野，市井相属，川渠交通，凡物皆以舟载，比之车乘，任重而力省。今南北混一，宜穿凿河渠，令四海之水相通，远方朝贡京师者，皆由此致达，诚国家永久之利。"①这一建议深得忽必烈赞许，遂下令全面治理运河。

当时全国南北水上运输大致有三条路线：一是江南物资沿近海北上到达直沽（今天津），再沿北运河到通州；二是由淮扬运河北溯泗水、洸水至山东东平，转入大清河至利津出海转海运到天津，或转陆运至御河（卫河），再水运经北运河抵通州；三是由淮水入黄河，溯河至河南封丘县中滦镇转陆运几十里，至淇门入御河北上转北运河。归纳来说，困难有三条：困难之一是海运风险极大；之二是运河经过山东要绕行很远；之三是到达通州后必须转陆路运输才能到达大都城。

总体上分析，元以前南北大运河的江南运河、淮扬运河段运行都

---

① ［元］苏元爵编《元朝名臣事略》。

比较正常，元人接手就可以使用。而通济渠由于黄河的泛滥和南宋失修，无法使用。国家首都第一次移到华北平原的北端，漕运方向的巨变，必须将前代大运河向西的大回湾裁直，直接开通山东运河，不再绕行卫水（御河）上游，这是十分艰巨和庞大的工程，非倾全国之力难以完成。而整个运河改造工程的难点有两段：一是京杭大运河如何跨过山东的安山、南旺地段，其北边有御河，南边有泗水，中间是汶河，运河如何选线，同时解决水源缺乏和跨越接近40米的山丘地带问题；二是如何解决金代已经暴露出来的通州至大都城运河缺水和河道坡陡流急难以行舟的困难。

元代水利学家们为此抓住最重要的环节，第一步，人工修建山东境内济州河和会通河，再利用泗水运道和徐州至淮安的黄河，裁去原来走南北大运河将近一千里的弯道；第二步，开凿通惠河，解决最后通州至大都城内50里最困难的河段，然后疏浚北运河、南运河、淮扬运河、江南运河，实现北京至杭州近2000里长的京杭大运河全线贯通。这是一条最新的航线，虽然有元一代这条运河由于种种原因运行得并不理想，尤其是山东段运河水源等问题导致全年可以通过的漕粮不过30万石，但是为明清两朝长期保持在四五百万石打下基础。一些人只看到元朝以海运漕粮为主而忽视内河漕运作用，殊不知元代的海运漕粮只是省去了淮扬（一部分）、山东、南运河三段内河，而关键的江南（含浙东）运河、北运河和通惠河等都在全面运行。

一、元代修建京杭大运河

（一）山东运河——济州河与会通河的建设

会通河位于山东丘陵西缘与黄河中游冲积扇之间，地势以济宁南旺镇最高，平均海拔43米，分别向南、向北倾斜，地形纵坡降千分之二左右。元至元十二年（1275）七月，因御河的通航，当时右丞相伯颜要求派人查访自江淮通达大都河道情况。朝廷派郭守敬前去勘查的重点，就是宋金以来汶、泗、卫水相邻地区的河道。查勘的详细路线，据齐履谦的记载是："命公（郭守敬）行视所便，自陵州至大名；又自济州至沛县，又南至吕梁；又自东平至纲城；又自东平清河逾黄河故道，至与御河相接；又自卫州御河至东平；又自东平西南水泊至御河，乃得济州、大名、东平、泗、汶与御河相通形势，为图奏之。"[①] 郭守敬进行了六次实地勘查，归纳其行经路线是：①陵州至大名，②济州至吕梁，③东平至埕城，④寿张至临清，⑤淇门至东平，⑥东平西南水泊（即梁山泊，金以后淤废）至御河。可以看出，测量工作北以山东德州为顶点、南至江苏徐州、西自河北大名、东至山东宁阳、南北长约400里的三角形范围，在反复勘测、比较，得出运河可以贯通的结论后，详细绘图上奏朝廷。今天虽然看不到原图与奏文，但不难分析出，这次勘测的目的有二：一是寻求通航最佳路线，裁去原南北大运河的三角形的两边，实现"裁弯取直"，缩短北上水道路线；二是从测量路线上看，有四次是以东平为起点或终点，因为东平是高程的控制点（参见左图）。其规划重点是尽可能寻找这一带可以利用的水源，为将来的山东运河供水，这一点郭守敬参考了18年前济州官员毕辅国引汶水济运的经验。实际上，这就是后来会通河

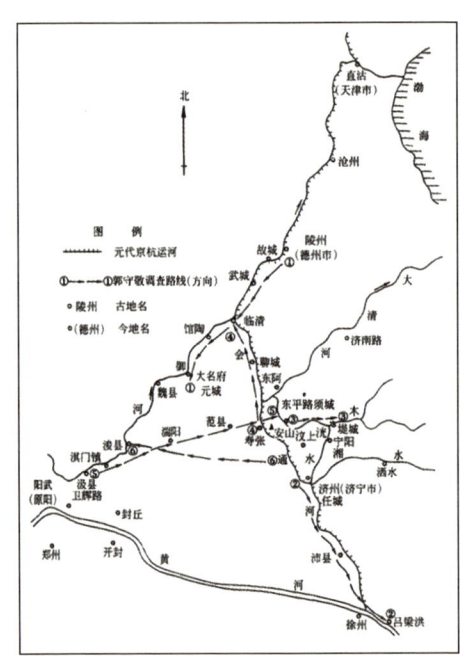

郭守敬踏勘路线示意图

的开发规划，元代山东运河的建设基本上是按这一思路完成的。

1. 济州河的开凿

在郭守敬上奏后的第二年（至元十三年，1276）正月，朝廷根据

---

① ［元］齐履谦《国朝文类》卷五十。

实地考察报告和所绘图纸，决定开工整治改造山东段运河。文献明确记载"元世祖至元十三年穿济州渠"①。可是这项工程当年只是批准而实际并没有开工，可能由于当时统一全国的战争尚未结束，或者因为郭守敬调去参加新历法的编写等原因，工程拖延了几年。直到至元十八年（1281）十二月，朝廷又派奥鲁赤、刘都水及一位精通算术的人士前往济州审定开河事宜，命令当地新附军帮助做施工准备。济州渠工程于至元十九年十二月正式开工，到第二年八月完成。济州河新开凿的河段自济州至安山130余里，南接金代泗水运道，可以到徐州；向北至东阿与大清河通，至利津入海，然后接海运。后来因入海口淤积，又改陆运至临清接御河北上至天津。济州河以汶泗二河为水源，汶水自堽城坝分水至济州会源闸向南北分水济运。河道上原计划兴建14座石闸，经马之贞勘查后改为8座石闸和2座石堰。

2. 会通河的开凿

济州河开通后，终究这只是山东运河中间的一段，向北到临清很远的路程还需要陆运，严重影响漕运的效率和总量。元人杨文郁记载当时这段陆路转运的情景是："自东阿至临清二百里，舍舟而陆，车输至御河，徙民一万三千二百七十六户，除租庸调。奈道经茌平，其间苦地势卑下。遇夏秋霖潦，牛偾辀脱，艰阻万状。……公私以为病，为日久亦矣。"②济州河以北的运河续建成为当务之急。

至元二十四年（1287）三月，朝廷"命都水监开浚汶、泗水道，以达京师"，就是决定开凿会通河。文献记载，这时"寿张县尹韩仲晖，太史院令史边源相继建言，开河置闸，引汶水达于御河，以便公私漕贩"。于是中书省派漕运副使马之贞与边源等人再去查勘地形，估算工程费用和所需要的材料，并绘图上报。这项繁重的准备工作，用了一年多的时间。第二年（至元二十五年，1288）十月，尚书省平章政事桑哥上奏说，现在主要依靠海运，明年需要海运江南粮食达

---

① 《元史·世祖本纪》。
② [元]杨文郁《开会通河功成之碑》，引自[明]王琼《漕河图志》卷五，姚汉源、谭徐明点校，水利电力出版社，1987年。

一百万石。根据查勘情况看，还是打通山东运河为好，"渠成亦万世之利。请以今冬备粮费，来春浚之"。忽必烈批准了这一计划。①

会通河至元二十六年（1289）正月兴工，六月完工。工程实际用钞仅是预先估算的一半；实际用工251万，比预先估计少用工50万左右。运河从须城（今东平）安山起，经东阿、聊城西北至临清接御河，全长265里，总共建闸31座，赐名会通河。至此，山东段运河的改造工程全部完成。后来往往把济州河和会通河统称会通河。

济州、会通两河主要水源，东北方向建堽城枢纽引汶入洸，东边在兖州城东建引泗金口枢纽，上述二水在济宁会源闸汇合，分流南北。在会源闸以北至御河的河道上共建有16座闸，以南至沽头（今沛县东）河道上共建有10座闸，加上汶、泗上的5座闸，共计31座。这些闸初建时为木闸，后来逐步改建为石闸。会通河的水量和水深，全靠这些闸门启闭控制，所以会通河又有闸河之名。

又由于会通河水源分水点不是最高处，地形上最高处的南旺一段运河常常因缺水而航运困难，严重影响到运河的运输能力，这正是有元一代会通河每年漕运量远远达不到设计标准的原因。

（二）大都运河——重开金口河，兴建坝河及通惠河

元初为了满足通州至燕京漕运和修建大都城建材的需要，就开始利用所有资源修建运河。从引玉泉水通漕运、开金口运西山木石，到修通惠河沟通京杭大运河，都在郭守敬主持、设计和实施下取得巨大成功。因此，有元一代通州至大都城共修建了三条运河，都应该是京杭大运河的分支。

元初，忽必烈十分重视大都城市建设和发展漕运两件大事。郭守敬引玉泉水通漕运、疏通金漕渠，加大粮食的运输。这时他郑重提出重新修建金口河，引卢沟水（永定河）来漕运西山木材和建筑石料，

---

① 以上据《元史·河渠志》，引自周魁一等《二十五史河渠志注释》，中国书店出版社，1990年。

供城市建设使用。郭守敬重开金口河设计上的重大改进是，在取水口前面增加了"退水渠"，可以使洪水及时排泄回永定河，而不会淹没京城。这项建议得到批准，并于第二年建设完工，运河获得成功。新开金口河的路线基本是沿用金代的路线。

早在中统三年（1262），郭守敬第一项建议就是"开玉泉水以通漕运"。建议立即得到忽必烈的批准，并且派有经验的水利官宁玉实施，这就是大都至通州的北支漕河。此次引玉泉水供漕河使用十几年后，将玉泉水大部分引入金水河，专供皇城使用，大都至通州的北支漕河受到严重影响。为了漕运的需要，至元十六年（1279），对旧漕河道进行彻底改造，将原来可以直接行船的漕河，改造成分段驳运的坝河。坝河因河道上共修建了拦河坝7座，因此又称"阜通七坝"。

至元二十六年（1289）开凿了会通河后，京杭大运河山东段初步完成。南方漕船自杭州沿江南运河到镇江，过长江沿淮扬运河（邗沟）北上至淮安，溯黄河（原淮河水道）至徐州，北行泗水入会通河（含济州河），至临清入卫河（御河），至直沽转白河达通州。实现江南漕船可以通航到通州的规划目标。另外，通过海运的大批粮食和物资到达直沽（今天津）后，也通过白河运抵通州。但通州距大都城还有50余里，运输不畅。郭守敬在至元二十八年（1291）提出开通惠河建议，第二年批准开工，为了工程便于管理，朝廷恢复了都水监，并且再次任命郭守敬为都水监知事，任通惠河的设计、施工总指挥。忽必烈特别下旨：在工程施工中所有重大事项，必须由郭守敬亲自"指授而行事"，就是最后的总决策权交给了郭守敬。至元三十年（1293），通惠河工程如期竣工，一队队漕船驶入积水潭，标志着京杭大运河全线贯通。从这一角度看，实现京杭大运河全线贯通的最大功臣应该是郭守敬。

（三）元代北运河与南运河

元代京杭大运河自北而南是通惠河东至通州南李二寺入北运河，北运河至直沽接南运河，南运河再向南至临清接新开的会通河。北运河与南运河都属于天然河道整治后形成的运河。

1. 北运河

北运河金代曾经与闸河连在一起称通济河、天津河，还有潞河；元代称白河，还有广济河等名称。自北京成为金的首都起，北运河的定位和作用就十分重要。因为不管是经过南运河北上还是海运来的粮食，都要到达直沽，然后经过北运河运抵通州。因此，北运河正是连接天津和北京最重要的水道。而从北京附近流出的河流大部分都流入北运河。

北运河特点是汛期经常洪水漫堤，冬春又常常水浅阻碍行船。天然河道弯曲变化大，为了保持一定的比降，特意保留弯道，有时需要裁弯取直或发生天然裁弯的情况。元初郭守敬曾经建议："通州以南，于蔺榆河口径直开引，由蒙村跳梁务至杨村还河，以避浮鸡甸盘浅风浪远转之患。"就是建议将这段运河进行裁弯取直。历史记载，至元十三年（1276）七月，北运河因杨村至浮鸡泊漕渠迂远，从孙家务裁弯取直。这是根据郭守敬之前的建议动工，同年八月又"穿武清县蒙村运渠"，十年后再次"疏浚蒙村漕渠"。在大都开坝河的那一年，因通州水路浅涩，令枢密院发军5000人，并令食禄诸官雇夫千人疏浚，用了50天完工。这些都是修建通惠河前对北运河的裁弯治理。在通惠河建好以后，隔几年就有一次治理。整个元朝对北运河修堤、疏浚十分重视，直到元末山东运河已经不通漕运了仍然治理北运河。为了接济海运，至正十年（1350）九月，还发军士500人修筑白河堤。次年六月，发军士千人疏浚直沽至通州的河道。当年同知大都路总管府事崔敬，疏浚淤塞直沽河，募工万人，用了不到三个月时间竣工，耗钞数万锭。

2. 南运河

元代直沽（今海河）由卢沟河、拒马河、滱水、南运河等汇合形成；其上游过静海县南折，过清州有滹沱、漳水合流汇入，再南过沧州、陵州（今德州）至临清，通称南运河，即卫河的下游段。它是东汉末年所开的白沟、隋代所开的永济渠，宋以后演变为卫河，元代称卫河，也称御河。

元代南运河有两个大问题：一是春旱时水源与上游灌溉矛盾，感到不足；二是水大时决溢堤防。这两个问题一直延续到清代都没有彻底解决。早在至元元年（1264）四月，因彰德、洺州、磁州诸路引水灌田，导致御河浅涩，运盐船只不能通行。立即派人堵塞分支，恢复运河水势。历代都是以漕运为重，旱季往往禁止上游引水灌溉，让位于漕运。至元十九年（1282）十月，由大都至中滦、中滦至瓜洲设立南北两个漕运司。至元二十六年（1289）开会通河后，御河仍然常发生水灾。由于御河水大容易冲决堤岸，就有排水道争议问题。延祐三年（1316）七月，沧州上奏：往年吴桥诸处御河水溢，冲决堤岸。屯田万户差军于南皮县东北45里郎儿口筑塞泄水道，致淹民田庐，并不准开浚。郎儿口（在今沧州南20余里）问题历史悠久，金元都在郎儿口下游设军屯，屯军经常堵塞郎儿口防止决水东淹。而堵塞后就会淹民田，矛盾得不到解决。

在京杭大运河全线开通前，还对御河进行几次治理。至元十七年二月"发侍卫军三千浚通州运粮河"。至元二十二年春正月"发五卫军及新附军浚蒙村漕渠"，二月"以应放还五卫军穿河西务河"。至元二十四年春正月"以修筑柳林河堤南军三千浚河西务漕渠"。至元二十六年二月"浚沧州御河"。五月庚辰"发武卫亲军千人浚河西务至通州漕渠"。[①]应当说这段时间对御河的修治是十分重视的，一方面说明这时御河的重要性，另一方面也说明御河已成天然河道的形势，极易浅涩淤塞，必须不断治理才可以通航。

（四）元代淮扬运河、江南运河和浙东运河的治理

1. 淮扬运河

对于元初长江以北至淮河的漕运，淮扬运河十分重要。至元二十一年（1284）二月，疏浚扬州漕河。几年后，山东宣慰使乐实以

---

① 本段所引文献均为《元史·河渠志》，引自周魁一等《二十五史河渠志注释》，中国书店出版社，1990年。

胶莱海道运粮万户府名义，运江南米"陆负至淮安，易闸者七，然后入海，岁只二十万石"①。过七道闸都需要人力盘驳，而且一年只能漕运20万石，说明当时淮扬运河并不通畅。至元二十六年（1289）正月，海船万户府请求由他们负责海运，从江阴入江出海至直沽的路线被批准。当年海运漕粮90万石到直沽。第二年海运在百万石以上，内河运输只有几十万石。其根本原因在于山东运河虽然开通但并不十分通畅。大德四年（1300）正月，"复淮东漕渠"②。此前由于海运加强，实际削弱或放弃了淮扬运河的漕运，至此得到恢复。以后淮扬运河有几次大的疏浚，运输食盐占有较大比重。大德十年（1306）正月疏浚真州、扬州等州运河，同时疏浚江南运河，这是一次较大的工程。延祐元年（1314）十二月，浚扬州、淮安等处运河。当时扬州运河包括运盐河，相当于后来的通扬运河及串场河。

2. 江南运河

元代对江南运河的治理相对较少，没有突出问题。江南运河的北段最重视供水湖泊练湖治理，南端杭州城周围治理工程较多。至元二十九年（1292）疏浚浙西运河，导水入海。大德三年（1299）十一月，置浙西平湖渠堰闸共计78座。疏浚太湖和淀山湖。大德十年（1306）正月，疏浚江南运河。延祐六年（1319）九月，疏浚镇江练湖。泰定元年（1322）由都水少监任仁发、镇江路总管毛庄议定，经中书省批准，发动民夫13000余人疏浚镇江至常州吕城坝运河131里，河面宽5丈，底宽3丈，水深6尺。工程用了33天完成，之后又开挖了练湖保证了运河水源供应。

江南运河南端由于杭州南钱塘江沙涂壅涨，潮水远去，距北岸达15里，不能通船。延祐三年（1316）用工16万，开河10里，并修建2座闸门控制。杭州城北运河原来走上塘河，经临平、长安堰至崇德北上。南宋淳祐七年（1247）大旱，上塘河断流，自德清县南奉口镇开

---

① 《元史·世祖本纪》。
② 《元史·成宗本纪》。

河36里引东笤溪水至北新桥。从此，漕船不再走上塘河，改由下塘河（北入安吉境的河）奉口河北行转东。到元至正时（1341—1368），因钱塘江北岸不断向北淤涨，阻断了运河通江水道，上塘河淤浅，不利通航。因此大修经奉口德清的运河，成为后来的主航道。

3. 浙东运河

元代以后远不如南宋时那么受中央政府重视，但由于它在本地区的重要作用使之长久不衰。南宋以后鉴湖逐渐被侵占成为农田，越州水道和调蓄湖沼随之变化。元末方国珍的割据、明中叶倭寇的骚扰焚掠等政治动乱的影响，自然环境的变化，浦阳江的改道，湖泊水体的分散，三江闸的修建等，都对浙东运河产生巨大的影响。

元代实现了杭州到大都（北京）的运河贯通，完成了现代意义的京杭大运河工程，其贡献和成就在中国历史上是应该大书特书的（参见右图）。元朝统治者开通连接前朝首都杭州和新首都北京（大都）的运河，十分清楚了解这两个地区之间关系到全国的统一的重要意义，了解沟通南北的政治、经济等方面的意义。京杭大运河工程的历史作用与贡献和历史地位远远超出一般水利工程的作用和地位。由于各种原因和条件限制，在元代几十年间，京杭大运河山东运河段没有充分发挥漕运作用，但是为明清奠定了坚实的基础。没有元代以郭守敬为首的水利学家们艰苦卓绝开创的过程，就没有明清京杭大运河的辉煌。

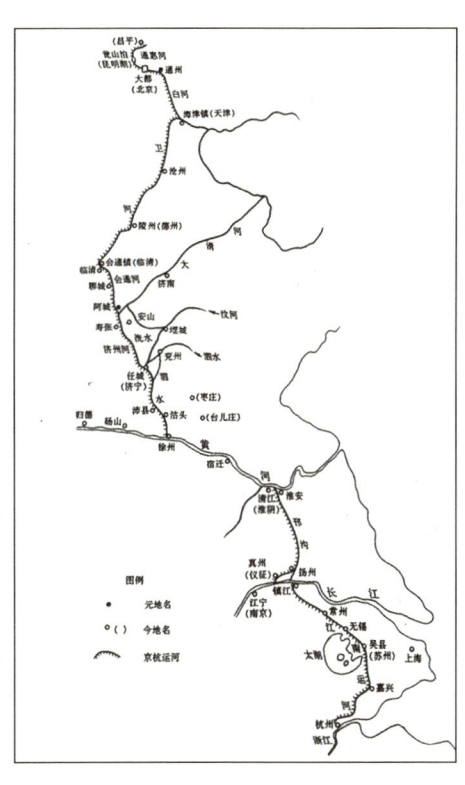

元代京杭大运河示意图

二、明代至清中期京杭大运河

明初以南京为首都，三四十年间并不重视淮河以北的京杭大运河，因此山东和北京段运河基本不能通航。永乐初，朱棣准备迁都北京，首先要打通京杭大运河，恢复南粮北运。明代面临的情况是与元代完全不同的，元代国土范围广大，军事力量足够威慑四邻，依赖的海运不会有任何外敌的干扰。而明朝北方有被赶走的蒙古势力经常的边防征战，海上有倭寇的侵犯骚扰，海运被迫停止，为实现南粮北运只有依靠内河航运。明代维持京杭大运河运行投入最多，对工程设施、管理维修制度等的发展达到高峰。同时，黄河、淮河与运河交叉重叠，干扰严重，治理运河不得不顾及黄河、淮河等综合治理问题。同时，由于明朝的祖陵在泗洲，又是不能被洪水淹没的重点地区，国家经济命脉所系的运河，成为首先必须保障的重点，其他河流甚至黄河的防洪退居第二位，约束了明清几百年黄河的治理。

明永乐九年（1411）宋礼重开会通河，采用白英老人的建议引汶水至南旺分水济运。陈瑄主持运河治理时期又制定了较严密的航运管理制度。此后500余年南粮北运主要运输线路的京杭大运河，平均年运400万石粮食至北京。嘉靖以前，京杭大运河徐州至淮阴段以黄河为航运水道，山东段运河亦常引黄济运。自嘉靖至清康熙年间，陆续开南阳新河、泇运河、中运河后，使大运河与黄河分离，只在淮安西的清口处与黄淮两河交叉，成为清代综合治理的重点工程。清代对漕运的重视超过前朝，对京杭大运河的建设与维护不断，直到咸丰五年（1855）黄河在铜瓦厢北决，完全冲断运河。应该说自永乐初至此的450余年间，是京杭大运河历史上最辉煌的阶段，取得的成就也最大。

明代京杭大运河通称为漕河，成化中王恕写《漕运志》才称为运河（之前记载通称"渠"）。因此明代运河各段又称作：①白漕，北运河和通惠河；②卫漕，南运河；③闸漕，会通河；④河漕，黄河运道；⑤湖漕，淮扬运河间多湖区；⑥江漕，自湖广、江西等地顺长江而下至仪真入运河，从镇江北上漕船进瓜洲入运河；⑦浙漕，包括江南运河、浙东运河。明代京杭大运河问题最多的除通惠河外就是闸漕、河漕、湖漕三段。河漕直接受黄河影响有借黄、引黄、避黄问题及避淮问题；闸漕主要问题是水源少而常受黄河泛滥影响；湖漕主要问题是水多风浪大，还有通江、通淮及受黄河逼淮影响等问题。

（一）明清白漕的改造

明初建都南京，将大都城改为北平后，元代所依赖的白浮瓮山河完全湮废，能够供应运河的水源只剩玉泉山一处。明初改建大都城，把积水潭西北部分隔在城外。后来又将通惠河包围在皇城内，使漕船不能驶入积水潭，漕运的终点改在东便门外大通桥下，因此明代通惠河又称为大通河。元代积水潭北支运河——坝河，也因水源不足而停止使用。明清什刹海仍是下游通惠河的重要调节水库，并在城市水利中发挥重要作用。

自永乐三年（1405）决定建都北京，朱棣便着手修复通惠河，以便解决重建北京城的建筑材料及漕粮的运输问题。永乐十五年（1417）春正月，为营造紫禁城，利用通惠河自通州浮运南方采集的大木至城内，说明河道还较畅通。可是到永乐十七年（1419），开始在白浮村北20余里修建长陵，以后再提出引用白浮水就会遭到"堪舆家"的反对，引用上源的建议被否定。嘉靖初，督漕官吏为运输重建北京宫殿的大木，再次建议修复通惠河。嘉靖六年（1527），巡按直隶监察御史吴仲主持修通惠河，疏浚河道，并修复5座闸，在通州城东新筑土、石两坝，实行分5段搬运的方案。这次重修后几十年漕运比较畅通，通惠河漕运格局已成定势，至清代没有大的改变。

明清通惠河几经治理均无法像元代那样通畅的原因主要有以下几个方面：首先是水源不足，白浮瓮山河不能修复使用，能够供应通惠运河的水源只剩玉泉山一处，由于其他原因又仅分引诸泉水的一半供应运河；二是城内河道被围入皇城，漕船不能进入积水潭，停在大通桥下无停泊场所；三是受到掌管陆运漕粮权的豪势家（包括兵、户二部的矛盾）的反对和谣言蛊惑阻挠，导致每每治理运河功将垂成而失败。

明代改造通惠河后另一个重要变化是将通惠河与北运河的衔接地点改到通州城北,完全放弃了元代在通州南20余里的李二寺,又回到金代闸河的状况,即北运河的船只不能直接驶入通惠河,造成了通惠河漕运的困难。

清代以后通惠河越来越不通畅,"五闸二坝"中的各闸一般也不再开启,在每座闸前后开挖月河排洪水。南方来的漕船,到北运河后一小部分卸在土坝存入通州粮仓周转,大部分在城北石坝码头将粮食卸下,倒运到石坝楼后面停泊在"葫芦头"水域的通惠河漕船上,再沿通惠河,过五闸运进北京城各粮仓。这样通惠河内的船只,再也不能航入北运河。

(二)闸漕的重建

会通河在元代经过水利学家的努力,开挖新河取得成功。但是由于元代重视海运,会通河水源问题解决得不理想而严重影响到运河运输量,以及黄河泛滥的影响等原因,会通河最终淤塞不通。

明永乐帝决定迁都北京后,就开始治理在洪武二十四年(1391)因黄河原武决口而淤塞的会通河。当时的会通河情况,据《漕河图志》记载:"自济宁至临清三百八十五里有奇,内七十七里有河道,鱼船往来;中有百二十里淤为平地;北二百五里有奇仅有河身。自济宁至德州陆行七百里,始入卫河。"永乐九年(1411)二月,由工部尚书宋礼总负责,发动军夫30万,用工100日,于六月完工。这次工程量甚至超过元代开挖时,包括以下几方面:

一是重新设计修改了引水枢纽,使运河供水得到更大的保证。宋礼采纳汶上老人白英的意见,在汶水上新筑戴村坝,尽截坎河诸泉及汶水至南旺入运。这是会通河地势最高的地方,南北分水点从济宁移到南旺之后,使水流"南流接徐、邳者十之四,北流达临清者十之六"[①]。解决了元代济宁至临清段运河水源不足的问题。

---

① 《明史·宋礼传》卷一五三。后来也有分为三七之说。

二是按"相地置闸，以时蓄泄"的原则，改建和增建了运河上的闸门，总数达38座。并且在运河西岸设斗门，运河东岸增设大量水柜，使运河水量可以节节调蓄，解决元代会通河缺水的难题。

三是重修堽城坝截汶水下游洸水至济宁入运。以后又整修了兖州的金口堰，导泗水至济宁助运。

四是在自汶上袁家口至寿张沙湾之间开新河，将该段运河东移50里，使河线更加通畅。

后来陈瑄又在淮安城西管家湖开清江浦，"导湖水入淮，筑四闸以时宣泄"，并且"缘湖十里筑堤引舟"，使南来的漕船通过湖水直接入淮，免去了盘坝陆运之劳。经过对会通河的一系列治理，较好地解决了元代制约京杭大运河发挥重要作用的症结，开始起到南北交通动脉的作用。"自是，漕运直达通州，而海陆运俱废。"①

（三）戴村坝引水工程

自永乐九年（1411）创建戴村坝起，到万历二十一年（1593）堵堽城闸，截断汶水南流使之全河趋南旺止，会通河供水工程完善经历了180多年。

弘治时（1488—1505）戴村坝基本取代了堽城坝，为了确保运河供水，戴村坝主体工程拦河坝与坎河口各自的工程作用被强化，"汶大溢，势不能决戴村（坝）；则溃裂而假道于坎河口"。隆庆六年（1572），总理河道万恭主持，将戴村坝改造为堆石坝。"役丁夫七千有奇，运石堙河，……滩博一里，衺一里，而强压河根而上，崇丈余。秋水时至，则令逾滩而泻之，复青州故道（即汶水入海旧河道）；春夏运行，则令滩上而注之。"②万历十七年（1589），总理河道潘季驯改成石坝，成为一座永久性的砌石溢流堰。

明代戴村坝—南旺枢纽工程建成后，会通河水源有了可靠的保

---

① 《明史·河渠三》，引自周魁一等《二十五史河渠志注释》，中国书店出版社，1990年。

② ［明］黄宗羲《明文海》卷三八四，中华书局本。

障，京杭大运河很快得以全线畅通，到明永乐以后由运河北上的漕运量迅速超过了400万石。

《漕河图志》记载运河闸座和闸夫统计

序号	所在州县卫	闸名	闸座	闸夫（名）	序号	所在州县卫	闸名	闸座	闸夫（名）
1	通州	通流闸	2	63	19		天井闸	1	30
2		溥济闸	2	65	20		在城闸	1	30
3	临清州	临清闸	1	30	21		赵村闸	1	30
4		会通闸	1	30	22		石佛闸	1	30
5		南板闸	1	40	23		新店闸	1	30
6		新开上闸	1	40	24		新闸	1	30
7	清平县	戴家湾闸	1	30	25		仲家浅闸	1	30
8	堂邑县	梁家乡闸	1	30	26		师家庄闸	1	30
9	聊城县	通济桥闸	1	30	27		鲁桥闸	1	30
10		李海务闸	1	30	28		枣林闸	1	30
11		周家店闸	1	30	29		上新闸	1	30
12	阳谷县	七级上下闸	2	40	30		中新闸	1	30
13		阿城上下闸	2	40	31		下新闸	1	30
14		荆门上闸	1	20	32		宫村闸	1	4
15		荆门下闸	1	20	33		吴泰闸	1	4
16	汶上县	开河闸	1	30	34		永通闸	1	20
17		南旺上下闸	2	40	35		永通上闸	1	20
18	济宁州	分水闸	1	4	36		广运闸	1	20

续表

序号	所在州县卫	闸名	闸座	闸夫（名）	序号	所在州县卫	闸名	闸座	闸夫（名）
37	滋阳县	金口闸	1	20	53		昭阳湖东闸	1	20
38		土楼闸	1	20	54		昭阳湖西闸	1	20
39		杏林闸	1	20	55	徐州	沽头上闸	1	20
40	宁阳县	堽城闸	1	20	56		沽头中闸	1	20
41	鱼台县	南阳闸	1	30	57		沽头下闸	1	20
42		谷亭闸	1	30	58		黄家闸	1	20
43		八里湾闸	1	30	59		徐州闸	1	20
44		孟阳泊闸	1	30	60		吕梁上闸	1	20
45		杨城湖小闸	1	10	61		吕梁下闸	1	20
46	邹县	土卷里闸	1	10	62		留城泉水闸	1	20
47	沛县	湖陵城闸	1	30	63	清河县	新庄闸	1	40
48		谢沟闸	1	20	64	山阳县	福兴、清江、移风、板闸	4	160
49		新兴闸	1	20	65	江都县	朝宗上下闸	2	40
50		金沟口闸	1	20	66		新开、大同二闸	2	20
51		飞云桥闸	1	10	67	仪真县	清江闸	1	40
52		昭阳湖中闸	1	20			合计	77	1910

三、从借黄行运到完全脱离黄河——黄河与运河关系

由于东西流向的黄河与南北流向的京杭运河的交叉，黄河是三年两决口，经常泛滥改道，对运河形成巨大的威胁与干扰。自京杭运河修建之初至运河废弃为止，这种威胁与干扰就一直存在，这也是运河管理中最大的问题。受黄河变化的影响，漕运则处于被动状况。随着漕运量的增加，为摆脱被动局面，自然想到如何使运河与黄河分开。

（一）借黄行运

黄河是天然航道，上游远可以通青海、甘肃，经宁夏、内蒙古至陕晋（春秋时秦晋间曾自渭水经黄河入汾水），但是运量受到限制。自汉至唐，河南陕西之间虽有三门峡之险，但是并没有间断往来。自古就有大宗航运记载。宋代汴渠就直接引黄河水为源，带来了严重的淤积问题。元代开凿京杭大运河，由徐州至淮安要走黄河。明重修运河，仍然离不开黄河。但是徐州附近的徐、吕二洪险滩，大大增加了借黄行运的困难。最终导致放弃使用黄河，另外新开运河来代替黄河行运。

（二）引黄济运

隋以前的汴渠就是西引黄河水为源，是一条多沙易淤渠道。唐宋汴渠（隋通济渠）每年都需要停航疏浚，几年不疏浚就会导致运河淤塞不通。引黄河水通运问题是：如果疏浚不彻底，河道就会淤浅碍航；而且逐渐形成"地上河"，容易泛滥成灾，宋代汴渠就是如此。

根据元代记载，山东运河在济宁南北已经有引黄河水接济运河的史实。汶泗水源不足，明清两代也曾经引黄济运。明初有从塌场口引黄济运，宋礼重新修治会通河曾经兼开金龙口一带黄河分支入运河。后来又有滩河引黄入张秋以南济运。景泰中徐有贞治理黄河运河成功，又开广济渠数百里，直通新乡以南黄河引水，工程浩

大。但是引黄弊端十分明显,需要经常疏浚泥沙,因此明后期已经减少。

清中期以后引黄济运又逐渐增加,多数从徐州以上开渠引水入微山湖。乾隆以后,微山湖成为迦运河主要水柜,湖水来源主要依靠湖西坡水及运河余水,不足则引黄河水。另一水路为自黄河南岸减水坝,减水入淮及洪泽湖助清嫡黄、济运。嘉庆、道光年间(1796—1850),又有于黄淮运交汇处的清口引黄济运之举,结果弊大于利,黄淮成为运河最大的障碍。

在清咸丰五年(1855),黄河大改道北徙夺大清河入海,运河被黄河分割成两段,河北运河汶水无法到达,只得另外寻找水源维持运河局面。阿城、临清之间几十年全依靠伏秋黄河涨水为源。

(三)黄河扰运

黄河多泥沙,黄河决口冲入运河,水大运河不能容,运河堤防要决口;黄河水落时所含泥沙又会淤积运河。因此就有治理运河必须首先治理黄河的说法。可是黄河治理很困难,于是运河问题也随之渐多。运河是国家命脉所系,从明代起,就明确了以保证漕运为首要任务,治理黄河居次要位置。明代前期黄河决口河南岸,有两大工程都是先堵运河决口,后堵黄河决口。如正统十三年(1448),黄河决新乡一带,向东北流于运河张秋以南沙湾堤决,运河水东流入海,运河上下淤积。决口屡堵屡决,直到景泰六年(1455)黄河主流南去,才先堵运河决口,后堵黄河决口,黄河北流8年。到弘治二年(1489),黄河又决口开封一带,北流冲断运河张秋河岸。3年后黄河又决金龙口及黄陵冈。弘治七年(1494)堵张秋运河决口,八年才堵黄陵冈。因为这两次决口都向南有分支,有利于保证漕运。当时运河在丰、沛、鱼台等县的南阳湖、昭阳湖以西。到嘉靖后黄河分决多支入徐州上下运河。

（四）避黄改运

从明嘉靖四十五年（1566）工部尚书朱衡开南阳新河起，到万历三十一年（1603）李化龙大力开泇运河，最后清康熙二十七年（1688）靳辅开通中河，运河完全脱离黄河，经历了120多年的努力。

早在明嘉靖六年（1527），左都御史胡世宁提出，将南阳以南至留城的运河，由昭阳湖西改到湖东，可以避开黄河洪水的冲淤。第二年开工，可惜工程半途因遭到利益集团的强烈反对而下马。直到嘉靖四十五年（1566）工部尚书朱衡主持重新修建该工程，第二年工程告竣，称南阳新河。"新河成，西去旧河三十里"，"自留城而北，经马家桥、西柳庄、满家桥、夏镇、杨庄、珠梅、利建七闸，至南阳闸合旧河，凡百四十里有奇"。[①]新河的优越性如后来总河翁大立所说："新河之成胜于旧河者，其利有五：地形稍仰，黄水难冲，一也；津泉安流，为事堤防，二也；旧河陡峻，今皆为之，三也；泉地既虚，黍稷可艺，四也；舟楫利涉，不烦牵挽，五也。"[②]

隆庆三年（1569），由于徐州附近茶城受黄河影响严重，又看到南阳新河的优越性，有人提出自夏镇以南让运河避开黄河，直通邳州。这一方案由于总河潘季驯反对而搁浅。又经过几任总河的努力，到万历三十一年（1603）李化龙时才完成新开河工程。这条新河叫泇河，上与南阳新河相接，下游从骆马湖旁直接入黄河，使运河在徐州至邳州段脱离黄河。

到清代，运河脱离黄河的工程仍然继续进行。从康熙二十五年（1686）开始，经过两年努力，由靳辅主持，在明代泇河基础上，又自张庄运口经骆马湖口开渠，经宿迁、桃源到清河仲家庄入黄河，称中运河。这时"粮船北上，出清口后，行黄河数里即入中河，直达

---

① 《明史·河渠三》，引自周魁一等《二十五史河渠志注释》，中国书店出版社，1990年。

② 《明穆宗实录》卷三一。

张庄运口,以避黄河百八十里之险"。[①]至此,运河完全脱离黄河,只剩下清口七里穿越黄河河道。后来,中河经过于成龙、张鹏翮的两次修整,最后形成比较稳定的运河路线。(参见右图)

(五)黄河夺淮与运河

自南宋建炎二年(1128)黄河南流夺泗水、淮水,经过多年摇摆不定,最后完全南流入海。原来运河与淮河交汇的清口,被黄河中间阻隔,则成为以后几百年治理运河、黄河的焦点。明万

清代京杭大运河全图

历年间,潘季驯治理黄河提倡"筑堤束水,以水攻沙",在黄河上自徐州至云梯关大筑堤防。治理清口原则是"以清刷黄、蓄清敌黄、引清入南运",就是积蓄清水冲刷黄河淤积。结果,还是黄河逐渐淤积渐高,淮水不能尽出。潘季驯最终修筑高家堰为大堤,形成洪泽湖积蓄淮河的大水库。

(六)京杭大运河其他河段的维修与建设

北运河 明代北运河河道决溢和修治堤防的记载比较多。嘉靖十四年(1535),总河刘天和说,北运河河底和两岸多淤沙,河水大,容易泛滥成灾;万历二十年(1592),总河潘季驯说,杨村以北水流迅急而散漫,致夏秋易决,冬春易淤,闸不能建,唯恃疏浚修堤。由于北运河是天然河道,疏浚较多,还常常要裁弯取直另开新道。明代北运河主要依靠岁修来疏浚、修堤。到清代,多采用建减水石坝、

---

① 《清史稿·河渠志二》,引自周魁一等《二十五史河渠志注释》,中国书店出版社,1990年。

开减河泄洪，确保运河安全。康熙四十三年（1704），在筐儿港建坝、开减河；五十年（1711），在河西务开新引河；雍正中在河西务上游建青龙湾减水坝、开引河，乾隆二年（1737），将青龙湾减水坝移到王家务。

南运河 明清南运河上源河流不少但水量少，而且还有泥沙（如漳河、沁河），到雨季又常常泛滥。因此，南运河在水源治理上用力最多。在河道整治上，以疏浚清淤为主。另外与北运河相似，为了运河安全排泄洪水，在开减水河上用功最多。如明弘治二年（1489）白昂治河开四女寺减河，清雍正二年（1724）改减水闸为滚水坝；弘治中开的兴济引河，雍正时修复为五孔闸，开河83里，两岸立土堰，仍称北减河；捷地减河，又称南减河，乾隆年间均挑修，后改为滚水坝。

自运河完全脱离黄河后，京杭大运河的主要困难除会通河水源缺乏外，就是清口黄、淮、运的交汇问题。涉及洪泽湖、高家堰与清口的复杂关系，这也是淮扬运河北段治理重点。淮扬运河通过的湖区，水源不是问题，而本身主要工程是解决好排水。清代加强了运河入江入海工程，于是有入海五坝和归江十坝的修筑。

江南运河 地势平坦，水量比较充沛，一般情况下航运没有太多困难。北段运河自京口至常州奔牛段地势较高，河水容易走泄，历史上一直修建多座拦河闸控制。清代还有京口、老人、张官渡、陵口、吕城、奔牛6座闸，另有通江越河上小闸、丹徒闸和越河闸，都经常需要维修。根据航运需要历史上修建的许多支线运河，发挥了重要作用。

浙东运河 自元以后远不如南宋时受重视，但是仍然长盛不衰。到清后期，宁波开辟为对外通商口岸，浙形势大变。加上新的交通工具的引入，运河虽然没有完全失去作用，但是投入的维修管理、人力物力与南宋比是由下降而走向衰落。这中间除了人为原因外，自然环境的变迁，也导致运河性质的变化。从明代起浦阳江正流改由临浦西入浙江入海。钱清江成为小河，没有以前的风险，萧绍之间运河成为坦途。另一个重要原因，南宋以后鉴湖逐渐干涸变成桑田，越州水道随之变化。到明中期三江闸建成、沿海的海塘完善，保证了运河水源。浙东大小湖泊、溪河与运河交叉，形成以运河为骨干的水网，水运船只四通八达，成为地方经济的支柱。

四、清后期京杭大运河的维护与衰落

（一）清代京杭大运河的维护与衰落

清后期黄河决溢频仍，灾害严重。嘉庆在位25年中（1796—1820）黄河决口23次。嘉庆八年黄河决封丘北岸衡家楼，冲开张秋运河入海。翌年春，堵口耗银1200万两。清口也常常因黄河倒灌洪泽湖，阻断运河。道光早期，为防止黄河倒灌里运河，清口不开御黄坝而不能通航。道光五年（1825）春"借黄行运"，二月开御黄坝，结果黄河桃汛进入运河，将里运河淤高1丈多。人们开始议论试改海运。于是自道光七年（1827）起试行局部海运。运河改用"倒塘灌运法"，直到咸丰五年（1855）黄河大改道。所谓"倒塘灌运法"，即在南运口头坝以东筑拦清堰，又将御黄堰上所修钳口坝改建草闸。这样在拦清堰与御黄草闸之间形成可以容纳千只漕船的"塘河"，用水车车水入塘。待塘内水高于御黄坝外黄河水面1尺时开启草闸，塘内漕船可以顺利进入黄河，再经北运口进入中河。直到咸丰五年黄河北徙，里运河可以直通中运河，无清口渡黄问题，"塘河"也废弃不用。这一时期以淮扬运河维修工程最多，运河其他河段多是小修小补。

道光中期运河虽然勉强通航，但英军入侵、太平天国运动都对运河有较大的影响。至道光末年漕运至京渐少，京城粮储短缺，于道光二十六年（1846）议复行海运，二十七年议准江南苏、松二府及太仓有州于次年起改由海运漕米及白粮米。为实行海运，在上海设海运总局，并于天津设局，派大臣和仓场侍郎驻天津。

（二）1855年铜瓦厢黄河冲断运河最后漕运停止

清咸丰五年（1855）六月十九黄河在兰阳铜瓦厢大决，在鲁西漫

中国运河发展史框图——自公元前486年至1949年

分裂期 区域运河	第一次大运河建设高潮：东西大运河	分裂期 区域运河	第二次大运河建设高潮：南北大运河	分裂期 区域运河	第三次大运河建设高潮：京杭大运河	漕运停止
先秦（前486—前221）	秦汉（前221—220）	三国两晋南北朝（220—581）	隋唐（581—907）	五代十国宋辽金（907—1276）	元明清（1276—1901）	民国（1902—1949）
265年	441年	361年	326年	369年	625年	47年
吴王夫差开邗沟、沟通江淮；沟通江淮；前482年吴人沟通当时的淮河与黄河；前361年魏王开鸿沟与黄河、淮水、泗水、汴河、祁沟，形成航运主要水道——汴渠	秦统一全国，为沟通江南等运河；开灵渠；修建东西大运河；自长安经过漕渠、黄河、汴渠、淮河通到钱塘江；汉惠帝开凿，完成通航；通航主要水道到达	曹操开白沟等运河；孙吴开凿运河沟通江南运河；蜀汉开发长江开发江南运河；南北朝都平原。南北朝时汴、泗、淮时汴、泗、淮等渠道被分割	隋统一全国，立即重修通往首都大兴城（西安）的东西大运河，然后修济渠到达涿郡，完成南北大运河建设	北宋都东京（开封），形成五大运河系统京师，漕运创历代最高，技术成就最高；金开通中都至通州运河不顺利	元统一全国立刻修复江南至大都运河。新开通惠河和通惠河。1935年经过复京杭运河的建设，经过明清改造，克服困难保持漕运	1901年停止漕运以后，北方失修中断航，南方运河仍然在利用。1935年曾经全面修复京杭运河进行考察，有书面报告

流，至张秋穿运河，入大清河。从此黄河改道由山东入海，结束了自1128年以来南行的历史。这样运河穿黄地点自苏北清口改到山东张秋以南。过去清口的难题自然解决，而张秋运河完全被黄河冲断。更严重的是张秋至临清之间的运河水源汶河等也随之东下，运河没有了水源。要想恢复运河水源就要先治理黄河，而大规模治黄又耗费巨额财力，导致山东运河的中断。漕运被迫以海运为主，河运仅江北漕米，每年仅10万石以下。

同治四年（1865），拟修复河道淤垫的山东运河，为解决水源问题而准备"借黄行运"，但困难重重，而运河渡黄河又是大问题。光绪初，穿运河处黄河主流分为两段，由于黄河变动运道也随之改动，至光绪中叶才稍稳定。但光绪十三年（1887）黄河又决郑州，下游断流，运河遂停。二年后恢复运河，每年运粮达20万石。光绪六年（1880），丁显著《请复运河刍言》，提议治理运河。光绪二十年至二十一年（1894—1895）疏浚山东运河，但是黄河以北的250里运河行船艰难，常常要耽误七八天。光绪二十七年（1901），朝廷决定每年保留100万石海运外，其余漕粮改为折色。光绪二十八年（1902）正月，裁撤东河总督及运河道，运河归地方管理。光绪三十年（1904）十二月，裁漕运总督。至此，中国运河的漕运功能正式退出历史舞台。

在中国，不论是古代还是现代，要修建大型跨省、跨地区的水利工程必须由中央政府主持，一方面受局部地区的经济能力、财力的限制，另一方面中国地域辽阔、自然条件复杂，最重要的大型水利工程涉及上下游、相邻地区等水利关系和利益，必须由国家从全局上给予平衡，才能做出最合理的决策，才能实现工程设想。

国家统一和富强与修建京杭大运河有着密切关系。历史上每逢国家从动乱到新的统一，就会出现全面修建京杭大运河的需求：秦修运河从关中到岭南（灵渠），隋统一后立即修建南北大运河，元统一全国的当年就着手修建京杭大运河。京杭大运河保持畅通后中国再没有完全分裂。

第二章

北京地理特点及隋以前运河建设

在远古时代北京地区曾是一片汪洋大海，考古发掘出的大约10亿年前的蓝藻化石证明了这一点。后来北京地区附近遭遇剧烈的造山运动，即"燕山运动"，形成了西北高、东南低的地貌格局。在漫长的岁月里，永定河与潮白河挟带着大量泥沙，填平了太行山与燕山之间的古海湾，形成了如今的"北京小平原"。几万年前，北京的原始湿地比比皆是，原始牛、鹿科、斑羚等动物生活在这片土地上。北京南海子一带大面积湿地自金元至清代仍保存着，喜欢湿润气候的麋鹿就在这片沼泽地区繁衍生息。北京小平原中间没有大的河流经过，城市水源只能依靠地下水或者修建长距离的引水工程。北京西山山前地带都处于永定河冲积洪积扇地下水溢出带，地下水间断溢出形成多处湖泊地貌。因此永定河水系是北京古城的源泉，北京古都的发祥地就在莲花池畔。

北京至少有3000年的建城史。三国时开始引永定河水灌溉北京周边农田。金代将莲花河引入城中，修建了西苑、太液池及北京历史上最早的皇家园林——同乐园。元代准备在北京建都，需要扩大城市规模，而莲花河水系不能满足城市用水要求，于是在金中都城东北郊新建大都城。这样可以使用高梁河水系及其上游的玉泉山水和白浮泉等作为城市主要水源。元初郭守敬引玉泉水、永定河水通漕运。后来修通惠河，开发昌平白浮泉等泉水注入今天的昆明湖，沿长河注入积水潭，再东至通州李二寺与北运河连接，完成京杭大运河全线贯通，成功解决了元帝国首都漕运难题。明代白浮泉断流，城市和运河水源只有玉泉一源，漕运极其艰难，嘉靖年间重建通惠河后漕运得到保障。到清乾隆年间扩大昆明湖，引导西山泉水补充水源不足，但仍然是杯水车薪，难以改变北京运河艰难的格局。1901年，随着京杭大运河漕运停止，北京运河逐渐成为城市的排水河道。1949年以来，北京运河水系得到大规模治理。尤其2014年中国大运河申遗成功，习总书记提出对大运河要保护好、传承好、利用好，北京市在大运河文化带建设上掀开历史新篇章。

第一节　北京地区水文水资源概况

北京市现在南北长约180千米，东西宽约170千米，总面积1.64万平方千米。东北部的古北口、西北部的南口（居庸关）、西部的青白口等，自古以来就是连接蒙古高原、东北平原和华北平原的重要通道，为汉族、蒙古族、满族各族人民交往的必经之地。中部城区位于平原和山地交接地带。南部与华北平原连成一体。背山面海优越的地理位置是北京成为中国文明古都的重要因素，也是建设首都的有利条件。

北京地区地质地貌的特点是：西北部山地在地质构造上属燕山台褶带，平原地区在地质构造上中生代末期以来不断下陷，也不断接受山地剥蚀的堆积物。北京地区西部山地也称西山，属太行山脉，北部东部山地统称军都山，属燕山山脉，山地海拔一般1000米左右，高峰均位于西北边境，大海坨山海拔2334米，为北京市最高峰。西山南北延伸200余千米，在燕山运动影响下，形成3列平行排列的褶皱山脉，坡度较陡，切割较深，常有洪水为害；北部燕山山地褶皱较缓，表现为不连续断块山脉，山坡南缘分布有断陷盆地，如延庆盆地、现密云水库所在地的燕洛盆地、平谷盆地等。西部和北部山地相会于南口附近，将北京平原合抱于山湾之中，故有"北京湾"之称。沿山地和平原交接地带，分布有一系列倾斜台地、山麓扇形地，最后过渡到冲积平原。平原地区坡度缓和，易成涝碱灾害，海拔大部在30~50米，最低处不足10米，主要由永定河、潮白河、温榆河、拒马河、泃河冲积而成。其中以永定河冲积平原面积最大，古代北京城即坐落于永定河流出西山的冲积平原上。城区地形呈北、东、南三面逐渐降低，只有西北、西南高的特点。

北京地区气候特点是冬季寒冷干燥，夏季高温多雨，属典型的温带大陆性气候。春秋短、冬夏长，大部地区无霜期在6个月以上。据北京市水务局《2010年度水资源公报》，2010年全年降水量524毫米，比多年平均降水量585毫米减少10%左右。全市地表水资源量7.22亿立方米，地下水资源量为15.86亿立方米，水资源总量为23.08亿立方米，比多年平均37.39亿立方米约少38%。人均水资源量只有120立方米左右，是国际公认人均缺水警戒线1000立方米的12%，仅为世界人均水资源量的4%，全国人均的15%。另外，统计资料显示，北京地区近五六十年降水量逐年减少，20世纪50年代北京地区平均年降水量为625毫米，2010年降为524毫米。此外特点是降水年际变化大，统计资料最大年降水量达1406毫米，最少年仅242毫米。夏季占全年降水量的80%以上，南来的暖湿空气与北方冷空气相遇，形成7—8月高温多雨天气。冬季盛行西北风，经常出现大风、降温、寒冷、干燥天气。旱涝为北京主要灾害，春旱频繁，对农业影响较大，平原洼地常有夏涝，山区多雹灾。

北京降水年内分配统计表

时段	一年	6—9月	其中30天降水量	最大3天	最大1天
占年降水量	100%	85%～93%	40%～70%	14%～30%	10%～20%

资料来源：《北京水利科技》1980年1期。

北京市地表年径流量成果表（1956—1984年）

单位：亿立方米

地区	多年平均（1956—1984年）	各种保证率年径流量		
		50%	75%	95%
全市	23.0	18.4	12.2	8.51
山区	16.1	12.6	8.05	5.8
平原	6.9	5.58	3.45	1.85

资料来源：2000年《北京志·水利志》。

北京市天然水资源量成果表

单位：亿立方米

项目	多年平均	50%	75%	95%
地表年径流	23.0	18.4	12.2	8.51
平原降水入渗补给地下水	13.03	12.38	9.78	6.90
山区侧向补给平原地下水	6.27	5.96	4.71	3.32
外省入境水量	15.01	13.38	7.94	4.80
全市天然水资源量	57.31	50.12	34.63	23.53

资料来源：2000年《北京志·水利志》。

北京市境内有大小河流200多条，分属于海河流域的五大水系：西部的永定河水系，西部的大清河水系，中部的温榆河、北运河水系，东部的潮白河水系和蓟运河水系。这些水系均自西北部山地流出，经东部平原，最后分别汇入渤海。这些河流的干流均远离城区而过。其中的河流除人工运河外，在古代大多早已存在。

永定河　永定河流域位于华北西北部，是海河北系最大的河流，也是全国四大防洪重点江河之一。永定河斜贯北京市的西南，是北京地区最大的河流。永定河主要源流有二：一是源于山西省宁武县的桑干河，一是源于内蒙古自治区兴和县的洋河。流至河北省怀来县朱官屯村，两河汇合后称永定河。然后纳北京市延庆妫水河，南流至官厅，在门头沟区沿河城乡进入北京地界，穿北京西山，形成了一条长达108千米的官厅山峡，至三家店出山后河道渐宽，水势趋缓，泥沙容易淤积，经常出现横流，成为地上悬河。东南流经天津海河流入渤海。永定河全长747千米，流域面积4.7万平方千米。永定河北京段长约170千米，流域面积3168平方千米，流经门头沟、石景山、丰台、房山、大兴五区。新中国成立后，经过多年建设，永定河整体防洪标准达到百年一遇标准。

永定河最早见之于文字记载是战国时期的《山海经》，称㶟水。此后又先后称治水、灅水、湿水、桑干河、卢沟河等；因其水流浑浊，迁徙无定，别称浑河、无定河、小黄河等。金代大定二十七年（1187）金世宗"封卢沟水神为安平侯"。清康熙三十七年（1698），卢沟桥以下两岸修筑堤防之后，康熙帝赐名"永定河"，希望能"永远安定"，但永定河仍泛滥如故。分析其原因，永定河出山口三家店的海拔近100米，出三家店进入北京小平原之后，其坡度为1/2000；在入北运河时已经只有10米左右。在下游的平原上，除了人为筑堤防，只有任其左右摆动，泛滥成灾。但是，人们经过长期与永定河斗争积累经验，早在三国时期就开始在永定河出山口处兴建引水工程。以后不断维修，到唐代仍在使用。金元多次引永定河水通漕运，因河水暴涨暴落，只有郭守敬成功引水漕运30年，明清一直无人问津。直到1954年修建官厅水库后，实现永定河引水进京。

永定河流域降雨测站

单位：毫米

月 年	永定河流域内卢沟桥测站 建于1918年9月1日											
	1月	2月	3月	4月	5月	6月	7月	8月	9月	10月	11月	12月	总计
1918年									6.2	1.5	31.5	5.8	
1919年	12.0	0.0	9.3	7.3	28.8	56.6	320.8	67.8	10.5	50.4	0.7	0.5	564.7
1920年	2.5	22.4	0.9	1.9	17.7	24.7	151.2	27.3	27.5	1.9	6.0	8.3	292.3
1923年	2.5	0.0	7.8	1.3	34.5	79.6	150.1	85.8	62.6	0.0	0.0	00	424.2
1922年	0.0	4.2	5.8	22.1	7.1	62.7	401.4	258.5	25.1	0.0	1.3	0.0	788.2
1923年	0.0	0.0	21.4	19.7	12.7	3.2	101.7	189.3	37.7	2.0	4.5	2.2	394.4
1924年	0.0	3.5	0.4	0.0	20.5	99.9	537.5	225.6	24.5	11.0	13.0	2.1	938.0

续表

永定河流域内卢沟桥测站 建于1918年9月1日												
月 年	1月	2月	3月	4月	5月	6月	7月	8月	9月	10月	11月	12月	总计
1925年	2.4	0.8	5.0	31.6	90.9	110.8	442.2	129.1	117.0	0.0	9.7	0.3	938.9

永定河流域内双营测站 建于1918年9月16日												
月 年	1月	2月	3月	4月	5月	6月	7月	8月	9月	10月	11月	12月	总计
1918年									27.7	7.2	50.0	2.5	
1919年	14.7	0.0	12.5	0.7	37.0	93.3	180.7	56.5	7.5	30.3	8.8	5.5	447.5
1920年	3.7	5.4	11.2	9.5	36.2	15.8	107.4	73.2	40.8	13.0	4.7	8.0	328.9
1921年	3.1	0.0	4.3	4.5	36.3	91.0	117.0	116.9	12.0	0.0	0.0	0.0	385.1
1922年	0.0	0.0	0.0			996	154.2	151.3	19.2	4.0	3.2	3.7	
1923年	0.0	0.2	22.4	20.2	13.2	28.9	107.5	185.6	44.0	23.0	0.0	6.4	450.5
1924年	0.0	7.2	4.9	0.0	0.5	24.5	370.8	216.3	18.0	0.3	17.0	0.9	660.4
1925年	0.3	0.0	4.0	44.3	61.2	102.4	308.7	221.7	15.8	0.0	0.0	0.0	758.4

潮白河 上游分潮河与白河两大支流。潮河发源于河北省丰宁县草碾沟黑山嘴，自密云古北口入境，长约200千米，流域面积6870平方千米。白河发源于河北省沽源县丹花岭，南流至赤城县折向东流，于延庆白河堡入境，长约250千米，流域面积9100平方千米。潮、白两河于密云河槽村附近汇合后称潮白河，贯穿北京市东部地区，流经密云、怀柔、顺义、通州，于大沙务出境入潮白新河，下游经河北省

香河、天津市宝坻县，然后至北塘入渤海。历史上潮白河一直是北运河的上游。1912年大水，潮白河夺箭杆河，北京政府的京东疏浚河道处曾经对新河道进行整治，筑遥堤。1922年，为了使潮白河重回北运河，在顺义苏庄东北修建新式拦河闸，同时在西岸修建进水闸和引渠，1925年全部竣工。1939年潮白河大水，闸被冲毁，夺箭杆河南流成为独立水系，从此潮白河不再入北运河。

北运河 全流域有大小支流三十余条，较大支流有东沙河、北沙河、南沙河、蔺沟、清河、坝河、小中河、凉水河、凤港河等。它流经北京市、河北省、天津市入海河。河道干流长142.7千米，流域面积6166平方千米。1939年后上游称温榆河，发源于昌平县，至通州北关闸以下称北运河。以下是通惠河、凉水河汇入，下流至牛牧屯，经过河北香河、天津市武清，入海河。其中北京市界内河道（包括温榆河）长89.4千米，流域面积4423平方千米。按北运河管理体系说，现代北运河包括整个北运河水系，但是历史上作为运河时期温榆河、通惠河、北运河是区分清楚的。

北运河1914年至1925年降雨统计表

单位：毫米

北运河流域内北京测站（中央观象台所得之记载）												
月\年	1月	2月	3月	4月	5月	6月	7月	8月	9月	10月	11月	12月	总计
1914年	1.4	10.4	39.8	0.0	9.0	116.9	256.2	86.4	33.3	95.8	71.0	0.8	721.0
1915年	2.9	4.4	2.5	0.5	58.0	90.5	415.9	82.4	33.2	19.2	5.2	4.2	718.0
1916年	1.6	6.0	2.7	8.1	28.3	46.4	81.3	178.4	32.7	8.4	21.0	7.4	422.6
1917年	0.2	0.2	2.6	0.0	19.3	37.7	438.3	120.3	122.4	38.5	0.0	1.8	781.3
1918年	0.9	0.8	14.9	21.0	116.5	67.7	114.9	142.0	5.0	0.6	269	1.4	512.6

续表

北运河流域内北京测站（中央观象台所得之记载）													
月 年	1月	2月	3月	4月	5月	6月	7月	8月	9月	10月	11月	12月	总计
1919年	3.7	0.0	8.0	3.6	23.8	94.1	254.1	87.8	26.4	52.1	4.0	1.6	566.2
1920年	2.8	5.4	5.4	1.0	12.6	42.4	143.6	27.1	24.6	0.9	3.9	6.5	276.6
1921年	0.6	0.0	4.0	0.4	35.2	44.4	98.9	62.1	8.9	1.1	0.1	0.0	255.7
1922年	0.9	4.0	3.3	11.2	8.2	135.1	297.9	337.4	35.8	0.5	3.2	0.3	667.6
1923年	0.3	0.3	16.4	11.9	3.5	8.6	137.8	156.2	35.6	3.7	1.1	4.1	379.5
1924年	0.4	6.0	2.9	0.0	19.7	547	641.1	253.6	37.4	21.3	151.1	7.1	1069.3
1925年	2.7	0.0	6.8	43.2	61.6	133.8	467.4	197.2	65.8	0.9	6.0	0.0	934.9

北运河流域内通州测站													
月 年	1月	2月	3月	4月	5月	6月	7月	8月	9月	10月	11月	12月	总计
1918年								8.8	7.4	31.4	1.0		
1919年	11.2	0.0	7.2	2.2	29.3	68.0	183.8	58.0	14.5	60.3	3.7	3.3	741.5
1920年	1.5	9.0	4.7	3.4	27.6	33.5	423.2	83.3	26.1	13.2	5.2	9.8	340.5
1921年	1.5	0.0	12.3	4.4	40.8	55.0	96.6	189.2	12.2	10.0	1.0	0.0	423.0
1922年	1.8	4.0	4.6	17.1	20.1	210.2	365.5	287.9	49.8	1.6	7.6	1.5	972.5
1923年	0.4	0.0	24.2	23.0	7.2	37.5	143.9	173.3	37.9	7.7	5.6	5.3	466.1
1924年	1.3	9.7	3.8	0.0	11.2	38.6	583.9	222.8	20.4	4.1	16.7	4.3	916.8
1925年	2.4	0.0	6.5	46.4	42.9	114.6	342.3	184.7	75.1	1.5	6.3	0.6	823.3

温榆河是北运河上游，发源于昌平山区，有大小支沟39条，分别汇入南沙河、北沙河、东沙河，在沙河镇汇为温榆河。温榆河航运历史悠久，是北京运河的重要组成部分。

通惠河是北运河主要支流，历史上曾经是永定河下游的分支故道，部分与高粱河重叠，因此常常被称为高粱河。明代大运河又把通惠河与北运河合在一起称"白漕"。通惠河经过历代不断疏浚治理，上游都是城区人工渠道演变的河流，因为通惠河与北京运河关系密切，在此专门列出各支流。

早年通惠河水系资料一览表

序号	河流名称	起讫地点	长度（千米）	平均纵坡	备注
1	南旱河	四王府—南护城河	17.67	1∶800	流域面积90平方千米
2	金河	高水湖—外火器营	3.24	1∶6000	
3	长河	绣漪桥—西直门	10.8	1∶3700	流域面积45.5平方千米
4	西北护城河	西直门—松林闸	1.84	1∶6800	
5	西护城河	西直门—西便门	5.22	1∶1560	已成盖板河
6	东北护城河	松林闸—东便门	10.91	1∶920	东护城河已成盖板河
7	前三门护城河	西便门—东便门	7.74	1∶1~2万	已成盖板河
8	南护城河（外）	西便门—东便门	15.48	1∶2600	
9	筒子河	环紫禁城	3.45	—	水面宽52米
10	御河（玉河）	后门桥—前三门	4.6	—	已成暗沟，恢复后门桥—东不压桥500米河道
11	通惠河	东便门—卧虎桥	25.0	1∶1050	两岸原有条石溢洪道5处

注：本表据北京水利局1953年调查资料。

拒马河发源于河北省涞源县，是大清河的支流，在房山区十渡镇大沙地进入北京市境内。然后在铁锁崖分为两支：南支称南拒马河，直入河北省易县；北支称北拒马河，于房山区南尚乐乡入河北省涿州市。发源于北京市境内的大石河与小清河出境后汇入北拒马河。

沟河发源于河北省兴隆县茅山乡，是蓟运河支流，经天津市蓟县泥河村，由东向西进入北京市东北部的平谷区，经河北省三河县，在天津市九王庄与州河汇合后入蓟运河，南流入渤海。在平谷区内主要支流有错河（今称泃河）。

从上面的条件可以看出在北京地区修建运河的两大困难：一是北京地区年降雨量少，城市区没有大型天然河流通过，水资源匮乏，运河水源供应困难；二是北京城区至通州地形坡降大，平均达到千分之一至千分之一点五，必须依靠闸坝工程才能实现运河通航。

第二节　北京城与大运河密不可分

一、北京历史与大运河密切联系在一起

北京地区开发历史悠久。远在50万年前，北京西南部房山区周口店已有猿人生息。六七千年前，北京地区进入新石器时代，原始农业出现，人类开始定居。商周时期出现燕、蓟两个国家。燕都在今房山区境，今琉璃河古城即其遗址。蓟都蓟城位于北京市区今广安门附近。燕灭蓟后，迁都蓟城，成为这一地区的中心城市，亦即北京城的最早前身。蓟城城址邻近古代永定河渡口，是当时中国北方重要的交通枢纽。自蓟城向南可直下中原，向西北上蒙古高原，向东北可进入东北平原。这一交通形势成为影响蓟城诞生与发展的地理基础。

燕国在春秋战国时成北方强国后，北京地区遂为燕国的核心区，蓟城亦为天下名城。燕昭王奖励百姓发展农牧业和手工业，名马、粮食、渔盐、铁器、陶器等农牧产品和手工业产品多集中蓟城交换。秦代蓟城为广阳郡治，为秦联络东北地区之门户和边地重镇。秦都咸阳有驰道直达蓟城。自秦至唐末，蓟城始终具有重要作用。在汉族统治者势力强大时，必以蓟城为经略东北地区的基地。反之，当中原统治者势力衰弱时，东北地区少数民族乘机南下，蓟城又往往成为其进入中原的门户。和平安定时期，蓟城则成为北方贸易中心，在促进汉族与北方民族的物质文化交流上发挥纽带作用。秦汉时期，北京地区农业手工业进一步发展。西汉时，蓟城已形成中国北方的大城市。东汉时，北京地区水利事业有所发展，当时引水灌溉蓟城四周土地，种植稻田。

三国时代，蓟城属魏国。在永定河上兴建了戾陵堰，开车箱渠，灌溉了北京地区大面积的农田。隋炀帝时又开凿永济渠，沟通洛阳与涿郡，以利军事运输。在唐代，蓟城改称幽州，商业、手工业兴盛，农业生产也有进一步发展。五代以后，蓟城开始向全国政治中心

过渡。东北契丹族渐盛，建立辽政权。辽于今北京地区置析津府。会同元年（938），于幽州设陪都，名南京。10世纪初，女真族政权金先灭辽，后灭北宋，于贞元元年（1153）正式迁都于此，改南京为中都，并置大兴府。金中都的建立，开始了现今北京作为封建王朝统治中心的历史，在北京城市发展史上具有划时代意义。金朝注意开发北京地区运河建设与水利，为这一地区以后的发展奠定了基础。中都城的设计规划曾参考北宋京都汴梁的规制。中都城东北二三千米处有高梁河水蓄积的白莲潭湖泊。金于湖畔南部营建大宁离宫（又称北宫），形成城郊风景区，即今北海公园前身；其北部用来漕运和灌溉。贞祐三年（1215），金迫于元军的压力迁都汴梁，此后几十年，中都城市荒凉，附近的河道湖泊淤垫。

蒙古至元四年（1267），元世祖忽必烈决定在旧中都城东北郊修建新城，名大都，亦称汗八里，从此北京成为中国的都城。元代北京城规模宏伟，人口近百万。为进一步解决城市和大运河用水，郭守敬主持兴修白浮瓮山河引水工程。将昌平白浮泉水及西山其他大小流泉引入瓮山泊，再沿长河进入大都城内积水潭，并作为水源水库和码头，使通惠河可以直达通州，实现从杭州到大都城的京杭运河全线贯通。此外，又别开金水河，将玉泉山水引入大都宫苑，解决了宫苑生活用水问题。京杭大运河的通航和海上运输发展，加强了中国南北部的经济联系，也促进了大都城贸易繁荣。

明初，将首都定于南京，将大都改称北平。直到永乐皇帝迁都回北京，对北京建筑精心设计规划，并大力恢复京杭运河，全国各地商货从水路、陆路源源进京。京杭运河是沟通京城与江南经济发达区的交通命脉，邻近北京的一段出现了河西务、张家湾、通州等繁忙的水陆码头。明代北京周围地区也得到进一步开发。

清代沿用明北京城，仅于紫禁城内外及西苑一带有所修建。西北郊地处永定河冲积扇下缘的丰富的泉水溢出所形成的湖泊，为修建园林提供了良好基础。在城西北郊开辟了规模空前的园林风景区，建造了号称"三山五园"（万寿山、玉泉山、香山和畅春园、圆明园、清漪园、静明园、静宜园）的离宫建筑群。1860年英法联军和1900年八国联军先后入侵北京，烧杀抢掠，西郊园林遭到极大破坏，圆明园废墟残留至今。

辛亥革命后，北京一度为北洋军阀统治中心，1928年归国民政府统治，改北京为北平。民国时期，随着近代工商业和交通运输发展，北京旧城传统的格局始被破坏。皇城城墙大部平毁，城内外修建了铁路和火车站。过去的水运干线——通惠河、北运河已废弃不用，通县因而失去水埠地位而逐渐衰落。

1949年中华人民共和国成立，改北平为北京，作为首都。此后，城市范围空前扩展，新建工业企业、科研机构、大专院校和住宅多分布于郊区城镇，带动当地经济、文化的发展。尤其对城市和郊区河湖水系进行了一系列的整治，修建了官厅、密云等大型水库，疏浚河道，建筑闸堤，解除了洪水威胁，并美化了环境。目前北京仍为建设中的城市，在旧城改造、市政设施、城市环境、城市交通、卫星城镇等方面仍继续发展。

二、历史上京杭大运河是北京作为首都最重要的保障

位于华北西北部的北京，处于经济并不发达地区，从金中都到元大都及明清的首都北京，每年国家开支和俸禄，大部分要依赖运河从全国运送过来。元明清三代每年漕运的粮食都在400万石以上。元朝灭亡的一个重要原因是运河和海运被切断，朝廷的粮饷断绝。清后期义和团一度切断京杭大运河，政府出现危机，被迫设法进行海运。

京杭大运河一直是与全国各地沟通的主要通道。京杭大运河虽然位于中国东部，但是由于它连通五大水系，运河成为首都到全国各地区最便利的交通网，各地政府官员进京的主要通道。由于北京城市建设与大运河关系十分密切，故有"漂来的北京城"之说。北京城市始建于元代大都，而修建大都新城市的建筑材料，都是源于郭守敬修建的永定河引水通漕运的金口河工程。在大都城市建设关键时期，是这条运河源源不断将西山木材、石料、煤炭等通过金口河、"运石大河"

运至城区。在大都城市建设完毕后，考虑永定河洪水的威胁，郭守敬主动将这条运河堵塞、废弃。明初营建紫禁城历时14年，所用砖石、木料大多依靠京杭大运河运来。由于材料体量巨大，陆运费时费力，通过大运河漕运就成为最可靠的保证。到嘉靖年间，大规模修建以"内九外七皇城四"著称的老北京的城墙所用的建筑材料，大部分也是通过大运河"漂"来的。因此人们经常说"漂来的北京城"。

  元大都和明初时北京的城墙都是土城，今北土城是其遗迹。为了保证城墙的安全，明嘉靖年间开始在土城外面加砌砖墙。这些大量的城砖都是由京杭大运河上的漕船"捎带"进京，以山东临清、聊城、济宁等沿运河地方为多。这些砖上都打上产地的印记。再有故宫大殿铺地的金砖，生产在运河边上的苏州御窑村。当然更不用说全国各地供应首都的物资，大部分也是通过京杭大运河运进北京城的。最突出的是明代迁都北京后，原来朝廷的官员大部分是从南京来的，生活用品钟爱南方产品，自然加大了运河的运输量。今天北京在饮食上的特产有不少是沿京杭大运河传入的。

三、北京文化与大运河的密切关系

  大运河文化是对外开放的文化。历史上中国人走向世界，主要有两大通道，一条是西北大陆上的丝绸之路，从长安（隋唐时期南北大运河的终点），向西通过河西走廊、新疆继续西行，抵达地中海东岸，再转至欧洲各地；另一条是东部海上丝绸之路，通过大运河从杭州港，沿浙东运河抵达宁波港，或从东部沿海港口出发，通往东南亚、西亚、日本或东非、南美各国。大运河，正是这两条丝绸之路的连接点和重要组成部分。中外使节、商人、手工业者、留学生等人员往来和经贸文化交流，无不通过大运河。比较知名的有东渡日本的唐代高僧鉴真和一批批日本的遣唐使；13世纪旅居中国的意大利人马可·波罗；中古时期来中国传教的阿拉伯人普哈丁，死后安葬在扬州大运河畔；菲律宾群岛上古苏禄国东王率团来中国，经运河抵北京，会见明永乐皇帝，返国途中，不幸在山东德州病逝。大运河为中国的进步与发展，做出了不可磨灭的贡献。今天提出的"一带一路"就是"丝绸之路经济带"和"21世纪海上丝绸之路"的简称。它贯穿欧亚大陆，东边连接亚太经济圈，西边进入欧洲经济圈，与历史上的大运河有着密切关系。

历史上北京是大运河目的地，一直是宗教聚集的城市。各种宗教的传入与运河有着密切的关系。各教各派在北京都可以和谐相处，因为在皇权至高无上的京师，不允许任何一种宗教"独尊"。自元朝建都至清亡数百年中，佛教、道教、伊斯兰教、天主教、基督教等源自不同地域的宗教都在这里扎下了根，并保持着不同时期、不同程度的繁荣和发展。

佛教最迟在西晋传入幽州地区。唐代所建"悯忠寺"（今法源寺）规模宏大，保留至今。元朝奉行"诸教皆为我所用"的宗教政策，尤其对藏传佛教给以重视，修建著名的崇国寺（即护国寺）。明清时佛寺遍布京城，其中什刹海周围"九庵十刹"最负盛名。明清佛教寺庙中以广化寺规模最大。广化寺始建于元末（1342前后），元代高僧溥光曾在这里做住持。明初寺院荒废。据碑文记载，成化与万历年间寺院进行二次重修，重修后的广化寺成为净土宗寺庙，规模宏大。禅宗临济派大德自如和尚接任方丈后，广化寺得到中兴。清代，广化寺"殿堂廊庑，规模宏大"，成为京城有较大影响的净土宗佛刹。道光六年（1826）重修了殿堂僧舍。清末民初，广化寺一度成为京师图书馆，即北京图书馆的前身。1989年8月，广化寺举行了佛像开光及修明方丈升座仪式。2001年，广化寺创办了北京佛教文化研究所，佛教文化遗存，也成为北京地区重要的文化景观。

北京从历史上看一直就是一个多民族治理、文化融合的城市。仅从辽南京、金中都、元大都、明清北京五都算起，至封建王朝灭亡，已近千年。其中经历了契丹、女真、蒙、汉、满不同民族统治时期，只有明朝统治者是汉族。其余各朝代均为少数民族。各时期虽有不同程度的民族歧视政策，但都因当时经济的发展，社会的进步，文化的繁荣，生活上的需求等多方面的因素，在各民族的交往中，推进了早已形成的中原农耕文化、汉学政治理想与各少数民族的优良传统和优秀文化的碰撞、包容与融合，日益深化了中华各民族共有的精神财富——中华优秀传统文化。北京是近千年来中华民族共同文化形成的核心地区。这种共同文化的形成推动中华大地的繁荣与发展。其影响深远，成为世界中华民族凝聚、团结的巨大动力。另外，北京的漕运文化也是非常重要的因素。北京的漕运文化，包含与漕运有关的各种物质形态和非物质形态。北京从元代开始就成为中国南北交通的北端点和漕运的目的地。在进行源源不断的文化交流的同时，产生了影响深远的漕运文化。明清北京漕运仍然是国家机器运行的生命线，是北京作为首都的保障。从这个角度说，没有漕运就没有古老的、享誉世界的北京城，更不用说北京的文化。元明清三代北京的漕运文化积淀更加深厚，有关漕运的所有建筑、工程及其管理上的庞大系统，都见证着北京城的发展史，展示着"北京人"乃至中华民族的智慧和劳动所创造的丰功伟绩。

第三节　隋以前北京地区引水与漕运工程

北京地区在东汉初期王霸为上谷郡太守时，就已经利用永定河通漕运。有明确记载北京最早的永定河引水工程，是三国时刘靖筑戾陵堰，开车箱渠，导高梁河。北魏时裴延俊又重修该渠堰。北齐时斛律羡扩大灌区，沟通高梁河及温榆河。辽以前的水利开发，主要围绕高梁河水系。

一、东汉王霸温水通漕

东汉时幽州刺史部上谷、渔阳、广阳诸郡，都是北方边防重地。当时（大约在33—59）大将王霸"数上书言宜与匈奴结和亲。又陈委输可从温水漕，以省陆转输之劳，事皆施行"[①]。"温水"，今本《水经注》记作"湿余水"，就是沿永定河下游支流的一支，可以用于漕运。历史上永定河下游支流有两条：一条是沿今北护城河向东，一条是沿今什刹海、北海、中南海、人民大会堂西南，出前门、鲜鱼口、红桥、龙潭湖，东南入永定河。这是利用永定河通漕运最早的记载。建安十一年曹操开凿天津至北京地区的泉州渠，是在白沟支流汇潦沱河处的东面引潦沱河水，北入鲍丘河（即白河），这条渠到北魏时候已经干涸。

二、三国魏刘靖开车箱渠引永定河水

据《水经·鲍丘水注》记载，征北将军刘靖镇守蓟城（今北京城西南）时，他"登梁山以观源流，相湿水（今永定河）以度形势……乃使帐下督丁鸿军士千人，以嘉平二年（250）立遏于水，到高梁河，造戾陵遏，开车箱渠"。"水流乘车箱渠，自蓟西北迳昌平，东尽渔阳潞县，凡所润含四五百里，所灌田万有余顷"。"遏"就是堰。当时引

[①]《汉书·王霸传》。

用永定河水灌溉范围很大，号称万顷，"所润含四五百里"，应当包括蓟城西北、东北至东南都在灌溉网内，那么今日北京城市都在其范围内。这是北京历史上最早的永定河引水工程，也是历代永定河引水的渠首所在地。

戾陵堰工程是如何实现永定河引水的？关于戾陵堰和车箱渠的工程结构和运行情况，在《水经·鲍丘水注》中都有记载："长岸峻固，直截中流，积石笼以为主遏，高一丈，东西长三十丈，南北广七十余步。依北岸立水门，门广四丈，立水十尺。山川暴戾，则乘遏东下，平流守常，则自北门入。"

"主遏"应是伸入河道的挡水堰坝，其位置应该在"梁山"下的永定河岸。梁山泛指今石景山及西北的鬼子山、金顶山的琅山，位于今石景山麓西北。堰是沿峻固的长岸（今考察为灰绿岩）建筑，从文献和筑堰处河道宽度、流势、洪水流量分析，很可能只修筑到永定河河道的中间。所谓"直截中流"，强调"中流"，可以理解为只到河中间，并没有到对岸。从堰所在方位看，永定河基本是从北向南流稍偏东南，堰长应为东西向。文献记载堰的尺寸"东西长三十丈"，是指堰长度，当时一丈约为2.4米，总长只有72米；即使把南北方向当作堰长，"南北广七十余步"，当时一步按6尺计算，折合今1.44米，总长度不过110米，似乎也难以完全修到永定河对岸。今永定河此处宽度至少200米。这个东西长72米、南北长110米的长方形"石笼"，很像一个大"导水堤"。（参见左图）永定河历史最大流量达到过每秒5万立方米，洪峰历时很短，洪枯比达2万多。因此堰身不能高，只有一丈（约今2.4米）；边坡很缓，

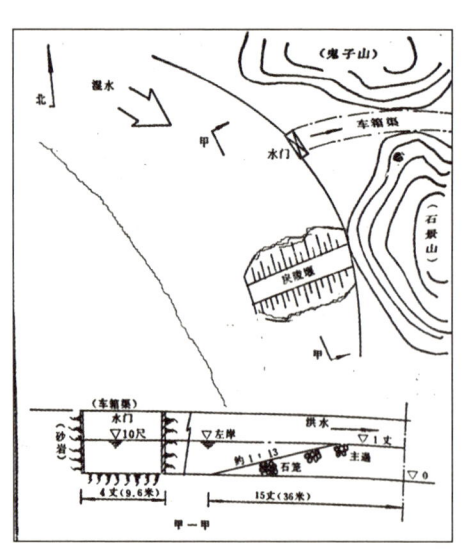

戾陵堰工程布置与结构示意图

为1∶15。有可能采用类似宁夏黄河引水的办法（从西汉开始），将坝修建成"水土拜"墩的形式，只筑到河中间位置，完全可以导水入渠。洪水来时"乘遏东下"；洪水过后"平流守常，则自北门入"；即洪水暴发时停止引水。从堰体结构上看，是用"石笼"叠砌而成，这是中国古代传统的水工建筑材料。"石笼"就是竹编筐或者是"木笼装石"，就不可能修建很高，洪水冲毁后，修复起来比较容易。此外，以当时的技术条件在永定河上修建拦河坝，如何完成施工导流等就是巨大困难。反观金元开金口河时，均没有提及修堰之事，并且取水口向上游移动。元代郭守敬重开金口河时也没有建拦河坝记载。可以间接说明，在永定河上历代都没有修建过完整的拦河坝。

再看水门位置。经现场实地考察和文献分析，在石景山与鬼子山（1976年地图）之间有一个窄口，今水利系统防洪上称之为"地形缺口"，这应该是水门所在地点。即金代所说的"金口"位置。当时水门上是否安装闸门，不能确定。开始建时立水10尺，后来修复时为减少引水改为5尺，可见是用进水口地板高程控制入水量，类似都江堰宝瓶口的原理。闸门也可能是到后代才增加的，到金代才有明确记载。"金口"的开凿，对永定河引水意义重大，以后历代引水都要从这点经过。

水门后面是引水渠，即"车箱渠"。水门之后一段渠道因为是凿山而成，岩石坚硬，断面为矩形，故有车箱渠名。渠道的路线，自戾陵堰北水门东引，经过一段开凿成的石渠，然后沿古代高梁河故道挖渠，过老山北，最后与今高梁河汇合。

戾陵堰建成12年后的景元三年（262），进行了一次水门改造，"更制水门，限田千顷"。这次减少了引水量，是将刘靖原来灌溉的2000顷田，减少一半，只剩1000。到晋元康五年（295）夏六月，永定河发大水，戾陵堰被冲毁四分之三。刘靖之子刘弘率军工进行修复。记载是："洪水暴出，（堰）毁损四分之三，乘北岸70余丈，上渠，车箱所在漫溢。（刘弘）追惟前立遏之勋，亲临山川，指授规略，命司马关内侯逄恽内外将两千人，起长岸，立石渠，修主遏，治水门。门广四丈，立水五尺。兴复载利通塞之宜，准遵旧制。凡用功四万有余焉。"①文中"乘"即漫溢，"北岸七十余丈被淹"。水门被冲毁，渠内进水过多，导致车箱渠到处漫溢。这次全面进行了修复，将水门基础抬高，只剩下5尺了，可以减少引水量。此次修复200年不见记载，可能因战乱失修了。

三、北魏裴延俊与北齐斛律羡连续修复车箱渠

北魏时戾陵堰已毁废很久，幽州刺史裴延俊进行修复。《水经·鲍丘水注》记载："范阳郡有旧督亢渠，径五十里；渔阳燕郡有故戾陵诸堰，广袤三十里，皆废毁多时，莫能修复。时水旱不调，民多饥馁，延俊谓疏通旧迹，势必可成，乃表求营造。遂躬自履行，相度水形。随力分督，未几而就。溉田百余万亩，为利十倍，百姓至今（指北齐时）赖之。"②实际的主持人是卢文伟。据《北齐书·卢文伟传》，他"年三十八，始举秀才。除本州平北府长流参军，说刺史裴延俊按旧迹修督亢陂，溉田万余顷，民赖其利，修立之功，多以委文伟"。而依据他"兴和三年卒于州，年六十"反推算，修治督亢陂和戾陵诸堰是北魏神龟二年（519）。另据《后魏书·地形志》蓟县属燕郡，潞县属渔阳。裴延俊修复包括这两郡，是首尾全部修复。《地形志》燕郡蓟县有戾陵陂。如陂解释作淀泊，则蓟北、蓟东淀泊长三十里为灌溉蓄水主体，应该指积水潭及三海范围水域。这次修复工程，在35年后的北齐天保五年（554）编写《后魏书》时仍留有记载。

齐天统元年（565）幽州刺史斛律羡再次导高梁水灌田，"导高梁水，北合易京水，东会于潞，因以灌田。边储岁积，转漕用省，公私获得焉"③。易京水《水经·湿余水注》作易荆水。过去都认为是今昌平南沙河，值得怀疑。因为南沙河基本上是从西南向东北流，易荆水是从西北向东南流。《水经注》湿余水是现在的温榆河，以关沟作正

---

① 以上文献均据《水经注》。
② 《后魏书·裴延俊传》卷六九。
③ 《北齐书·斛律金传》卷十七附子《羡传》。

源，中游为北沙河。温榆河从西北向东南的支流，这一段只有虎峪沟，《水经注》所叙情况和虎峪沟也相似。斛律羡导高梁河易京水，显然不是虎峪沟，应当是指温榆河。由于上源有易京水，全河有时也用同一名字，古代这种情况是常有的。高梁河引湿水北流合湿余水，扩大灌区。高梁河与温榆河水系最接近的是清河主要支流万泉河。若自今老山以北车箱渠上向东北开渠分引，自今蓝靛厂至昆明湖之间穿过京密引水渠或长河，可在六郎庄、巴沟村之东接万泉河。由万泉河入清河通温榆河。或更在上游沿今"东水西调"路线分引入瓮山泊（今昆明湖西半）通清河，也可更往北引入南沙河上游。另外由今北护城河段向东出坝河入温榆河。说明灌溉范围都覆盖了北京地区。记载有"转漕用省"，不能确定当时是否已经利用这些河道漕运。

四、唐代裴行方引卢沟水溉田

唐永徽时（650—655），检校幽州都督裴行方曾经"引卢沟水，广开稻田数千顷，百姓赖以丰给"①。裴行方所引卢沟水，应是对戾陵堰永定河引水工程的修复，下游也应修复北齐时的灌溉渠道。广开稻田，是古代北京地区最早大面积种植稻的记录，因其耗水量大，所进行的工程规模应不小。

唐代高梁河一直是北京地区重要水道，这一点从考古发掘可以证实。如西直门外出土常俊墓志铭记载，大历十四年（779），葬于"蓟城北高梁河南礼贤乡"。又阎好问墓志铭记载：咸通十四年（873），"葬于幽州之乾十里，高梁岸南保大原"。幽州之乾，为蓟城西北。

---

① 《册府元龟》卷四九七。

第四节　隋唐永济渠及辽南京的运河

隋炀帝修永济渠，将中国大运河第一次连接到涿郡（今北京）[①]，称作南北大运河。其路线是怎么走的，由于文献记载的缺失引起争论。而因辽据北京，又作为当时五京之一的南京，运河建设情况历史文献记载缺少，情况并不很清晰。

一、隋唐永济渠到达涿郡（幽州）路线

隋大业四年（608）春，隋炀帝为征高丽，令河北诸郡100多万人开凿永济渠。文献记载是"诏发河北诸郡男女百万开永济渠，引沁水南达于河，北通涿郡"[②]。当时督工的是隋朝有名的工程师阎毗。阎毗官为起部郎，擅长绘画，多才多艺，督修过长城，营建过宫殿。当时壮丁缺乏，开始征拉妇女服役，这在中国历史上也是很少有的。永济渠南引沁水通黄河，和黄河对岸洛口相对。永济渠自沁水向东北开凿，有几段与白沟重合，北端可以通到涿郡，长二千余里，可以说是曹操白渠的改造扩大和延伸。

当年七月，征集江淮以南民夫及船运黎阳（今浚县东北）及洛口诸仓米至涿郡，舳舻相次千余里。永济渠到唐代仍然是通往河北的主要运道。永济渠进入涿郡蓟城（今北京西南）的具体路线，由于《元和郡县图志》中幽州部分记载的缺失，引出不同观点。总体上根据蓟城当时附近河流走向和相关文献，还是可以确定其比较合理的线路。在当时最方便的是由今天津西向西至信安镇，利用桑干河（永定河）一支，转西北经永清县城西、安次县（唐代县在今旧州镇），更北利用一段桑干河北支（又称清泉河），至蓟城东南。按蓟城周围水道看，很可能利用了洗马沟水。洗马沟即今莲花池河（当时下游路线应

[①] 隋大业三年（607）幽州改称涿郡，治所在今北京市境内。唐武德元年（618），涿郡改为幽州。

[②] 《隋书·炀帝纪上》卷三。

该更向南），发源于蓟城西的大湖，是莲花池前身。今位于北京西站西侧的莲花池是20世纪90年代按历史位置恢复建设而成。《水经注》记载：洗马沟"水上承蓟城西之大湖，湖有二源，水具出县西北平地导泉。流结西湖，湖东西二里，南北三里，盖燕之旧池也。……湖水东流为洗马沟，侧城南东注，昔铫期奋戟处也"。连接蓟城西大湖的水，漕船应该可以到达蓟城南门。而当时距蓟城比较远的东南方向"高梁河"下游，处于宽浅散漫且缺少上源状况，难以用来行船。根据记载应该是从今天津附近向西行走，而再向东北方向则困难较多。

如果走永济渠从这里向西北的路线，这些河流的北端距离中都城还有五六十里，仍然不能说到达涿郡。当时桑干河虽然还在今丰台分为两汊，北汊东流经今凉水河（古名清泉河）一线去潞县入潞水，并随潞水赴宝坻地区，但因为要集中水源以保证永济渠运河，它实际上时通时断。南汊作为桑干河的干流，就是永济渠水道，为今丰台、南苑、大兴、安次一线。（参见右图）

永济渠北达涿郡路线示意图（括号内为今地名）

永济渠开通后，大业七年（611）二月乙亥日，隋炀帝自江都乘龙舟出发，经过邗沟、通济渠到洛口，渡黄河入永济渠，四月庚午日到达涿郡，用了55天。龙舟高45尺，长200尺，共有4层，两岸用人拉纤。《隋书·炀帝纪》记："夏四月，至涿郡之临朔宫。"《隋书·仪礼志》记："是年炀帝遣诸将于蓟城南桑干河上，筑社稷二坛，设方壝，行宜社礼。"表明当时永济渠可直接进入桑干河。

当年为了东征高丽，"七月，发江淮以南民夫及船运黎阳及洛口诸仓米至涿郡。舳舻相次千余里……往还在道常数十万人。填咽于道，昼夜不绝"①。第二年正月从涿郡出发到辽东，军人达113万，民夫又多一倍。大业九年、十年又两次同样规模伐辽东。应该说，隋开永济渠的初衷就是为了军事目的，当时消耗大量人力、物力，客观上给百姓带来巨大灾难，但是大运河的历史作用在后代得到充分的显现。总之，永济渠北端到达涿郡，是历史上第一次由运河将北京与全国紧密联系到一起。

唐代永济渠仍然是河北通往北京地区的主要运河。唐贞观十八年（644），唐太宗发兵辽东，派韦挺从幽州运军粮至营州，"自桑干河下至卢思台，去幽州八百里"。据《旧唐书》记载："卢思台去幽州八百里，此漕渠盖即曹操伐乌丸所开泉州渠也，上承桑干河。"曹操的泉州渠运粮，是从海河北岸军粮城附近的泉州渠至宝坻城南古鲍邱河，再转新河至滦河下游，韦挺运粮是由幽州出发，通过桑干河入海河，然后进入曹操旧渠。《册府元龟》记："太宗贞观十七年，时征辽东，先遣太常卿韦挺于河北诸州征军粮，贮于营州。"按里程计，韦挺运粮去幽州八百里，当尚未至营州，只到滦河下游。唐太宗闻知运粮受挫后颇为不悦，诏韦挺曰："兵尚拙速，不贵工迟，朕欲十九年春大举，今言二十年运漕，甚无谓也。"乃遣繁时县令"韦怀质往挺所，支度军粮，检覆渠水"。韦怀质还奏曰："（韦）挺不先视漕渠，辄集工匠造船运米，即下至卢思台，方知渠闭，欲进不得，还复水涸，乃便贮之通达平夷之区。又挺在幽州日致饮会，实乖致公。陛下明年出师，以臣度之，恐未符圣策。"唐太宗闻后大怒，令将作少监李道裕代韦挺任馈运使，将韦挺押解洛阳，依议除名，崔仁师亦坐免官。综合分析走隋代永济渠路线，由幽州顺桑干河支流向东循永济渠入海。然后再海运入滦河。这时距隋代开永济渠仅仅36年而已。这条水路应该是唐代一直使用的。

---

① 《资治通鉴·隋大业七年》卷一八一。

二、五代时幽州水运开发

唐末刘仁恭据幽州，大约在天祐四年（907）置玉河县于幽州西。《辽史·地理志》有"玉河县本泉山地。刘仁恭于大安山创宫观，因割蓟县分置以供给之。在京西四十里，户一千"。有的人考证说"泉山"上应有玉字，玉河县即因玉河（即南长河）得名。以此推测，则今之长河当时已存在。大安山远在永定河西，距北京八十里。明代玉河县已久废，但自阜成门西至永定河均属宛平县玉河乡，乡名应是从旧县名沿袭而来。

到五代时，后唐长兴三年（932），后唐庄宗任命原沧州节度使赵德钧为幽州节度使。六月，幽州赵德钧奏："新开东南河，自王马口至淤口，长一百六十五里，阔六十五步，深一丈二尺，以通漕运，舟胜千石，画图以献。"淤口即宋代的信安军（今霸州市东信安镇），当时称淤口关，金代信安县。王马口不详所在。在幽州东南开凿"东南河"，应该还是利用永济渠水路漕运。

后周显德六年（959），周世宗北征伐契丹取三关，四、五月间，开凿乾宁军以北、以西水道，修补损坏的堤防，"开游口三十六，遂通瀛（今河间市）莫（今莫州镇）"，疏通淤塞河道。同时水军也走永济渠。五代幽州近郊常发生战争，特别是契丹入侵，对农业生产有较大影响，高梁河似乎也走了下坡路，什刹海水域的开发利用也难以查考了。

北宋时期，永济渠还是开封向北漕运的主要运河，设有专职官吏管理。当时在信安军向西北经永清县西五里，再经过安次县，再走百十里就可以到蓟城南。《宋史》记载："宣和七年二月庚戌，诏京师（今河南开封）运米五十万斛至燕山（今北京），令工部侍郎孟揆亲往措置。"《宋史·河渠志五》记载：在东起沧州海岸黑龙港，一直西到安肃军（今河北徐水）的数百里间，分布着众多大大小小的塘泊。这些塘泊因为塘底都是淤沙，所以又称沙塘，其中"东起乾宁军（今河北青县）、西信安军（今河北信安）永济渠为一水，西合鹅巢淀、陈人淀、燕丹淀、大光淀、孟宗淀为一水，衡广一百二十里，纵三十里或五十里，其深丈余或六尺。东起信安军永济渠，西至霸州莫金口，合水汶淀、得胜淀、下光淀、小兰淀、李子淀、大兰淀为一水，衡七十里，纵或十五里或六里，其深六尺或七尺"。以上这些塘泊，其位于保定军（今河北霸州市南）和信安军之间的就是所谓"保、信沙塘"，大部分在今河北文安县文安洼泄洪区内。当时这些塘泊纵横相连，处处径通，黄河北支泛流在独流口附近只有穿过这些沙塘后才能进入界河（今海河），然后经由三会海口（今天津）出海。

三、宋辽高梁河之战与辽南京的运河

后晋天福元年（936），石敬瑭割燕云十六州予契丹，幽州归辽国，辽称南京。辽军在高梁河曾与宋军发生过一次十分重要的战争，时间在宋太平兴国四年（979）七月。宋军围幽州，辽败退清河北。宋太宗亲自督战攻城，驻城之西北。辽军分三路南攻，战于高梁河，第二天宋军大败。辽军追杀30余里，战场在今北京西郊的高梁河西段。七年后，宋军再次攻辽，宋琪建议利用桑干河水攻幽州。他说："其桑干河居燕城北隅，绕西壁而转，大军如至城下，于燕丹陵东北横堰此水，灌入高梁河，高梁河岸狭窄，水必溢。可于驻毕寺东引入郊亭淀，三五日弥漫百余里，即幽州隔在水南……贼骑来援已隔水矣。"[①]"东流至蓟城北隅"，可能在今玉渊潭附近，与孙秀萍所绘北京市地下埋藏古河道图中一条很近似。驻毕寺，在高梁河西岸不过一二里，泛滥之水夹高梁河东北流，再东南流，三五日才能弥漫百余里，范围很广，应当包括今北护河及城内什刹海一带的湖泊。

《辽史》记载简略，有关水利的记载更少。关于燕京水系与湖泊，《辽史·地理志》记载："桑干河、高梁河、石子河。大安山，燕山中有瑶屿。"屿为水中之岛，燕京中唯今北海的琼华岛及团城是岛。说明当时地貌及水域已很大，应就是金代白莲潭的范围。关于当时灌溉用水情况记载，有保宁年间（969—979）高勋倡议疏畦种稻，后

[①] 《宋史·宋琪传》。

因种水田可能不便于骑兵行动而作罢。到清宁十年（1064），又下令"禁南京民水种粳稻"，应是因水源不足而引起的。另外《辽史·圣宗纪》：统和十二年（994），"潞县大水，没三十余村，帝命疏旧渠"。潞县是因潞水而得名，城在潞水之阴（南），又称"潞阴"。"疏旧渠"以泄水，应当包括通连潞水这一片湖泊的东南河和沽河（白河、潞河）等在内。这里也没有涉及运河。

北京现在地图上标示的萧太后河位于北京市东南郊，主流源于左安门东南护城河附近。自西北向东南流，在通州张家湾汇入北运河，全长23千米，平均上口宽70~80米，底宽40~50米，深2~3米。1958年修建通县通惠引水干渠时，将该河拦腰截断。上段主河道长11.85千米，流域面积21.83平方千米，在朝阳区马家湾村南入通惠排水干渠。萧太后河是北京市南部城区及朝阳区南部的主要排水通道。

辽代政治和经济制度体现了游牧民族对农耕民族的兼容，先后建立五京。其中以上京临潢府（治今内蒙古巴林右旗南波罗城）地位最重要，是北面官处置契丹等各游牧民族事务所在地；而南京析津府（又称燕京，治今北京市），是南面官处置汉、渤海等各农耕民族事务所在地。南面官机构成为辽朝单独的行政和经济实体，不受辽朝廷管辖的国中之国。契丹人作为统治民族，其中皇族耶律氏、后族萧氏两大族系在辽国居绝对统治地位。因此辽代历朝的太后都是萧太后。契丹族妇女地位较高，皇后与皇太后掌政时间不短，人们也习以为常。传说萧太后河最初是为运送军粮所用，后成为皇家漕运的重要航道。有的说"萧太后"是指辽朝的兴宗之母萧氏，此河之所以以"萧太后"来命名，是因为她于统和年间（983—1012）率军征战北宋的时候，扎营在今天的北京，曾经一度缺水，差役寻水许久，终于找到了一条河。萧太后喝后夸赞水很甘洌，便问起水名。差役说这是条无名的河，她就降旨以她的名号来命名。也有的说"萧太后"是泛指辽代的"后族萧氏"。明清笔记有记载，"河面船只穿行，河岸行人如织，如同江南水乡"。这条运河成为北京作为国都以后最早的运河，当然只是个传说。在宋辽金元正史和有关地方志中都没有关于萧太后河的记载。文献中最早出现萧太后河已经是距辽代500年后的明代晚期，只有明崇祯八年（1635）刘侗、于亦正合著《帝京景物略》卷三"白云观"条记载"（观）西十余里为唐太宗哀忠墓。西南五六里为萧太后运粮河，泯然湮灭，无问者"。还有更晚的清末震钧著《天咫偶闻》有："八里庄之西二里，有河名十里河，又名萧太后运粮河。"但都只是推测之词，语焉不详。这些都是在距辽代几百年后出现的传说，没有确凿的证据。依此河的地理位置分析，应该是元代所开"金口新河"的下游。《析津志》明确记载，这条河经过十里河、董村、高丽庄入白河。今董村仍在河岸旁，即现在由张家湾南部入北运河河道的遗存。①1987年航拍张家湾通运桥及老城。（见下图）

张家湾通运桥及老城（1987年鲍昆航摄）

---

① 有关考证参考蔡蕃著《北京古运河与城市供水研究》，北京出版社，1987年。

第三章

金代中都至通州运河初步开发

金天会三年（1125）金灭辽，金贞元元年（1153）迁都燕京，改号中都，位于今北京市广安门一带。从此中都成为北部中国的统治中心，北京进入都城时代。在此前30年间，燕京一直动乱不宁，整个高梁河水系河道湖泊，由于失于治理，燕京近郊农业生产及水利深受影响。由于城市规模扩大，各项用水要求剧增。为此，金政府花费巨大人力物力，兴建了三项水利工程：一是城市重新修建护城河、城市湖泊和金水河；二是修建北宫风景区和太液池；三是利用白莲潭灌溉和发展漕运解决当时山东、河北等路漕粮运至中都问题。正如《金史·河渠志》记载："金都于燕，东去潞水五十里，故为闸以节高良、白莲潭诸水，以通山东、河北之粟。"首先在大定五年（1165），浚治金漕渠。可能因当时白莲潭水不足及河道过陡，不久运河便湮塞不通。到大定十年（1172），又议定开卢沟水通京师漕运，就是修建金口河。结果因"地势高峻，水性浑浊，……不能胜舟"而失败。金口河失败后，通州潞水至中都漕粮只得陆运。泰和五年（1205），改引高梁河、白莲潭清水开凿金闸河，获得成功。但可惜仅使用十来年，因迁都汴京金闸河漕运也停止了。

从以上分析，金代利用白莲潭水漕运至通州的河道应有南北两条路线。即从白莲潭北部东引，沿三国所开车箱渠下游，高梁河东支旧道（元代坝河，今北护城河水道），绵延至通州的北支运河；另外从白莲潭东岸南接引水入金口河故道，东至通州潞水的路线，即南支运河。

第一节　白莲潭至通州的金漕渠

利用白莲潭引水灌田的工端，《金史》记载是张仅言修建完大宁宫后，引"宫左流泉溉田，岁获稻万斛"。"宫左"指大宁宫的左边，即东面。可以推定其时间与建宫时间接近，也就是在大定六年至十九年（1166—1179）之间。承安二年（1197），又有"放白莲潭东闸水与百姓溉田"的记载。这里明确提到"放白莲潭东闸水"，与前面"引宫左流泉"，都是指引白莲潭水。白莲潭东闸所在位置，若与元代修筑积水潭的有关记载比较，应该就是积水潭东出口澄清闸位置，即今后门桥。1999年在修复后门桥施工中，先后在两岸挖出四个镇水兽，一个在桥东北处的镇水兽刻有"至元四年九月"。说明此闸元初在金代基础上就曾经修建。当时白莲潭应有从东岸引水的渠道，可能有两条：一条是从东岸向东北方向；另一条是向西南方向，即金代给闸河供水的渠道，应该就是丘处机沐浴的"东溪"。在白莲潭出口处所建的闸门，即前述"白莲潭东闸"。从地形上分析，所灌溉农田是今东城区、朝阳区的范围。

金定都燕京后，为了运送华北的粮食到中都城，就开始运河的建设。《金史·河渠志》记载："金都于燕，东去潞水五十里，故为闸以节高良河、白莲潭诸水，以通山东、河北之粟。"明确指出金代运河是由白莲潭供水的。因为水量不很充足，闸河运行状况不理想。

记载中，金代修建运河的时间最早是大定四年（1164）十月。金世宗去密云，走到近郊（中都城东北方向），看见一条湮塞的运河。他询问原因，大臣答复是户部不肯经营筹划，时间长了以致如此。世宗责备户部侍郎曹望之说："有河不加浚，使百姓陆运劳甚，罪在汝等。宜悉力使漕渠通也！"[①]金世宗看到的是，因长期失于治理而淤

[①] 以上所有引文均据《金史·河渠志》，引自周魁一等《二十五史河渠志注释》，中国书店出版社，1990年。

塞的旧漕运河道，只能是从白莲潭直接向东引出至通州的旧漕运水道。一年后开工修建完成，称"漕渠"，大体是后来元代坝河的路线。

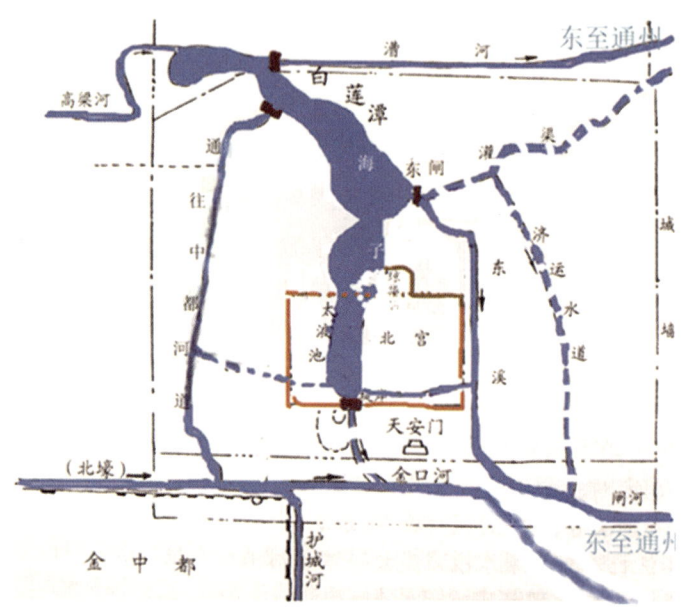

金代白莲潭水系示意图[①]

[①] 作者以孙秀萍《北京城区全新世埋藏河湖沟坑分布图》（载《北京史苑》第二期）为底图改绘。

第二节　白莲潭至中都水运通道的西河

在中都东北郊修建大宁宫和太液池。当时那里有一片很大的水域叫白莲潭，风景优美，对北京城市发展影响非常大。其南部依水而建的北宫，即元明清皇城内的太液池，即今天北海、中海。护城河与湖泊相通，形成具有供排水、蓄泄洪水、美化环境等功能的城市水利系统。

白莲潭的名称始于金代章宗时，但在章宗以前，可能这带湖泊统称白莲潭。当初白莲潭的范围比今日北海、中海及什刹海所有水域还要大一些，所以能引水灌田，并可调节运河水源。白莲潭的名称，可能源于当时水域内多种莲藕，也称莲塘，金代诗词中多有描述。白莲潭水域在金中都迁走失于治理而荒废成积水的湖，到元代建大都时，才得到系统治理，并改称积水潭。到元明时积水潭还有莲花池之称。金代在白莲潭南部建离宫，即当时的"北宫"，将今北海、中海围在宫内，并改名太液池。以后泛指北海以北水域为白莲潭。

金天德三年（1151）开始营建中都，两年后正式迁都，其间便开始修筑北宫。正隆二年（1157）还修筑北宫，《金史·地理志》记这一年"有宣华门"，宣华门是北宫门的名字。直到大定十九年（1179）大宁宫建成，明昌二年（1191）改为万宁宫，是金世宗、章宗最常去的宫殿（一般4月—8月）。《金史》记载，仅世宗、章宗两朝（1161—1208）夏天基本在北宫居住。每年三月都要"如万宁宫"，或者"幸北苑"，八月"自万宁宫"回到广安门的中都城。

元人陶九成《南村辍耕录》记载：金人建北宫时，"开挑海子，栽植花木，营构宫殿，以为游幸之所"。太液池是在原高粱河故道上的湖泊——白莲潭的南半部分，经人工改造而成。传说挖出的土石堆成琼华岛（今北海白塔山），金人称"寿乐山"，元人称"万岁山"。

当时太液池修建工程重点，首先要修筑池南北界的堤防。南岸只有修筑堤防，才能拦蓄海水。因堤防正位于"三海大河"故道之上，约今中海南岸或偏南一些,可能质量不很好。因此1227年有"太液池之南岸崩裂,水入东湖,声闻数十里,鼋鼍鱼鳖尽去,池遂枯涸"①的记载。堤岸崩塌原因,可能是岸堤修筑在旧河床基础上,对软弱地基处理出现问题。也可能是那年发生大地震,导致岸崩。岸崩后,太液池水沿"三海大河"故道向东南冲去,"水入东湖"。东湖可能在今金鱼池、龙潭湖一带。"声闻数十里",是因水势大且有一定落差。以"三海大河"坡降来分析,南北岸当有较大落差,推测南岸砌筑高度应在3米以上。

太液池的北岸状况无明确记载,北岸应在今北海北门。为了将太液池与北面白莲潭隔开,当时至少要修筑土堤。应就是元代著名的"海子南岸东西道路"(今平安大街北海后门一段)。到了元代仍是土路,每次下雨便道路泥泞难行。为保证太液池安全使用,就必须建有控制水量的设施。当时在北岸上应建有与海子相通并穿越"东西道路"的水门或石涵,以保证控制进水量。南岸也应有闸门控制。当上游来水或降雨量过大时,为保持池水面安全高程,必须有闸可开启,将多余水量排放到原"三海大河"故道上的水渠中。相当于水库修建的小型泄洪闸门。多余的水可排泄到金口河,再向东流;或直接向南沿高梁河故道东南排泄。当时太液池北端是与海子连通的,到元代在这修建了一座长四百七十丈的木吊桥通到西岸宫殿。这个桥就是今北海大桥前身,桥的东岸原来也都是水,后来也填为平地(今北海公园南门前)。

太液池建成后成为金代北宫最有特色的风景区,尤其在水资源缺乏的北京地区,如此巨大水面所带来的影响十分显著。加上人工堆就的琼华岛,使北宫成为有山有水的离宫。"太液池"名称见于《明昌遗事》一书所记载的"燕京八景"之一的"太液晴波"(一作秋波)。明昌是章宗年号(1190—1195),当时太液池的风景已十分著名。下至蒙古占据中都后,道士丘处机于元太祖十九年甲申(1224)入居燕

---

① [元]李道谦《甘水仙源录》,及《元史·释老传》。

京，三年后改金北宫为道院。到至元元年（1264）元人才修筑琼华岛、太液池。两年后建大都城，将太液池围在皇城之中，仍称为太液池。其名称沿用至清代。

太宁宫完建的时间，金大定六年（1166）世宗完颜雍命少府监丞张仅言，"提举修内役事……护作太宁宫"。太宁宫修建了13年，到大定十九年（1179）建成。这样1179年应该是最早将原来白莲潭水域分为两部分之时。最初的分界处应在今北海大桥沿线，界线是有了，但水体依然是连通的。也就是说，此时与北部的水域还是一个整体，即北海与今什刹海还是连在一起的。太液池与"海子"分离是金末元初几十年时间淤积的结果。

金天会三年（1125）金灭辽，金贞元元年（1153）迁都燕京，改号中都。在此30年间，燕京一直动乱不宁，整个高梁河水系河道湖泊，因疏于治理，已逐渐淤弃。燕京近郊农业生产及水利深受影响。迁都燕京后，城市重建，首先修建中都城东北郊湖泊区的北宫；同时要解决当时山东、河北等路漕粮运至中都问题。南来漕船已可以溯白河而上，经武清、香河、漷阴到达通州。中都至通州潞水号称五十里，粮运集中而河道浅涩难行，便成为金代漕运的关键问题。从这两方面讲，当时的白莲潭自然成为水利开发的重点所在。

前面已考证，天然的高梁河发源于今紫竹院公园一带，其上游西支曾长期引用永定河之水，到辽代应已断流。其上游北支玉河（今长河）水道，在辽代可能已开凿出来，并引导玉泉山及附近诸泉之水。《辽史·地理志》记载："玉河县本泉山地……，在京西四十里，户一千。"旧说"泉山"前当有玉字，玉河县即因玉河得名。唐末刘仁恭占据幽州，大约在天祐四年（907）置玉河县于幽州西。当时应对高梁河存较大规模疏导，但当时只有坡水、泉水，由高梁河入白莲潭的水量显然不充足。尤其在干旱季节，泉水锐减也会导致运河供水不足。问题根本解决还是后来远引了白浮瓮山水，实现跨河调水。金代为引导白莲潭水灌溉和漕运的需要，其下游曾修建了多条引水渠道。归纳上面分析及姚汉源教授对北京古河道的研究，可以从东西南北四个方向分析。

（一）白莲潭东侧所引水道

从东闸（元澄清闸位置）引出大致有三条：一是向东分引再向东北流至今北馆入坝河的水道，即元代郭守敬曾建议"自积水潭东北引接北坝河的渠道"，当为金代旧灌渠；向东行再向东南至今东单北大街的沟渠，向南可通金闸河，可作灌渠及由白莲潭引水入闸河的水道。二是向东南行即元代通惠河道，可行船（详前）。三是从潭南端（约中海南端位置）引出，相当元代金水河东支水道。下游末端流入通惠河水道。

（二）白莲潭西岸至中都引水渠

白莲潭西岸当时亦应有引水渠存在。一方面可供给潭西侧的农田灌溉；另一方面可向南通流至中都北城壕，将金代白莲潭北支运河所运来的漕粮，再转运至中都城。这一推测虽不见金代文字记载，但元代开金水河时曾利用了这段南流水道。在《（万历）顺天府志》卷首地图中，大明濠北端横桥上方，向北仍有很短一段河道残存。另外，在中国国家图书馆善本部舆图组珍藏着一幅照相版清道光年间（一说雍正年间）的《北京地图》。据介绍原图藏于英国家图书馆地图部。侯仁之教授1987年在全国政协礼堂举行的"纪念元大都建成720周年"大会上，曾用幻灯片展示过一幅地图，应当与此图是同一幅图。善本部的二幅图所绘重点不尽相同，似不是一个年代成图。此处不再讨论。只是因在第一幅图框外左上角，有收藏人注明的日期是"1842年"，故图书馆隶定该图为道光年间地图。第二幅图中，关于什刹海一带水域及街道画得非常细致，其中在今"积水潭湖"西岸的板桥二条东头，有一条引出水道（为区别街道，图中河道画上"鱼鳞线"）。该水道向西南穿过今新街口北大街，从新街口四条与三条胡同之间再向西南行，到曹公观（又称崇元观）东门外，转向南流，与前述横桥以北的水道相通连。图画得很清楚，但河道画在街道下，似表示这条河道是旧河，或已干涸？以此推断，这幅图最晚应绘于清代初期，其底图甚至可能是明代地图。因为元代这条水道下游被金水河利用，其横桥以上部分必须截断，以保持金水河水的清洁。这样横桥以北水道断流后逐渐湮没，似不可能清代还会看到残存河道。

另外从该图的重点与比例上看，德胜门至鼓楼的西大街是当时市中心通往德胜门的干道通衢，画得很宽。比有德胜桥的德胜门大街宽了许多。这条宽阔大道就是每次朝廷军队班师回朝从德胜门进城的路线，而不是一般人想象的从狭窄的德胜门大街通过。况且元代积水潭水域向西北方向直通到北护城河之外，从皇城西部西直门或阜成门至大都北城，必须从"海子南岸东西道路"向东，绕过积水潭北至德胜门外。

白莲潭的灌溉用水作为漕河水源之后，产生了较大矛盾。承安三年（1198）有"命勿毁高梁河闸，从民灌溉"的记载。这里所指高梁河闸应为河湖两岸引水灌溉斗门。此前要毁掉高梁河闸可能是为了保证下游北宫及运河用水。当时高梁河和白莲潭应开始不同程度地有灌溉、漕运和宫廷供水三项任务。从此这三项任务一直延续到元明清三朝。

（三）白莲潭北部引出水道

从白莲潭北部向东引出水道，即金漕河水道。应是古高梁河东支旧渠疏浚而成，元代为坝河水道。

（四）白莲潭南部引出水道

一是从太液池南堤直接引水，向西南流过金庆寿寺双塔（位于今西长安街28号，电报大楼西侧），入中都东北角城壕，供中都城壕用水。也是中都与太液池最近的水路线路。元初已废，或是元至元二十五年（1288）时平毁。

二是太液池南堤外还有一条直通原高梁河故道的较大水道，为确保北宫的安全，起泄洪道作用。这条水道东南过闸河，可通当时东湖（明清的郊坛后河，金鱼池及今龙潭湖一带水体）。

综观白莲潭四面的出水口，各条作用不同，但随历史变化都起着重要的作用。当时在各出水口处均应建有控制水门或闸、涵类的建筑，除上述已指名者外，很少见诸记载。

金贞祐三年（1215），蒙古军将领石抹明安四月攻下万宁宫及富昌、丰宜二关厢，万宁宫可能毁于战火中。北宫荒废9年后（1224），忽必烈将"北宫园池并其近地数十顷"赐给道教的全真道掌教人丘处机，改为全真道道院。次年夏，丘处机写诗称"虽多坏宫阙，尚有好园林"，说明环境还很好。三年后（1227）六月，丘处机曾经"浴于东溪"。北宫东面之溪正是今南河沿大街位置。这条水道金代已经作为灌溉渠道或者为运河供水，金人南迁后这里归丘处机所有。因此"东溪"应是这条引水河道当时的称呼。凑巧的是，只过了两日，"天大雷雨，太液池岸北水入东湖……（丘处机）遂卒"①。当时是古北口发生了地震，太液池南岸崩塌，致使湖水全部流入东湖（约今金鱼池一带）。

蒙古宪宗三年（1253）佛道辩论后，全真道士开始失势，北宫不再是道院，逐渐荒废。元初名儒郝经在1253年夏由万宁宫故宫登琼华岛作赋称："枯石荒废，琼花树死，太液池干。"蒙古宪宗八年（1258），道教彻底失败，道士全部被削发为僧，北宫再次遭到焚毁。蒙古中统元年（1260），王恽去过北宫，有"殿空鱼藻山犹碧，水涸龙池草自春"②诗句。以此看，太液池将近五十年无人管理，或者是地震后堤岸修复得不够牢固，不能很好地拦蓄来水，池水下降，逐渐干涸了。至少经过这一段时间的荒废，整个白莲潭水域的面积大幅度减少，最可能这时段北海与什刹海之间出现淤积的陆地。这样也为几年后忽必烈蒙古中统四年（1263）兴建皇城，并完全切断什刹海与北海创造了地理条件。为此元建大都时，将白莲潭南部水域的北宫围在萧墙之内，把白莲潭一分为二。萧墙之内依照传统规制统称为太液池，萧墙之外的白莲潭北部水域则称积水潭，也称海子。

---

① 《元史·释老传》。因丘处机正好在这次地震后的第三天去世，历史上传说与地震有关。从记载看前两天刚刚在"东溪"洗浴，更可能是已经79岁高龄的丘长老因洗浴着凉感冒发病而逝。

② ［元］王恽《秋涧集》。

第三节　永定河通漕运金口河工程失败

金大定五年（1165）修复的"漕渠"水源依靠白莲潭，水量有限，估计运行不很通畅，无法满足漕运需要，通州至中都漕运仍然十分紧迫。因此几年后有人提出利用永定河通漕运的建议。大定十年（1170）朝廷上议定开卢沟水（今永定河），通京师漕运。世宗皇帝高兴地说："如此，则诸路之物可经达京师，利孰大焉。"并且命令赶紧进行工程设计，可以使用"千里内民夫"，其中受灾地区"上命免被灾之地，以百官从人助役"。不久，世宗皇帝指示大臣"山东岁饥，工役则妨农作，能无怨乎。开河本欲利民，而反取怨，不可。其姑罢之"[①]。工程暂时停了下来。

第二年十二月，大臣又上奏要求开工，并且说："自金口疏导至京城北入壕（护城河），而东至通州之北入潞水。计工可八十日。"大定十二年（1172）三月世宗皇帝派人复查，报告说用工50日就可以了。世宗皇帝召见大臣们训斥说，多出的30天白白耽误农活又浪费工日，你们也太欠考虑了。工程终于开工，并且按时完成。遗憾的是，所开河道"地势高峻，水性浑浊，峻则奔流潆洄，啮岸善崩；浊则泥淖淤塞，积滓成浅，不能胜舟[②]而失败"。这期间中都的粮食只得依靠陆运。大定二十一年（1181）八月，因为"京城储积不广，诏沿河恩、献等六州粟百万余石运至通州，辇入京师"。百万余石粮食全靠车从通州运至中都城，非常艰难。分析金口河失败的原因，可以看出北京地区修建运河的困难。

石景山金代名孟家山，在山北开凿一引水口，称之为金口。古代水利工程的闸口，通常又可以叫"金口"，因此这条引水渠叫作"金

[①] 以上均据《金史·河渠志》，引自周魁一等《二十五史河渠志注释》，中国书店出版社，1990年。

[②] 以上所有引文均据《金史·河渠志》，引自周魁一等《二十五史河渠志注释》，中国书店出版社，1990年。

口河"。实际上分析，这个金口位置，应该就是三国时所开车箱渠的引水口。这个引水口到唐代还有使用的记载，这次应该重新修复利用。金口河渠首（取水口）在今西麻峪村至石景山之间。然后经过一段渠道从金口东南流出，经今老山、八宝山北，东至今玉渊潭附近折向南流，入中都北城壕。再东流沿高梁河南支旧道，自今前三门之北、长安街之南向东流。

关于这段河道，1959年人民大会堂建设工程中曾经遇到古河道，由北京大学历史地理学家侯仁之先生出面主持，北京市勘察设计研究院等单位配合，进行了考古研究。下面摘录2002年5月20日岳升阳等撰写的《国家大剧院工地的金口河遗迹考察》一文中有关部分，可以参考。

> 金代的金口河并非都是平地开凿，它的上游河段是对已有河道的利用。在近年的调查中，我们于玉渊潭中部湖底、三里河地区和西长安街南侧都发现了早于金代的早期金口河沉积层。这条早期的河道经由八宝山与田村山之间东行，穿过今玉渊潭湖心，至三里河后先转而向南，再转向东去，形成一个S形的拐弯，并出现较大的摆动，形成不同分支。在三里河发现的早期金口河沉积主要是砂砾石层，其中含有许多唐代条纹砖、瓦片和零星的晚唐、五代时期的白瓷片和褐釉瓷片，甚至还出土了一只完整的唐代白釉瓷碗，它们应来自于被冲毁的砖室墓，这些遗物成为辨别该地层的重要特征之一。除唐代遗物外，砂砾层中还有少量早于唐代的绳纹陶片。三里河的剖面显示，在这条早期河道结束了一定时间之后被金代河道所打破，表明它应是金代开凿金口河以前的河道，而它的上限则不早于晚唐、五代时期。
>
> 金口河长达数十里，宽度在30米以上，偌大的工程即便在今天机械化条件下，要想在50天内完成也是不易的，因而以往的研究者推测，它在建设过程中利用了旧有的河

道。《金史·河渠志》所云"自金口疏导至京城北入壕"中的"京城",即金中都,"壕"即护城河,即是说金口河在中都城北流入护城河。目前的研究者多认为,金口河入护城河的路线与今天玉渊潭下游的引水渠路线相同,也有的著者认为这段河道在金中都的西北角,即会城门以西的地方。我们在近年的调查中发现,金代的金口河河道在玉渊潭以东是沿今月坛南路南侧东行的,它在三里河东路以西转而向南,在白云观西北注入金中都北护城河。三里河金代金口河故道叠压在早期金口河沉积层之上,其沉积物以细砂为主,交错层理,河道宽度超过40米。岸边有由多层相互叠压的植物枝条与泥土层筑成的护岸,有的地方还打有木桩。护岸植物枝条的碳14测年为公元1140±110年,此年代与金大定十二年金口河的开凿年代相近,而与元初金口河的年代相距较远,应是金代的金口河护岸。民国四年(1915)内务部职方司测绘处绘制的《实测京师四郊地图》,在这里画有一条小河,这条小河遗迹在三里河工地的剖面中已经找到,它是一条规模不大的土沟,位于金口河故道的上方,可以看作是金口河故道存留至近代的一点痕迹。三里河金口河故道的发现并不否定以往对金口河位置的认识,近年来在公安大学以北、永定河引水渠转弯处的南岸地下,就发现有包含金元瓷片的砂层,它应是金口河故道的遗迹。从民国四年《实测京师四郊地图》上也可以看到,这段永定河引水渠的前身是一条由玉渊潭流向东南的河渠,它在亮果厂附近转向西南至会城门,再转而东去,与西便门护城河相接。中华人民共和国成立后,对该河道进行了拓展、取直,成为永定河引水渠的组成部分。这段河道与三里河的金口河是同时并存还是先后为继,尚须作进一步的考察,但可以说它也应是金口河的一条河道。

至城东入今通惠河道至通州城北入白河。金口河引多沙河流为源，且渠道较为径直，河床比降很陡。约略估计：平均比降约千分之二。一方面，水流太急，易冲刷两岸，不易维护。另一方面，水源含沙量大，流速不能节制，节制则水缓沙停，淤积成浅，不能通航。所以，金口河不成功。后来找"专家"（识河道者）勘查也解决不了问题，到大定二十七年（1187），金口河终于被堵塞了。开凿金口河，虽不能通漕运，但开挖了中都北城壕东至通州50余里的水道，为以后白莲潭南支通漕运创造了条件，并从反面积累了经验。

第四节　中都至通州闸河艰难运行十年

世宗时浚治的漕渠不畅通，金口河又不成功，通州至中都的粮饷还得依靠陆运。堵塞金口河后13年，章宗承安五年（1200）正月，派都水监丞田栎普查了运粮河道，希望探查到可以开发利用的水道，没有什么结果。5年以后，即泰和五年（1205）正月，章宗"至霸州，以故漕河浅涩，敕尚书省发山东、河北、河东、中都、北京军夫六千，改凿之"①。实际运河在此前一年就开工了。关于金闸河的开凿，《金史》记载，乌古论庆寿于"泰和四年（1204）迁本局提点。是时议开通州漕河，诏庆寿按视。漕河成，赐银一百五十两。重币十端"②。这次开河的建议人是韩玉，文献记载：他"泰和中建言开通州潞水漕渠，船运至都。升两阶"③。从开渠后可以"船运至都"的记载看，这次所开漕河，应包括通州以南的"潞水漕渠"和通州至中都的一段运渠。这次动员军夫地区包括中都在内，所改凿的重点应是中都至通州的运河，就是"金闸河"。

这次开渠后的第二年（泰和六年），规定漕河所经的府、州、县各官吏都带管漕河事，"俾催检纲运，营护堤岸"。其中包括了"大兴府"和通州在内，这也反映了漕河所在位置。据《金史·百官志》记载，该年十二月，"通济河创设巡河官一员，与天津河同为一司，通管漕河闸岸，止名天津巡河官"。"通济河都巡官兼建春宫地方河道"。建春宫在今南苑附近，属"大兴府"。由此可见通济河是指闸河，天津河应指通州以南至天津的运河。

闸河水源改用白莲潭所贮之清水，解决引永定河水容易淤积问题。引水路线，利用白莲潭东闸外的渠道，即前面讲的丘处机沐浴的"东溪"，也是元代通惠河自澄清闸东引过南河沿大街一段，然后向南下与金口河旧道相接。闸河长50里，大约修建了5座闸。从原定5日

---

① 《金史·章宗本纪》。
② 《金史·乌古论庆寿传》。
③ 《金史·韩玉传》。

转脚之费看，计划每日过一闸，后来因供水不足而多用了一倍时间。正如泰和八年（1208）六月"通州史张行信言，'船自通州入闸，凡十余日方至京师，而官支五日转脚之费。'遂增给之"①。金闸河从开通到迁都汴京（今开封），仅使用了10年左右时间，但是值得指出，其兴建指导思想上，吸取了金口河失败教训，避免引用含沙量高的浑河水，并通过建闸节水来减缓坡降，克服水源不足矛盾，这确是北京地区实现通航的可行经验。元代正是借鉴了这一经验兴建了通惠河并取得巨大成功，一直使用到明清。

为了加强对新建运河的管理，泰和六年（1206）十二月，朝廷在通济河创设巡河官一员，与天津河同为一司，通管漕河闸岸，称作"天津河巡河官"，隶属都水监直接管理。这条新开运河总的名称应该是"天津河"，中都段称"闸河"。工程虽然浩大，但还是因为水源不足，运行困难。开河后第三年，就发现行船困难。泰和八年（1208）六月，通州刺史张行信上奏，船自通州入闸河，要十余日方至京师，看来每座闸前为了等待水满闸平，平均要等两天时间，运河的效率很低。

总体上，在初建太宁宫时，白莲潭还只是中都东北郊外的天然湖泊，开始引水灌溉农田。随着运河的建设，这片水域自然成为通州至中都漕运的泊船港。从大定四年（1164）开始修复的金漕渠，是直接从白莲潭向东到通州的运河，可以停泊从通州进来的漕船。这些漕船还可以从白莲潭西岸的出口，沿专门的河道船运到中都北城壕。这条河的名称，金代可能叫"细河"。②这条水道可以从中都城乘船先到北宫，然后向北行，最北端可以通到白莲潭。

这时白莲潭的功能已经发生了巨大的变化。白莲潭成为金代漕运码头，关系着国家经济命脉。

---

① 《金史·河渠志》，引自周魁一等《二十五史河渠志注释》，中国书店出版社，1990年。

② 《金史·章宗本纪》记载："承安四年二月庚辰，上谕点检司曰：自蒲河至长河及细河以东，朕常所经行。"元代这条水道称作"西河"，见于《元史·河渠志》："金水河所经运石大河及高良河、西河俱有跨河跳槽。"疑"细河"即"西河"。

第四章

元代大都运河及京杭大运河全线贯通

元初统治者占领北京地区，决定在这里建都，便开始修建通州至城区的运河。在统一全国后，政治中心第一次移到北方，因此首要任务是修建沟通经济重心所在的两湖和江浙地区的大运河。至元二十六年（1289），完成安山至临清会通河开凿，修建船闸31座；至元三十年（1293），在郭守敬亲自设计、主持下成功开凿通惠河，修建船闸24座，并完成最艰难的山东和通州至大都段运河，至此，京杭大运河全线贯通。

第一节　元初建设大都至通州运河

一、元初疏浚通州至昌平双塔漕渠

温榆河上游的昌平，是北京北部交通要冲，是元代北至上都十二驿站的第一站。"大驾（皇帝）时巡，次舍在焉。凡侍从之臣，宿卫之士，与夫外颁教令，内奉职贡，使客传递之往来，率由乎是。"①《元史·兵志》记载："睿宗（拖雷，1228）于居庸关立南、北口屯军、邀巡盗贼，各设千户所。"北口千户所属上都路龙庆州，南口千户所属大都路昌平县。为了供应驻守军士所需粮饷，依靠从通州陆路运输，十分艰难。为此，元初开凿了"双塔漕渠"。

自中统初忽必烈为继承汗位，就与其弟阿里不哥展开夺位战争。昌平以北的居庸关，为历代兵家必争之地。而依靠陆路为守军运输粮饷十分艰难。为了将中原粮饷运至上都，积极开发通州至昌平的水路运输，《元史》记载至元元年（1264）二月，当时驻扎大宁（今内蒙古宁城县）的都元帅阿海率军队开浚双塔漕渠。这次治理的就是从通州沿温榆河北上至北沙河的漕运路线。

双塔漕渠又叫双塔河，发源于昌平县孟村一亩泉，经过双塔村向东，至丰善村入榆河（今温榆河），就是北沙河。今双塔村、丰善村仍然存在，而且中间河道两岸还有东闸村、西闸村。以两村距离推测，应该是当年修建运河时所建的两座船闸，引水工程不可能修建这么近。后来河湮闸废而地名保留下来。因为此后这里再也没有修建水利工程记载，元代白浮引水工程路线也不经过这里，这里的高程已经低于昆明湖3米。

双塔漕渠自开通后就派出专职巡河官管理。至元三年（1266）四月，为了防止汛期河水泛滥，巡河官报告，"双塔河时将泛溢，不早

---

① 《元史·河渠志》，引自周魁一等《二十五史河渠志注释》，中国书店出版社，1990年。

为备，恐至溃决，临期卒难措手"。并且计算了工程量和所需物料，申报都水监。都水监也认为"创开双塔河未及坚久，今已及水涨之时，倘或决坏，走泄水势，误运船不便"。①立即得到中书省批准，并且责令有关部门供应物料，由都水监派人修改治理。此次工程共合闭水口5处，用工2155。"水口"就是后来郭守敬所修建的"清水口"，是山溪与运河平面交叉工程。

双塔漕渠使用到什么时间，应该是在开通惠河后。在至元二十九年（1292）修建白浮引水工程时候，就将孟村一亩泉水引到瓮山泊，双塔河上源被截，水量锐减。《元史·河渠志》记载："九月，漕司言：通州运粮河全仰白、榆、浑三河之水，……今岁新开闸河，分引浑、榆二河上源之水，……及巡视，知榆河上源筑闭，其水尽趋通惠河，止白佛、灵沟、一子母三小河水入榆河，泉脉微，不能胜舟。"②既然下游榆河已不能胜舟，船又如何驶到上游双塔漕渠？

二、元初开玉泉河通漕运及坝河兴建

（一）开玉泉山泉水修复金漕渠

北京西郊的玉泉山泉水，原来是清河的上源，从北京城区北郊流过汇入温榆河到达通州。大约在辽代，人们开凿"海淀台地"，使玉泉水与天然的高梁河相接。金代高梁河下游汇聚形成"白莲潭"，即元代积水潭的前身。元代人记载"（玉）泉极甘洌，供奉御用"。泉水出流量不小，"玉

玉泉山屏珠泉已经干涸（1986年作者摄）

---

① 《元史·河渠志》，引自周魁一等《二十五史河渠志注释》，中国书店出版社，1990年。

② 《元史·河渠志》，引自周魁一等《二十五史河渠志注释》，中国书店出版社，1990年。

泉垂虹"就是燕京八景之一。《金史·地理志》记载："宛平，有玉泉山行宫。"《元史·地理志》："宛平，与大兴分治郭下。金水河源出玉泉山，流入皇城，故名金水。"

历史上明确记载元初第一次引用玉泉水通漕运。中统元年（1260）初，忽必烈为与阿里不哥争皇位继承权，展开一场大战。忽必烈利用燕京作为战略物资供应基地，为战争的胜利提供了物质保证。其中首要任务是将华北的漕粮运到中都，积极发展通州至中都的运河，仿照金代制度在"旧漕河"旁设立粮仓。著名的千斯仓便在当年落成，创造了漕船入中都的条件。王恽在《秋涧集》记载："中统元年冬十月，创建葫芦套省仓落成。号曰千斯。时大都（指燕京）漕司、劝农等仓，岁供营帐工匠月支口粮，此则专用收贮随路僦漕粮斛，只备应办用度，及勘会亡金通州河仓规制，自是漕船入都。"

中统元年战争的胜利，使忽必烈深知燕京漕运的重要作用。中统二年（1261）又相继兴建了相应仓、通济仓、万斯北仓等漕仓，但是发展漕运首先遇到的困难是水源问题。中统三年（1262）八月，郭守敬由张文谦推荐在上都得到忽必烈召见。当时郭守敬面陈了发展华北水利和漕运的6项建议。其中第一项就是"开玉泉水以通漕运"，其规划是："中都旧漕河东至通州，权以玉泉水引入行舟，岁可省僦车费六万缗"①。建议立即得到忽必烈的赞赏和批准。

对于郭守敬的建议，由于《元史》记载简略，很多人都疑惑郭守敬的建议是否得到了实施。实际这里涉及两个问题：一是是否引用了玉泉水？二是如果当时进行引水，下游通过哪条水道实现通漕运？

首先，《元史·本纪》载：中统三年"八月己丑，郭守敬请开玉泉水以通漕运；……并从之"。明确记载批准了这项建议。另据阎复的《静轩集》，中统年间派宁玉"充河道官，疏浚玉泉河渠"。该文还记载宁玉从年轻时候就"督漕宿亳，军食以济"，为军队负责漕运。在疏浚玉泉后得到提升，并于至元三年（1266）又在河南邓州"由新

---

① ［元］齐履谦《知太史院事郭公行状》，载《元文类》卷五十。

野而南，以通转漕"。总之，宁玉是位漕运经验丰富的官员，中统年间派他疏浚玉泉河渠，当时大都城尚未开始修建，金水河也没有开凿，在那百废待兴的年代，引水工程起因只能是之前郭守敬通漕运建议。此外，从时间上看正与郭守敬建议相吻合。

将玉泉水引入哪条河道通漕运更合理？金代在燕京至通州间先后曾开过两条运河，一条是金世宗大定五年（1165）"令官司籍监户，东宫亲王大处及五百里内军夫浚治"[①]的金漕渠。其行经路线相当于今北护城河下接坝河的水道，即中都至通州的北线运河。另一条是金泰和五年（1205）韩玉建议兴修的金闸河。相当于后来的通惠河水道，即中都至通州的中线运河。这次引水，如果使用了中线运河，那么就必须修复河道上的闸坝工程才能行船。这样绝不会仅仅过30年就湮圮得一点遗迹都看不到，以至于至元二十八年（1291）修通惠河时发现"旧时砖木"，还会令人感到惊讶，叹服郭守敬为"神人"。这是因为金闸河自金贞祐二年（1214）停止使用，到开通惠河的80年间从未通漕运，因而金代的闸坝才会杳无踪迹。另外，文献上也有明确记载，是引入"中都旧漕河"，"旧漕河"应该指"漕渠"，这是金代北线运河的称呼；这次治理十几年后，又进行了大规模的治理，就是元代著名的坝河。

另外，从元初修建漕仓的情况，也可以证明当时通漕运的情况和主要漕运方向。元代大都共修建漕仓22座，其中中统二年（1261）修建相应仓、千斯仓、通济仓、万斯北仓，这4座仓靠近光熙门，是郭守敬建议引玉泉水通漕运使用的粮仓，后来坝河继续使用。6年后，至元四年（1267）又修建了永济仓、丰实仓、广贮仓3座仓，其间大都并没有新修运河，而增加漕仓必然是漕运在发展。这时已经修建7座仓，333间，储备能力为85.7万石（大都城总共1303间，可以储备330万石），已经建设1/4的仓贮，可以保证漕运需要。这从侧面反映出，这

---

① 《金史·河渠志》，引自周魁一等《二十五史河渠志注释》，中国书店出版社，1990年。

时的漕运还是起了很大作用。到后来大开坝河管理日益完善的情况下，也仅仅新建2座漕仓，直到开通惠河前后才陆续新建其他14座仓。

（二）坝河的建设

中统年间开玉泉河后漕河使用十几年，因为大都宫城供水需要，于至元十五年（1278）前完成金水河工程。从此玉泉水大部分专供大内使用，积水潭至通州的运河受到严重影响，因而导致了至元十六年（1279）大开坝河，将原来可以直接行船的漕河，改造成分段驳运制的坝河。

据《元史·百官志》记载，至元十六年开设运粮坝河，改隶户部管理。《元史·世祖本纪》记载至元十六年六月，因"舟运甚艰"，发动6000人用50天时间，疏浚大都至通州水路，当时主要是修建坝河。《元史·王思诚传》也记载，该年"开坝河，设坝夫户八千三百七十有七"。可以看出漕运规模很大。

坝河，又称阜通河，河道自积水潭东北部出口，沿今北护城河，出大都城光熙门，大致沿今东北郊坝河至通州城北入温榆河。坝河上共设有拦河坝7座，因此又称阜通7坝。漕粮越过最东边深沟坝，用船运至上一级王村坝下，再由车户搬运至坝前的船户，如此逐级而上，最后到达最西端光熙门附近的千斯坝，再转运至千斯仓内。①

坝河上7坝位置，由于这些坝只使用到元末，以后再没有修复使用过，加之记载文献不详，今日已难觅遗迹。要确定每个坝的位置，需要参考其他文献和分析河道地形关系（1976年在坝河上修建7座闸控制水流）等综合因素确定。经笔者考证，坝河最西端应在积水潭北部出口（应利用金代修建漕渠时的出口），沿今北护城河向东流，出大都城光熙门，大致沿今东北郊坝河至通州城北，入温榆河。从文献记载的名称看，7座坝的顺序是自西向东的：即千斯坝、常庆坝、西阳坝、郭村坝、郑村坝、王村坝、深沟坝②。

---

① 关于元代坝河运行，近来白鹤群先生经过多年勘查研究，提出新的站车运输过坝模式，值得深入研究。

② [元]宋本《都水监厅事记》记载准确，《元史》只记载6座坝。

千斯坝，从名称上看应在中统元年（1262）十月所建千斯仓附近。《析津志》记载："光熙门与漕坝接。当运漕岁储之时，其人夫纲运者，入粮于龙王堂前唱筹。"

常庆坝，元代文献无记载。依河道纵坡降和相关材料分析，在今尚家楼闸附近；西阳坝，当在今西阳村附近，今地名西坝河也应源于此，今有北岗闸。

郭村坝，明代张爵《五城坊巷胡同集》记载北城外有"火村坝"，《（康熙）大兴县志》记载有果村坝，都应是郭村坝名音转，郭村坝实际应该是漷村坝，位置在今酒仙桥附近。

郑村坝，又称东坝。《（光绪）顺天府志》"村镇"："通州西北二十里郑村坝，亦曰坝上，通州人称北坝，都人称东坝。"实际"东坝"之名始于元代，《析津志》记载："高梁河……由和义门北水门入抄纸坊泓渟（原新街口外太平湖一带），逶迤自东坝流出。"此东坝即郑村坝。

王村坝和深沟坝，查《（光绪）顺天府志》"村镇"："通州北二十里，沙窝、王家庄、沟子。"《元史·河渠志》记载："引榆河合流至深沟坝下，以通漕舟。今丈量，自深沟榆河上湾，至吴家庄龙王庙前白河，西南至坝河八百步。"这里"沟子"村，应当是最东边的深沟坝位置，在入温榆河口处。那么按顺序王家庄应是王村坝位置所在。从坝河河道纵剖面图分析及1976年在沙窝村南建闸，也说明从工程技术角度这里需要修坝控制河水。（见下图）

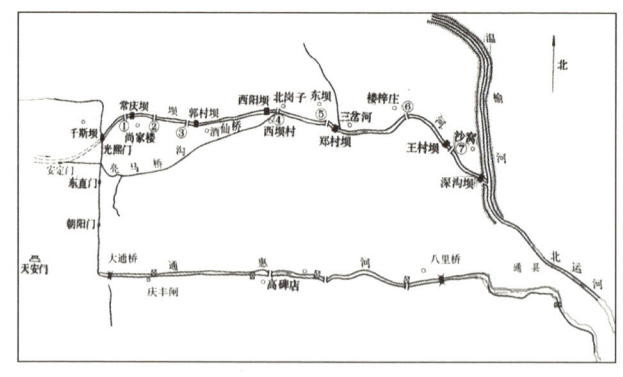

坝河七坝示意图（作者以1976年地图为标准考证绘制）

坝河在大都城内行经路线，应该是由积水潭直接向东，经今北护城河水道至坝河。这条水道在金元之际一直用来通漕运，也正是《析津志》记载的，高梁河从积水潭"迤逦自东坝流出"的路线。元大都城建成后，这条水道还一直存在，并没有也无必要填埋。这从《析津志》记载这一沿线上有大量桥梁存在得到证明。另外，从考古发掘得知，元"京畿漕运使司"（初在河西山务，后移到今雍和宫旁）迁到这里也正因为乘船至坝河很方便，距漕仓也很近（当时通惠河沿未建）。此外，从元大都北部城区一直比较冷落的原因上分析，也与这条水道的存在有很大关系。水道的分割，造成南北交通不便。再从地形上看，今北护城河正位于冲洪积扇脊部，直达光熙门是合理的。因此准确地说，坝河西端的起点应以积水潭北部东出口为准。

坝河的水源，元代在水利学家郭守敬的精心规划设计下，得到了较好的解决，因而也一直能够发挥重要的漕运作用。元中统年间，在郭守敬建议下曾导引玉泉济漕运，在以后一段时间里，供水还是有保证的。但是宫城及大内建成后，为了保证清洁的供水，专门开辟了玉泉山至大内的金水河。从此，玉泉水只保证供应大内，坝河漕运的水量就受到严重影响，只得将原来可以直接行船的漕河改建为设置七座坝的运河。这种驳运制是克服缺水情况的可行办法。明代后期因上源缺水，通惠河闸坝也改用类似的办法，才得以维持漕运。

至元三十年（1293）通惠河竣工，大都水源增加，坝河可以得到一部分从白浮瓮山河引来的温榆河上源的泉水。《析津志》记载："白浮泉源出（昌平）县东神山，流经本县东入双塔河，为通惠、坝河之源。"元代文献中还多处将坝河与通惠河相提并论，可见是使用同一水源的两条运河。元末通惠河上源失修，白浮瓮山河逐渐湮废，坝河水源也锐减，加上其他管理上的原因，导致坝河停运。明清北京水源只靠玉泉一处，汇入积水潭的水量锐减，更无济坝河漕运之可能。

元代对坝河曾多次修治。如至元二十八年（1291）十二月"辛

1976年在坝河上修建的楼梓庄闸（1981年作者摄）

卯，浚运粮坝河，筑堤防"[1]。每次都应对积水潭进行治理。即使是通惠河开通后，对坝河仍然积极维修，使之得以继续发挥重要作用。为了确保坝河水源，郭守敬还曾提出自积水潭东岸澄清闸向东北接济北坝河的建议，是想利用金代已有的旧渠道。可能金代渠道在大都城市建设中已经填埋，实施起来较为困难。6年后，大德三年（1299），罗璧又浚阜通河（即坝河），并展宽了河道，使大漕运岁额达到60余万石。大德五年（1301）洪水冲决坝堤60余处，同年抢修完毕。京畿漕运司仍不放心，怕霖雨冲毁堤坝，走泄运河道水源，要求对坝河的"河堤浅涩低薄去处"全部加以修理。这次修筑可能比较坚固，以后40年未见修治记载。元末管理混乱，河道淤积严重，坝河浅涩。至正九年（1349）春"以军士、民夫各一万浚之"[2]。但这时坝河问题很多了。

元至正十二年（1352），由于起义军切断京杭大运河，"舟不至京师"，坝河漕运开始逐渐衰落。明初40余年建都南京，城市供水上源

---

[1] 《元史·世祖本纪》，引自周魁一等《二十五史河渠志注释》，中国书店出版社，1990年。

[2] 《元史·世祖本纪》，引自周魁一等《二十五史河渠志注释》，中国书店出版社，1990年。

荒废，积水潭也失去调节能力，再未见坝河通漕记载。到弘治九年（1496），王琼撰写的《漕河图志》一书，没有说坝河漕运事，只记载了坝河和富河（温榆河）至通州东北入白河的情况，可知积水潭北部的这支水道还在通流。明清两朝坝河再没有通漕运，成为北京重要的排水干渠。1976年改造坝河，在河道上也建了7座闸，分析这7闸的位置与上述7坝存在一定的对应关系，从而验证了元代水利建设者高超的设计水平。

三、大都皇城的金水河工程

金水河是中国古代流入皇城河渠的通称。北宋都汴京，开金水河自荥阳（今郑州西北）引京水入都城，供城市饮用，其中大部分是供应宫廷用水。金代定都中都城，仿宋汴京形势，修建金水河，引城西莲花池和玉渊潭水，供应城市和皇宫用水。元代兴建大都城，专门修建几条金水河，供皇城用水。当时流入流出皇城的各条河流又有金河、御河、御沟等称呼。金水河下游水量基本都排入通惠河，因此，金水河元代也是北京运河的重要水源。明代改造大都城为北京城以后，只剩下紫禁城内外的金水河。

金中都位于今北京西南广安门一带，就修建了从西郊莲花池引入皇城的金水河。此河为一条从中都正北方向注入的水源。《析津志》记载："长春宫水碾，自古金水河流入燕城，即御沟水也，入南葫芦套，盛杂莲花，复流转入周桥。"长春宫即今白云观，在中都城北，当时范围很大；古金水河是指金代金水河；御沟水是指燕京城内的金水河；这条记载明确指出，有一条过长春宫的河水向南直流，下游是金代金水河，流入南葫芦套。南葫芦套，应在今广安门外西北一带（北葫芦套在大都光熙门南，坝河西端），中都城偏西，元代还是一处风景优美的达官贵人的园囿。《析津志》还记载："葫芦套在（大都）城南西。奉陪枢府相君祈雨南城，因过。所谓葫芦套者，乃相君之苑也。"

这一水源应该来自古高梁河西支，从今玉渊潭流出。玉渊潭，金、元称丁家潭，上游通西北的燕家泊。长春宫有水门，门外有桥。王恽在《闻长春宫溪水复至》诗中有"临漪门外碧波清，又见分流入道宫"之句。临漪门是中都皇城北门，水门和溪水可能都是金水河所经之处。也是明确长春宫流过之水，与皇城相通。

从以上分析则可知，过长春宫向南直流的金水河，过金宫城西部同乐园（今广安门外西南），又向东过宫城南面的周桥（龙津桥）。过周桥后金水河可能又转向西南。据《元一统志》龙祥观条记载："按旧记有庚戌年（1250）建观碑铭，略曰：'京城西南，昔为水门，金河悠注，宛然故存。引水作磨，下转巨轮。'"这里金河也指金水河，从此处水门流出，便注入今凉水河水系。

（一）通往大都皇城的三条金水河

元代流入皇城的金水河一共有三条。《元史·地理志》记载："金水河源出玉泉山，流入皇城，故名金水。"并用专门措施确保供水的清洁。笔者根据历史资料分析与实地考察，认为元代供皇城用水的金水河总共有三条：一是从玉泉山引出的河道，二是从积水潭西侧引出被称为"西河"的河道，三是从积水潭南侧直接引入皇城的河道。

1. 从玉泉山引出的金水河

《元史·河渠志》记载："金水河其源出宛平县玉泉山，流至和义门南水门入京城，故得金水河名。"十分明确，这是元代从玉泉山下引出的金水河。元代人记载"（玉）泉极甘洌，供奉御用"。泉水出流量不小，当时燕京八景就有"玉泉垂虹"。

这条金水河行经的路线，文献记载十分简略，下面根据相关文献和考古发掘资料，逐段讨论金水河详细路线。

首先考察一下金水河从玉泉山下引出的位置。玉泉山出水泉眼很多，到清初明确记载还有著名的涵漪斋泉、并珠泉、第一泉等八大泉。这些泉根据地形和出流方向大体可以分为南北两大部分：北部五大泉汇流后，最初经天然河道流入清河，后来经人工改造沿北长河直接注入瓮山泊（昆明湖）；南部三大泉（即上述三泉）汇流到"高水湖"中。到1929年，每天仍有86000立方米的水量流出，在元代出水量应该远大于此。其下游南出口处建造了一座闸，闸后接金水河。这种形式一直保持到清末，在光绪十六年（1890）的《京师内外河道全图》上还清晰可见上述玉泉流出的各种关系。1928年《河北顺直水利委员会地形图》上，玉泉山南还有一条"金河"，应当是当年金水河的遗迹，在河边曾经有一座金河碑（1985年还可以看到）。金水河应在今长河西南方与长河基本并行，直通到火器营。这一段地图上还有遗迹可见，路线应该比较准确。

其次关于金水河城外路线。火器营以南应该沿今车道沟向东，过北洼路北口、紫竹桥，沿西直门大街过白石桥、动物园，再沿西直门外南路，穿过西二环，从西直门南水门入大都城。金水河的河床高于长河，才有可能沿途从其他河流上跨过。到清代仍然是这种状况，乾隆帝诗："金河高长河，玉河高倍蓰。设非次第蓄，一泻无余矣。""倍蓰"是数倍之意，是诗的语言，表示高低不同而已。

关于金水河城外路线，《元史·河渠志》有一段记载："金水河所经运石大河及高梁河、西河俱有跨河跳槽。""运石大河"是指郭守敬至元三年（1266）所开金口河一条向北的分支，路线可能是今北洼路走向，那么交叉地点应在北洼路北口；"高梁河"应该指其西支的水道，即当年车箱渠下游，大约是今"双紫支渠"走向，那么与金水河交叉地点应在今三虎桥。

文献中只有"西河"不见其他记载，解释分歧也多。过去一般解释"西河"是大都西护城河，"跨河跳槽"在西直门南水关前的护城河上；经过文献与地形实际分析，"西河"应是积水潭西边分支出的水道，其历史十分悠久，元代仍然加以利用。这样，金水河进入大都城后东行，必须与之交叉。这条金水河进城后的路线，与传统说法就有较大的分歧。

三是金水河大都城内路线。文献明确记载金水河"流至和义门南水门入京城"。另外有"金水河水门在和义门南"的记载。和义门是今西直门。考古发现南水门在西直门南120多米处，"入城的水门是在拆除西城墙时发现的"。（参见下图）金水河进城后路线由于本身分支多，城市建设，街道变化比较大，恢复起来不确定因素多。

和义门南水门考古发掘现场（据首都图书馆资料）

金水河入城后，经前半壁街、柳巷胡同，在柳巷胡同东口处通过"跨河跳槽"，在"西河"之上向东行。然后向东南，过今北帽和大帽胡同（都是斜街），可能从当时的普庆寺（宝禅寺，位于今宝产胡同路北）之北流过。以下路线查看元代崇国寺资料，其规模宏大，还有几亩葡萄园，到明代依然存在。明代出版的《帝京景物略》一书卷一崇国寺条目下，录有袁宏道（1568—1610）诗《崇国寺葡萄园同黄平倩诸君剧饮》《夏日黄平倩邀饮崇国寺葡萄林》。其中《夏日黄平倩邀饮崇国寺葡萄林》记载："数亩葡萄林，浓条青若若。以藤为幡幢，以叶为帷幕。以蔓为宝网，以实为璎珞。蜩蝉递代响，虽聒胜俗乐。对泉坐良久，客衣增尚薄。同来四五朋，一笑破缠缴。依岸排绳床，禅玄入诙谑。前葵带雨烹，摘茶拣水瀹。石砌滴琤琤，铜铛鸣霍霍。拇陈分两曹，奋爪如挪搏。觥小罚已深，取钵代杯杓。三伏此中消，万卷束高阁。"这里提到河岸，明确是有一条河流过。再看《析津志》有"无名桥，葡萄园金水河一"的记载，证明从崇国寺流过的确是金水河，而且正是前面所说经过"跨河跳槽"向东流的那条河。

跃过"西河"之后金水河道向东南，查看清末至民国年间地图

（下页图），应该过今北帽和大帽胡同，从当时的普庆寺流过。然后穿过今新街口大街，过崇国寺南门桥（依地理位置推测河道应该在寺南部），穿过东枪厂大坑（原来应该是水洼，后来形成不规则的胡同），再过厂桥（皇城北垣的兴圣宫北门前，对着后来的德内大街），流到"海子南岸东西道路"的南侧。这段水道应该是元代新开挖的。从地形和路线看，这条河道比较顺畅。过去认为金水河先向南绕沿赵登禹路向南流，再向北绕一个大弯入皇城，在水量供应、环境保护和河水高程上都有问题。一是难以保持从几十里外引玉泉水进城时的高程；二是一路上修建了"跨河跳槽"以保持清洁，而进城后又多流几千米，很容易受到污染；三是金水河从玉泉引出的水量原本只有总出水的一半，根本无法满足太液池两岸三四处用水分流支引。反观之，这条金水河最重要的目的是要供应琼华岛和宫城内用的最清洁的水源，因此必须处于优先的地位，以最短的河道实现引水。从这两点上看应该选择最短的路线才合理。

护国寺与金水河位置示意图（作者以1921年地图为底图考证绘制）

厂桥是跨过金水河的一座桥梁，《析津志》有"无名桥，海子西金水河一"的记载，应该是指这座桥。随时间推移，桥没有了，而地名依然存在。从地形和路线看，这条河道比较顺畅。关键是这条金水

115

河从几十里外引玉泉水，还只是一种推测，跨过西河至厂桥一段河道的准确位置，还有待考古发掘的证实。

这条金水河向东流至今北海幼儿园处向南进入皇城。当时这支金水河行走在"海子南岸东西道路"南侧，海子在路北边，位置比较低，而金水河位置比较高，所以《元史·河渠志》记载："海子南岸东西道路当两城要冲，金水河浸润于其上，海子风浪冲啮于其下。"上下是指两边水位的高低。这条道路由于两侧都有水浸润，经常泥泞难行，后来专门用条石砌筑才解决问题。

四是金水河进入皇城内路线。进入皇城的金水河，一直在东岸较高位置上南行，大约沿濠濮涧（公园东墙内今有水道，墙外称北海北夹道、北海中夹道），至北海东门附近，分出一支向西转从陡山桥位置过桥，供琼华岛、万岁山用水。这里是皇城内最重要的宫殿区，应该有金水河供应清洁的水。这就是《辍耕录》所记"万寿山……引金水河至其后"的路线。金河水到山后，"转机运戽，汲水至山顶。出石龙口，注方池，伏流至仁寿殿后，有石刻蟠龙，昂首喷水仰出，然后由东西流入于太液池"。石龙在今北海白塔山顶广寒殿后，仁寿殿在山南半山腰。殿里用过的水分东西流入太液池。

此水在今北海中夹道南端主渠分出一支向东即可进入宫城，经历几十里的路途将清洁的水源供应到这里，应该是这条金水河的主要目的。从宫城流出周桥的水，与太液池西岸流出的水汇合，向东汇入皇城东墙外的河道，即后来的通惠河水道。

2. 从积水潭西岸引出的金水河

从金代起，就存在白莲潭西岸分支的河道，主要是连通中都北城壕，转运金漕河从通州运输来的粮食。这条河道最早应是白莲潭西部灌溉渠道，元代称之为"西河"。现存国家图书馆的一张清初北京地图，清晰绘出积水潭西侧有一条河，沿板桥头条、东新开胡同汇入西直门内大街洪桥下，沿今赵登禹路向南流。表明最晚清初积水潭西支河道还存在。也说明在元代这条河不应该堵塞不用。元代西河的引水量比较多，可以供应皇城太液池西岸兴圣宫和隆福宫用水。而且这两个宫殿使用后的余水流入太液池，成为太液池的主要水源。这或许可以解释为什么元代积水潭的南端没有直接流入太液池的水道。另外因为这条水道引水位置靠近上游，还能保持一定的高程，可以实现自流供应太液池西岸各宫殿用水。

这条金水河的路线，经赵登禹路、太平桥大街南行，然后在前泥洼胡同西口分出一支，向东进入前泥洼胡同，经西斜街、宏庙胡同，过甘石桥东再分为北支和东支。北支经东斜街至西黄城根街、毛家湾，再向东，就是进入太液池西岸兴圣宫的金水河分支。兴圣宫位于今文津街国家图书馆以北，相当于今北海公园西岸。《故宫遗录》一书记载，"沿海子导金水，步邃河南行，为西前苑，苑前有新殿，半临邃河。河流引自瀛洲西，邃地而绕延华阁，阁后达于兴圣宫。复邃地西折呒嘶后老宫而出抱前苑，复东下于海，约三四里"。这是为解决西苑北部兴圣宫一带环境风景用水，开挖了一条三四里的邃河。兴圣宫附近的金水河和邃河的水源，均来源于这支。"邃河"是暗河之意，因为到这一带金水河的水位已经比较低了，建成暗河。这支余水最后流入今北海。

前述过甘石桥分出的东支水道，经灵境胡同东入皇城，经隆福宫南，通太液池（今中海）。隆福宫在今中海西岸，大约今紫光阁附近。这与《析津志》记载"马市桥（今阜成门大街路口）水自东流入咸宜坊西，至襄八总管府桥、顺成门石桥（今甘石桥），转东隆福宫桥，流入于太液池"是一致的。《元史·河渠志》记载："隆福宫前河，其水与太液池通。"在前段《析津志》记载后还有"水自西北来，而转东至周桥，出东二红门，与光禄寺桥下水相合流出城"。指出这支金水河，从皇城"东二红门"流出后，与"光禄寺桥下水相合"。而"光禄寺桥"就是通惠河上的桥梁。因而，这段记载指出金水河最后汇流通惠河出城。

应该明确金水河的主要功能是：以自流方式供给皇城比较清洁的园林和生活用水，而不是提供饮用水。一些文章说金水河是为供应皇城饮水开凿的，可能是看了当时规定"濯手有禁"而产生的误解。不能想象用明渠从几十里外引水，还要保持到能够饮用的程度。大都城一般人都饮用井水，专门修建七座饮水站，而皇城内的人却要饮河水。明清有明确记载，饮用水是用车从玉泉山直接运送到宫中的。

从太平桥大街继续行一支，旧名大明濠，至闹市口街北口转向东，再南、再东至察院胡同东口，南折入民族宫南路，至受水胡同、头发胡同西口附近和金中都北城壕交叉。这些大部分是金代白莲潭向西出流的河道。

元代金水河遗留的这条水道，明清称大明濠，民国以来称西沟沿等，直到1931年以后才完全改造成暗沟工程，今天称赵登禹路、太平桥大街。

3. 从积水潭南岸引出的金水河

《析津志》记载："厚载门，松林之东北，柳巷御道之南。有熟地八顷，内有田。……每岁，上亲率近侍躬耕半箭许，若藉田例。……海子水透迤曲折而入，洋溢分派，沿演渟注贯，通乎苑内，真灵泉也。"这条"海子水透迤曲折而入"的渠道，正是从积水潭南岸支引的金水河。厚载门是宫城北门，与皇城（又称萧墙）之间是御苑，在这里开辟了八顷熟地，其东边还有一座水碾，每天可碾十五石米。皇帝在这里按藉田的规矩"躬耕"，表示对农业的重视。这条金水河也有防火的功能。

另外《析津志》还有"昇平桥，在厚载门，通海子，水入大内"的记载。但是文字说明桥下之水是连通大内。从地理位置上分析，元代积水潭东南岸有可能到白米斜街，那么沿乐春坊胡同向东南，可以引出一条水道，经过昇平桥，穿过"海子南岸东西道路"，进入皇城。正是元人马祖常《御沟春日》诗所描述："御沟流水晓潺潺，直似长虹曲似环。流入宫中才咫尺，便分天上与人间。"说明流不远就进入皇城，河水立刻改变了身份，百姓再也见不到了。

实际上在元皇城东墙外原来就有一条渠道，后来开通惠河使用了。为什么当时另辟一条河道呢？这说明已经被漕运使用的，往来船只频繁会造成污染,不能保证水质清洁和安全。

(二)元代金水河修建与管理

1. 元代金水河修建时间

元代几条金水河修建的时间并不一致,因为有的是新开挖的,有的是利用原来河道改建而成,总体来说都缺少明确文献记载。

1)从玉泉引出的金水河开凿的时间。

据《南村辍耕录》记载:"至元四年(1267)正月浚太液池,派玉泉,通金水。"其中"浚太液池"的时间在正月是有据可查的,而"通金水"的时间则不能确定。考察宫城修建时间,是在至元四年(1267)到至元十一年(1274),《元史·世祖本纪》记载:"至元十一年春正月己卯朔,宫阙告成,帝始御正殿,受皇太子诸王百官朝贺。"那时宫城和大内已完成建设,必须同时解决供水问题。然后才开始建设东宫。至元十一年"夏四月癸丑,初建东宫"。供水问题也应该提上日程,从元代文献也可以找到有关信息。姚燧在所写的杨琼碑铭有:"公……甲戌(至元十年)董工玉泉山,乙亥(至元十一年)拜玺书采石提举,……明年丙子(至元十二年)架周桥。或绘图以进,多不可。上独允公议,因命督之。"杨琼是很有名的设计者,至元十年"董工玉泉山",管理的应该是开辟水源工程,两年后又在大内管周桥建设,对于原来桥的设计图纸忽必烈都不满意,唯独批准了他的意见,并让他主持建桥工程。周桥在灵星门内金水河上,建桥不应该晚于开河时间。那么此时河道应该没有全部完工。但是到至元十五年(1278)"十二月丙午,禁玉泉山樵采渔弋"[①]。朝廷正式颁布禁止玉泉山上打猎和水里捕鱼,应是玉泉山泉水已经引入皇城,为防止污染水源采取的严厉措施。至元十五年应该是最晚的年限,可能金水河已经通流几年且遇到污染问题后,才提出对其进行保护。

---

① 《元史·世祖本纪》。

另外，从至元二十九年（1292），金水河上的"跨河跳槽"已经毁坏看，这些木制的渡槽应该使用20年左右了（郭守敬在通惠河所建木闸也因使用20年左右开始腐朽，才逐渐改造成石闸），与上述金水河创建于至元十一年（1274）左右基本相符。

金水河工程是由都水监直接管理一切的国家重点工程。在至元十三年以前，作为都水监的郭守敬会十分重视。同时，由于在此前10年他曾经提出引玉泉水通漕运工程，对玉泉山相关的水文、地质地形情况再熟悉不过，这次金水河的总设计应该由郭守敬总负责。

2）从积水潭西岸引出的金水河修建时间。

这条金水河修建应该比较早，其主河道是利用金代遗留的西河疏浚而成。但是从西河分支进入皇城的隆福宫前河，河道开挖得可能比较晚。按《元史·河渠志》记载："至大四年（1311）七月，奉旨引金水河水注之光天殿西花园前旧池，置闸四以节水。"光天殿在隆福宫最南，是正殿。光天殿西花园，就是隆福宫的西御苑。这是为了注之光天殿西花园前旧池而增建的工程，为了控制水流还建了4座控制闸，应该是下了很大功夫。因此这条分支水道最可能是这一年修建的，也可能是这年大修。

3）从积水潭南岸支引的金水河修建时间。

修建时间无明确记载，应该在郭守敬开通惠河的至元二十九年（1292）之后。如果没有通惠河，完全可以将这条水道变成皇家专用河道，不必新开这条金水河了。（参见左图）

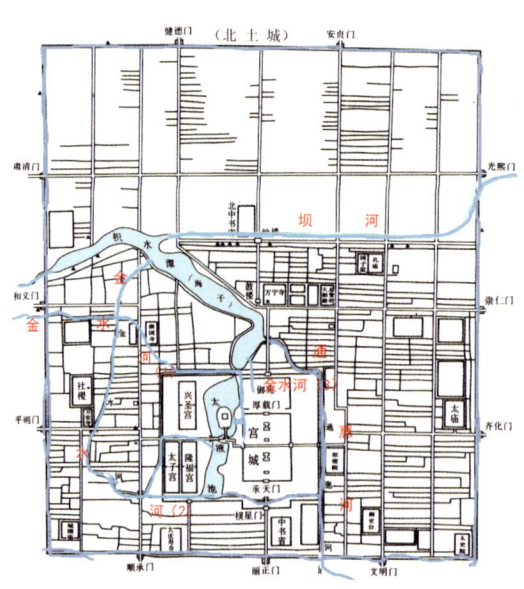

元大都3条金水河示意图（作者以《北京历史地图集》为底图改绘）

2. 元代金水河的维修管理与湮废

金水河的管理隶属都水监下的大都河道提举司。金水河的水源，尤其在环境保护、防止污染方面，从一开始就十分严格。至元十五年颁令禁止在玉泉山樵采渔弋，这是河道兴建不久就明确规定了保护条例，防止污染水源。同时对金水河河道管理也十分严格，在几十千米的河道都有巡河官，有专人巡视。宋本《都水监事记》记载："金水入大内，敢有浴者、浣衣者、弃土石其中、驱牛马往饮者，皆执而笞之。……碾硙金水上游者，亦撤之。"说明元初有明确规定禁止百姓洗衣、倾倒垃圾、牲畜饮水，以及建立水磨等。元诗中多处反映出当时状况。宋褧《御沟诗》有"决决穿云出涧初，千回百折到皇居。行人不敢来饮马，稚子时能坐钓鱼"之句。"千回百折"是指从玉泉引水之艰难，"不敢来饮马"是当时有明文规定。

元中期金水河管理开始松弛，对于上游，在至治元年（1321）十二月"疏玉泉河"[①]，而中游已经开始有污染。《元史·河渠志》记载："英宗至治二年五月，奉敕云：'昔在世祖时，金水河濯手有禁，今则洗马者有之。比至秋疏涤。'于是会计修浚，三年四月兴工，五月工毕，凡役军八百，为工五千六百三十五。"这时重申禁令，并兴工修浚，"禁诸人毋得污秽"，反映出管理不力。当时诗人萨都剌的《立春御沟作》有："御沟洗马不回首，贪看柳花飞过墙"之句。可见御沟（金水河）已经有饮马了。8年后至顺二年（1331）"五月，调卫兵浚金水河"。到至正十五年（1355），天下已经大乱，又"诏浚大内河道，以宦官同知留守野先帖木儿董其役。野先帖木儿言，自十一年以来，天下多事，不宜兴作。帝怒，命往使高丽，改命宦臣答失蛮董之"[②]。可以看出朝廷对金水河的重视。此项工程以后还经常进行，到至正二十八年（1368）七月癸亥，明军已经快攻打通州时，才"罢

[①]《元史·世祖本纪》。

[②]《元史·顺帝本纪》。

内府河役",停止金水河工程,三天后,顺帝"至夜半,开健德门北奔"。元朝灭亡。说明元朝很重视对金水河道的维修治理。以后四年,明洪武五年(1372),金水河已经完全荒芜。当时有"金水河成饮马沟"①之句。差不多同时刘崧的诗也写道:"金水河枯禁苑荒。"②这种人工河渠失于管理,就会完全荒废。

明代通惠河不再进城,皇城供水直接由长河承担,保护起来容易很多。地面上的河流供水基本取消,只要求保持太液池的清洁,后来从积水潭直通到北海,就可以解决问题了。以后,元代金水河河道基本都湮灭,只有"西河"保留下来,成为北京西城的排水干渠。

四、永定河引水通漕运工程

历史上永定河引水的多次失败,除水利技术的困难之外,永定河的乖戾特性也是导致工程容易失败的重要原因之一。永定河本身有三大特性:一是受流域内气候特点的影响,河水流量季节变化大,夏秋常常暴涨,冬春只有涓涓细流甚至完全干涸,全年洪枯水量相差悬殊。历史记载,1801年,永定河汛期流量达到每秒9400立方米。而每年在桑葚熟时即开始断流,有时达数十日,因此永定河又称桑干河。二是永定河因上游出自黄土高原东北部,河水泥沙含量很高,仅次于黄河,俗有"小黄河"之称。因而永定河的河道淤积严重,有的河段河槽甚至高出堤外农田四五米。三是下游河道善淤善决,经常泛滥变迁,历史上原来就有"无定河"之称。

《金史》在归纳金代永定河引水工程失败原因时写道:"及渠(金口河)成,以地势高峻,水性浑浊。峻则奔流漩洄,啮岸善崩;浊则泥淖淤塞,积滓成浅,不能胜舟。"③就是说永定河含泥沙量太大,河道容易淤积;而永定河出山后地势居高临下,河水冲刷堤岸严重,容

---

① [元]宋讷《过元故宫诗》。
② [明]刘崧《燕城怀古》。
③ 《金史·河渠志》,引自周魁一等《二十五史河渠志注释》,中国书店出版社,1990年。

易决口;总之无法行船。另外对引水口地理位置的重要性也说得很清楚:"孟家山(今石景山)金口闸,下视都城高一百四十余尺,止以射粮军守之,恐不足恃。傥遇暴涨,人或为奸,其害非细。"①金口闸高出京城140尺,约合45米。今石景山北面"地形缺口"处高程90米,会城门处高程约45米,两地正好相差45米,《金史》记载准确无误,故有永定河"势如建瓴"之说。这对京城来说是悬在头顶上的一把利剑,稍有闪失,京城必然遭灭顶之灾!这也是至正二年(1342)中书左丞相许有壬根据金代失败总结出永定河引水工程的三大难点②。一是"西山水势高峻",金时流过中都城北危害稍轻;二是"此水行本湍急,若加以夏秋霖潦涨溢,则不敢必其无虞,宗庙社稷之所在,岂容侥幸于万一"③;三是此水沙泥浑浊,必致淤塞。由于地形变化,河道坡度不一,若不作闸,河水走泄;若设置闸门,则河道必然淤塞。在今天来看也十分中肯。

1. 郭守敬成功实现永定河引水通漕运工程

至元三年(1266),负责大都新城建设的刘秉忠,考虑即将开始大都新城建设需要大量建筑材料,而距离大都最近的供应地就是西山。这时刚刚提升为都水少监的郭守敬,凭着对京城的地理形势及河湖水系的了解,提出重开金口,引导永定河水通漕运的计划。

金代引永定河失败的教训尤在,建议重开金口河是十分避讳和谨慎的事情。因此上奏时郭守敬详细论述前代失败原因及自己的设想。他说,金时自燕京的麻峪村,分引卢沟水一支东流,穿西山而出。此水自金口以东、燕京以北,可以灌溉农田若干顷,其利不可胜计。战争以来,看守者惧怕有所闪失,用大石将金口堵塞了。今

---

① 《金史·河渠志》,引自周魁一等《二十五史河渠志注释》,中国书店出版社,1990年。
② 《元史·河渠志》,引自周魁一等《二十五史河渠志注释》,中国书店出版社,1990年。
③ 《元史·河渠志》,引自周魁一等《二十五史河渠志注释》,中国书店出版社,1990年。

若按照遗迹施工，能够将永定河水引出来，上游可以运输西山建筑材料，并源源不断运至新城建筑工地，下游可以扩大京畿的漕运。在回顾了金代开凿和关闭金口的过程之后，再提出现在开通这条运河的好处：从上游将西山的建材运到京师，下游可以补充运河水量，一举两得，何乐而不为？因利益的需要忽必烈被说服了，这项建议得到批准。①

　　郭守敬敢于在金代开金口河失败80年后，重新提出打开金口引永定河水，这是做了充分准备的。除了朝廷大力支持外，最关键的是做了合理的防洪安全设计：一是设计引水量适中，必须在掌控之中；二是增加"退水渠"，及时自动排泄超量洪水；三是设置中间调节水库。

　　首先所开引水渠宽度在10丈之内，这是当时修建闸口最合理尺寸，引入水量容易控制。

　　第二是在金口前开挖退水渠。闸门仍然在石景山西北的金口位置。其最大优点就是当永定河发生大洪水时，在金口上游，预先开减水口，在减水口后开挖一条"退水渠"（即溢洪道）。其具体位置，在这条引渠中间靠近闸门右侧堤岸，即靠近永定河一岸（参见下图），开挖一条又深又宽的退水渠，向西南方向连通永定河。当特大洪水来临，从取水口进入引渠的超标洪水，大部分可以沿

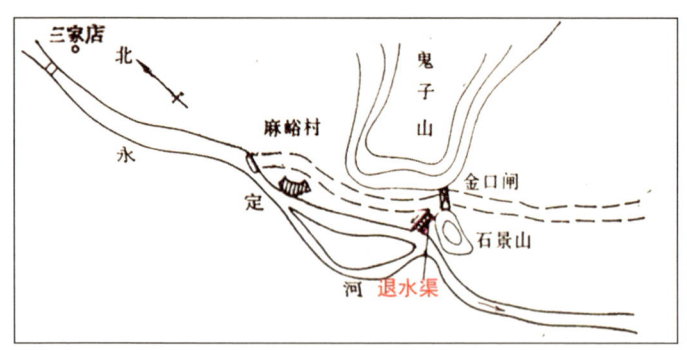

郭守敬开挖的退水渠位置示意图（作者以1949年地图为底图考证绘制）

---

　　① 《元史·世祖本纪》记载："至元三年（1266）十二月丁亥，凿金口，导卢沟水，以漕西山木石。"

这条退水渠回流到永定河，不会进入金口而对北京城市造成威胁。"减水口"一般可以修建竹笼装石的溢流坝（实际是一种"自溃坝"），洪水来临可以自动溃决，实现泄洪。这种引水方式，原则上与四川都江堰分水鱼嘴引水和飞沙堰泄洪方式一样，也与西夏黄河取水的方式类似，都是中国传统水利技术结合当地河流特点的应用。同样面对暴涨暴落的大河，在没有混凝土等强抗冲刷建筑材料技术条件下，这是解决引水与防洪之间矛盾的最好的办法。明显可以看出，郭守敬是汲取了之前在西夏黄河引水的技术特点和经验。黄河的泥沙大大超过永定河，这两条河都是北方暴涨暴落的大河。正是因为采取了这样的工程措施，才保障重开金口河能够获得成功。

第三是在引水河道中间设置调节水库，这是设计上重要改进。当时主要工程除引水口外，还有为装卸漕运货物必须修建的泊船码头。按路线考察，合适的位置应该在今玉渊潭附近。这里有比较大的水面，是沿河唯一可以大量停泊船只的地点。元人王恽在《玉渊潭燕集诗序》写道："都城西郊，佛宫真馆，胜概盘郁。其间有潭曰玉渊，盖丁氏故池也。柳堤环抱，景气萧爽。……沙鸥容与于波间，幽禽和鸣于林际。"可见当时这一带水域比较开阔，可以开发利用。在今玉渊潭附近设置了运河的调节水库，其不仅可以作为漕运码头，更重要的是可以调蓄上游引进渠道的水量，以保证运河供水的均匀性。当上游引水量增大或者河道区间发生暴雨时，这个调节水库就会发挥作用，不会使下游河道泛滥。另外，为城市建设材料运输需要，还应修建运河的支线。推测在玉渊潭或稍西的地方向北开挖几里，就可以连通高梁河，下游就可以到达积水潭了。文献记载若干年后修建金水河时，要跨越一条名叫"运石大河"的河流，明显是一条南北方向的，分析应该是这时修建的。在今玉渊潭西罗道庄向北，有一条街叫北洼路，地势低洼，而且是弯曲的街道，其北边可通长河（高梁河），很可能就是"运石大河"路线。

经考证，新开金口河的路线基本是沿用金代的路线，河道出金口后，向东南经今北辛安南、古城北，转向东北经杨家庄南，又向东，经龚村南、田村南、老山北、梁公庵北，再东经铁家坟北、篱笆店南、定慧寺南，东至今玉渊潭，又东转南入金中都北护城河。再往东去便是金代的闸河（大体今通惠河路线），最后到通州城北入白河。这条河道基本采用金口河的旧道，只是重新进行疏浚而已，兴建难度不算很大。

  关于金口河的使用时间，根据文献看在通惠河运行不久就堵塞了。《元史·河渠志》记载至正二年中书左丞相许有壬回忆当年郭守敬所开金口河情况说："大德二年（1298），浑河水发，为民害，大都路督水监将金口下闭闸板。五年（1301）间，浑河水势浩大，郭太史恐冲没田、薛二村，南北二城，又将金口以上河身，用砂石杂土尽行堵闭。"[①]此时距元初重开金口河已有35年。由此可见，金口河在元初曾使用了一段较长的时间。有关金口河运行情况，马可·波罗在至元十二年（1275）到至元二十八年（1291）期间来到大都时，通惠河尚未开凿，金口河正在使用之中，宽阔的河床引起马可·波罗的注意。他在《马可·波罗游记》中这样记述："汗八里城在契丹省的一条大江之上，……不过，皇帝陛下根据星占学家的卜算，认为该城将来要发生叛乱。所以，他决定在江的对岸另建新都。……新旧都城只一江之隔。新都取名大都。"这条新旧都城之间的"大江"显然是指金口河，旧都指金中都故城。因为金口河河床在这一地段是比较宽阔的，足以引起一位外国人的注意。

  金口河使用30余年之后，大德二年（1298），永定河发大水，大都路和郭守敬出于对大都新城和老城安全考虑，将金口闸下闭了闸板，停止使用金口河。这时通惠河已经通航多年，大都城的建设已经完成，权衡利弊，还是安全第一，金口河完成了引水通漕运的使命。大德五年（1301），因"浑河水势浩大"，恐怕冲毁大都城，毫不犹豫

[①]《元史·河渠志》，引自周魁一等《二十五史河渠志注释》，中国书店出版社，1990年。

将金口闸以上河道，用砂石杂物彻底堵塞。（参见右图）

这次引永定河水通漕运成功使用30余年，确保大都新城建设所需要的建筑材料，其历史功绩应该大书特书！从这个角度说，大都城是从永定河漂来的！同时也看到，这在永定河历史上可以说是"空前绝后"的。

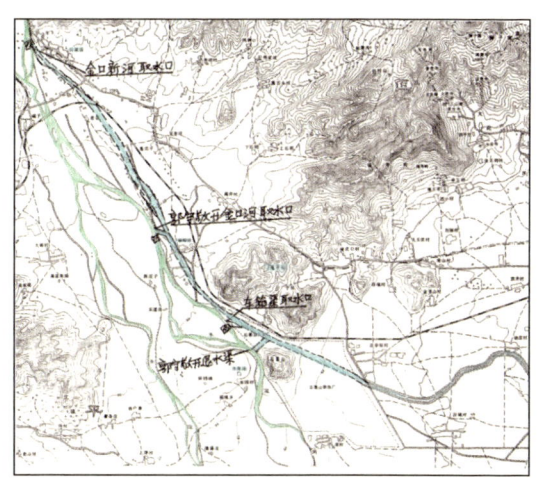

元代永定河引水工程示意图（作者以1949年地图为底图考证绘制）

2. 元末脱脱开金口新河失败

郭守敬去世十几年后又有人提出开金口河。1330年行都水监郭道寿曾经建议，"金口引水过京城，至通州，其利无穷"[①]。当时工部官员和河道提举司（都水监下设）、大都路及有关部门负责人、资深人士一起商议，详细论述不可行的原因，否定了郭道寿的建议。

至正二年（1342）正月，朝廷上又发生关于是否开新河的激烈争论。新上任的右丞相脱脱主张大规模开挖金口新河。他说，世祖皇帝（忽必烈）时，郭守敬曾引浑河水通漕运，"上有西山之利，下乘京畿漕运"，后来堵塞了河道。"如今有皇帝洪福里，将河依旧河身开挑呵，其利极好有。西山所出烧煤、木植、大灰等物，并递来江南诸物，海运至大都河好生得济有。"[②]主张开河的人用郭守敬当年的成功为依据，况且有那么多好处。分析建议的原因，可能当时通惠河已运行50年，河道问题较多了，漕运受到一定影响，故而寻求开辟新运道。

---

① 《元史·河渠志》，引自周魁一等《二十五史河渠志注释》，中国书店出版社，1990年。

② 北京图书馆辑本《析津志辑佚》，书目文献出版社，1982年。

在朝廷上，当时大臣们大多数都说不可行，左丞相许有壬极力反对，并专门上书说明其利害。他说，郭守敬所开金口河虽然使用30多年，但考虑永定河大水威胁大都的安全而下闭闸板，其后全面堵塞了金口。到1330年行都水监郭道寿曾建议打开金口通漕运，当时工部和河道提举司、大都路等官员、资深人士商议后，给予否定。接着许有壬又分析永定河的特点指出，最突出的问题是永定河河水含沙量太大，容易淤塞河道。开挖这么长的运河，地形变化很大，"若不作闸，必致走水浅涩；若作闸以节之，则沙泥浑浊，必致淤塞，每年每月专人挑洗，盖无穷尽之时也。且郭太史（守敬）初作通惠河时，何不用此水，而远取白浮之水，引入都城，以供闸坝之用？盖因白浮之水澄清，而此水浑浊不可用也"。这件事传到外面，也"万口一词，以为不可"。最后许有壬激烈地写道："若以为成大功者不谋于众，人言不足听，则是商鞅、王安石之法，当今不宜有此。"反对开河的人指出，郭守敬当年修通惠河时就不用浑河水，而远取白浮泉水的原因就是永定河水泥沙太多，不可用也。

但是脱脱急于立功，力排众议，最后还是决定上马。据《析津志》记载，"依着圣旨"，由中书省、御史台、宣政院、大都留守司、工部、大都路及都水监等七个部门组成联合指挥部，都是正三品以上至从一品的朝廷要员。脱脱十分重视，征集10万之众。工程在"当月（二月）举行，脱脱亲自归勤，百工备举，至十月毕竣（整整建设8个月）。命许左丞诣金口，用夫开启所铸铜闸板二，水至所挑河道，波涨潦汹，冲崩堤岸，居民彷徨，官为失措，漫注支岸，卒不可遏，势如建瓴，河道浮土壅塞，深浅停滩不一，难于舟楫"。新河竣工试放水时就惨遭失败，朝廷追究责任，把当初建议人中书参议宇罗帖木儿、都水监傅佐都杀掉。《元史》的编写者还说"用为妄言水利者之戒"，其实这两个四品小官只是替罪羊，真正主张并执意开河者是右丞相脱脱。开河失败，果然被许有壬言中。第二年（至正三年）正月，左丞相许有壬愤而称病辞职。

参加金口新河工程官员表

序	部门	官职	姓名	秩品	备考
1	中书省	平章政事		从一品	
	中书省	左丞	帖木儿塔识	正二品	
2	御史台	中丞	许有壬	从一品	
3	宣政院	院使	阿鲁喃加八	从一品	又作囊加八
4	大都留守司		章金加纳	正二品	又作张锦嘉努
5	工部	尚书	庆喜	正三品	
	工部	郎中	也先不花	正五品	
6	大都路	达鲁花赤	斡勒真	正三品	
7	都水监	专家	（若干）		
		中书参议	孛罗帖木儿	正四品	
		都水监	傅佐	正四品	

说明：《析津志》记载为略称，今据《元史·百官表》改为全称，并附上秩品，见工程规模。

中国历代兴建大型水利工程，都是由中央政府在朝廷上决定的，这是中国中央集权和东方水利农业经济最显著的特点。

分析新河失败的主要原因，一是没有汲取郭守敬经验"预开减水口"，当永定河洪水来时进入渠道水量过大，无法分泄洪水；二是"创开"的新河又深又宽（"深五丈，广十五丈"），本想引入更多水量，但是渠道坡降过陡，冲刷严重，因而毁坏堤岸；三是永定河水含沙量太大，致使河道淤积严重。

金口新河的路线和长度，据《元史·河渠志》记载："起自通州南高丽庄，直至西山石峡铁板开水古金口一百二十余里，创开新河一道，深五丈，广十五丈，放西山金口水东流至高丽庄，合御河，接引海运至大都城内输纳。"高丽庄是通惠河入通州白河的地点；"西山石峡铁板"即石景山西北的岩壁"金口"附近；"一百二十余里"是从金口到高丽庄的距离；另据《北平图经志书》："元至正二年重兴工役，自三家店分水入金口，下至李二寺，通长一百三十里，合入白潞河。"这里记载"通长一百三十里"，是因为永定河的取水口，这次又上移到三家店，从金口算起到三家店正好十里，故记载为"自三家店分水入金口"。这个取水口位置，恰恰与600年后兴建的永定河引水渠取水口完全相同。表明当时已经注意到永定河流到这里刚刚出山峡，河道比较稳定，取水容易得到保证。这是永定河从三国时代起一千多年来不断实践和经验总结，反映出元代水利科学技术已经达到较高水平。由于这次工程失败并且严惩工程相关人员，自此以后几百年间，再无人敢言引永定河通漕。直到1954年修建官厅水库后，才修建永定河引水渠，永定河才得到彻底控制。但是，这也只是城市供水和农业灌溉工程，而无法通航运。

元代成功实现永定河引水至大都城漕运，永定河正式成为北京城市供水的重要水源之一。

第二节　开通惠河实现京杭大运河全线贯通

通过借鉴金代运河教训和元初近30年运河建设的实践，水利家郭守敬积累了丰富的北方运河修建经验，归纳出北京地区修建运河的两大困难：一是水源紧缺，运河经常因缺水而难以通航；二是河道坡降过大，河水容易流失，难以行船。通过对北京地区水资源及地形的详细勘查，郭守敬设计通惠河时提出三条全新应对措施：一是修建白浮瓮山河，跨河引水增加新水源；二是在通惠河通航水道上修建11处船闸，共建24闸，实现"节水行舟""逆水行舟"；三是科学解决通惠河与北运河的连接，使江南漕船直接驶入积水潭。郭守敬在通航水道建设上的创新和突出贡献，是圆满实现京杭大运河贯通的根本保障。因此说，郭守敬不愧为开通京杭大运河第一功臣，提到隋唐大运河时人们首先想到的是隋炀帝，说到京杭大运河的建设就应该首先想到元朝水利家郭守敬。

郭守敬任总指挥，建成通惠河

至元二十六年（1289）六月会通河竣工，标志京杭大运河山东段创建工程完成，实现了江南漕船北上到达通州的规划。这一年，海上的漕运量已经达到128万石。但是这些漕粮只是运到通州，距大都城还有50余里。当时漕运只能依靠坝河运至大都城，运量小，又常常因缺水不通畅。从漕运能力看，坝河每年最多只能运输到达通州漕粮总量的1/3至1/4，大部分漕粮还需陆路运输。陆路站车运输不但运费昂贵，而且道路参差不平，车辆损毁严重，尤其漕运高峰正是雨季，道路泥泞难行，"驴畜死者不可胜计"[①]，难以完成任务。如何解决大都至通州的漕运，成为朝廷最紧迫的大问题。

就在这一年春天，有人向朝廷提出两项发展漕运的建议。第一项

---

① ［元］齐履谦《知太史院事郭公行状》，载《元文类》卷五十。

是利用滦河漕运,自永平挽舟,翻过山岭而上,可到达上都。第二项是自麻峪村沿卢沟(永定河)而上,可至上都附近的荨麻林(今河北省万全县西北)。朝廷让他们实地去实验自己的方案,结果建议滦河漕运的人,走在途中,"自知不可行而罢"。另外让郭守敬率领建议卢沟通漕运的人一同去察看,结果"为哨石所阻,舟不得通而止"①。这样,两项建议都无法实现。

这时已经61岁的郭守敬,亲自远赴上都,像30年前一样向忽必烈上奏了自己多年研究有关开发水利的11项建议。其中第一项就是全面修建通惠河的宏伟计划。这是在完成山东运河工程后两年时间里,郭守敬根据对北京地区水资源及地形详细勘查,按照当年实现京杭运河贯通的规划思想提出来的。忽必烈高兴地说:"当速行之。"于是在当年十二月恢复都水监。转年一月任命郭守敬以太史令兼任都水监职务,全权负责通惠河的设计、施工,并且出任工程总指挥。

郭守敬至元二十八年(1291)提出开通惠河建议,1292年批准开工,1293年工程竣工。在工程施工中所有重大事项,依照朝廷的命令必须由郭守敬"亲自指授而行事"。

(一)通惠河的工程设计和路线

通惠河的设计和规划是:新开的大都运粮河,不用一亩泉旧水源,改引用昌平县白浮村引神山泉等泉水,沿山麓修渠道,西折而南,汇集双塔、榆河、一亩、玉泉诸水,流入瓮山泊(今昆明湖前身)。然后自西水门(今西直门南)入都城,环汇于积水潭,复东折而南,出南水门(今正义路口),汇入旧运粮河(金代闸河),每10里一置闸,建闸10处,共20座。在每处闸门1里左右,再建1座闸,互相开启,达到船过闸而又保留住水。运河向东到通州高丽庄入白河。实现节水以通漕运的目的。

竣工后通惠河总长164里104步(元制)。可以分为五大部分。

---

① [元]齐履谦《知太史院事郭公行状》,载《元文类》卷五十。

一是新建上游引水工程——白浮瓮山河，是一条新建60余里长的人工渠道。起点为昌平东南白浮泉，然后向西南，沿途汇入十余条山溪和泉水，修建清水口12处，共长310步。最后流入瓮山泊。

二是扩建水源水库——瓮山泊，将原来天然湖泊扩大，建设成北京历史上第一座人工水库。

三是扩建积水潭为京杭运河的终点码头和泊船港。

四是通航水道的疏浚及闸坝建设。其中包括疏浚瓮山泊至积水潭的长河。在通航水道上共新修建闸门10处，规划每处闸门是上下2座闸，共20座。施工时，其中有2处根据地形需要增建了中闸，加上原来已有的广源闸2座，最后河道上闸门总数为24座。在积水潭以上的长河上设闸6座；自积水潭东出口澄清闸流出，经过今东不压桥胡同，北河胡同，向南过南河沿大街、正义路、台基厂二条、船板胡同、北京站东南出大都城，在这一段河道上建闸7座；以下是彻底改造金闸河河道（今通惠河），直至通州城，中间建闸坝7座，实现

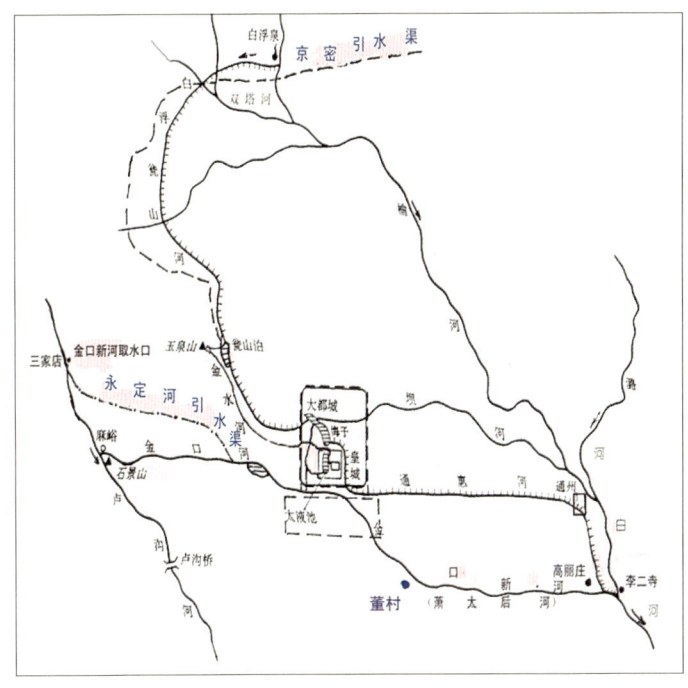

元代通惠河全图（作者考证绘制）

"节水行舟"。

五是新规划了通惠河入北运河方式和地点。通惠河到通州后，不采用金代直接入白河方式，而是一条向东南流的运河（今御河），经土桥、高丽庄、李二寺村入白河，新建闸4座，实现江南漕船直接驶入大都城内，京杭运河全线通航的规划。（参见右图）

（二）工程施工工期

兴建通惠河的规划，是郭守敬至元二十八年（1291）春天或春夏之交提出的。文献记载这年春，郭守敬奉命去考察永定河是否可以通漕运。经过现场考察给予否定，然后在上都向忽必烈汇报时，提出发展水利十一事。如果考察时间比较短，则应该在春天就可以到上都向忽必烈建议了。

关于通惠河开工的准确时间，文献记载不一，相差半年多时间。经过分析考证，列出工程施工进度时间表如下：

至元二十八年（1291）春，郭守敬建议开河，忽必烈十分高兴地说："当速行之！"于是开始进行一系列准备工作。如郭守敬手中工作的交接，推荐齐履谦为星历教授，来接替他在太史院未完成的"仪象"工作。在朝廷中还有机构设立、人事准备等工作。十二月乙丑日，朝廷正式颁布恢复都水监的决定。

至元二十九年（1292）正月，颁发郭守敬以太史令兼都水监事的职务任命。郭守敬走马上任后，开始进行工程施工准备工作，如开工前的"三通一平"：工程现场清理，居民搬迁，施工队伍进场，等等。

朝廷正式批准开工的时间是汛后的八月丙午（十八）日，即《元史·世祖本纪》记载："至元二十九年（1292）八月丙午，用郭守敬言，浚通州至大都漕河十有四。"11天后的八月丁巳（二十九）日，是经过占卜的吉祥日子，即《析津志》记载："二十九年八月丁巳，得卜兴工"，在这一天举行了隆重的开工仪式。《元一统志》记载："二十九年八月兴工"，则是泛指八月内开工。忽必烈为了表示对工程的重视，仿效汉武帝堵塞黄河瓠子决口的做法，"上（忽必烈）命丞相以下皆亲操畚锸为之倡,咸待公(郭守敬)指授而后行事"①。忽必烈下令:丞相以下的官员都亲自拿簸箕和铁锹等工具,到通惠河工地参加劳动。因为通惠河就在皇城边经过,开工仪式的地点很可能就安排在皇城东墙外的工地(今南河沿大街)。早在元封二年(前109)四月,汉武帝派军队数万人,堵塞黄河瓠子的大决口。当时汉武帝亲临黄河工地,并"令群臣皆负薪填决河",就是命令大臣都背树枝等埽料,填塞决口。这就是历史上著名的"瓠子堵口"。自此,中国形成一个传统,凡是全国性大型水利工程的开工仪式,最高统治者为表示重视,都要亲临工地,并命令大臣们都要参加劳动。忽必烈显然也在表示继承了中华的这一传统。

工程竣工时间是至元三十年(1293)秋天。具体完工时间是:七月丁丑(二十三)日忽必烈赐名"通惠河",表示运河畅通惠民之意。八月工程完毕上报,即《元一统志》记载的"三十年八月工毕"。这样浩大的工程只用了11个月就完成,在今天来看速度也是十分惊人的。九月,忽必烈回到大都,看新运河建成,积水潭上"舳舻蔽水"(湖面停满了漕船)的壮观情景十分高兴,并立即下令嘉奖郭守敬12000缗,以及有关人员。

根据有关文献可知,工程施工时条件非常艰苦。仅就天气而言,从秋天开工,经过一个寒冬,又迎来一个暑夏,一直没有间断。尤其到第二年的六月(农历)已经是三伏天,气候炎热无雨,施工的军人和工匠们因酷热难耐,很多人病倒。主管官员准备请示停工休息,而丞相也主张减少人员,留一半军人继续施工。这时突然天降大雨,人们兴高采烈庆祝。大文豪王恽为此专门写下一首"贺雨诗"。他在序中写道:"通惠河自壬辰(1292)秋开治,至今年夏六月中,穿土未已。时方旱,暑气极炽,兵民颇困于役。是月二十日有司请少间,以纾民力。首相主减役,只留军夫五千。庭议已下,而雨作盈尺。赋贺雨诗以纪其事。"诗中有"今年旱气罩火伞,赫赫焚如惊赭赤。万人

---

① [元]齐履谦《知太史院事郭公行状》,载《元文类》卷五十。

云锸挥汗雨，熏染逾时不无疫"①之句。这是工程施工真实写照，也可以清楚知道，正是这些不畏艰辛的士兵和工匠的劳动，才创建了举世瞩目的京杭大运河。

（三）工程施工组织、管理人员和工程量

通惠河是中央政府直接管理的大型水利工程，右丞完泽提出恢复都水监，并参与工程项目的考察和决策。由于忽必烈的信任，郭守敬担任工程总指挥兼总工程师，负责工程总体规划设计，施工组织，凡遇到重大问题，必须由他亲自"指授而行事"。

在行政上参加管理的中央高级官员有平章政事段贞和范文虎。段贞又名段那海，蒙古族，多年任大都留守。从至元十九年（1282）四月起，"敕以大都巡军隶留守司。……以留守司兼行工部。"他一直参与大都城营建和通惠河工程。《元一统志》记载，开通惠河以"平章政事皎贞（即段贞）专董其事"。通惠河竣工后，至元三十年（1293）十月，段贞因"董开河、修仓之役"有功，加授平章政事官衔。范文虎，原为宋安庆府知府，至元十二年（1275）降元，即授"两浙大都督"。至元二十四年（1287）任尚书右丞，商议枢密院事。至元三十年（1293）三月，"以平章政事范文虎董疏漕河之役"。这两人都因开河有功，在至元三十一年（1294）八月，都授以二品银印②。

参加通惠河工程施工的主力是军队士兵，这是元代兴建各种大型水利工程通常采用的做法。月赤察儿所率领"怯薛军"（近卫军）成绩突出。月赤察儿至元十九年（1282）被任命为"领四怯薛太官"，至元二十八年（1291）率怯薛军开通惠河。《元史·月赤察儿传》记载，忽必烈很想让通惠河尽快建成，而又不想劳累更多百姓，于是命令怯薛军人及各府的属人投入工程中。

在施工组织上，根据工程需要，按照河道长度与工程量，划分出

---

① ［元］王恽《秋涧集》卷十一。
② 以上均据《元史·世祖本纪》。

很多工段施工，争取尽快完成各自任务。《元史·本纪》记载："用郭守敬言，浚通州至大都漕河十有四，役军匠二万人。"这里的"十有四"应该指将整个工程划分为14个工段。施工的主力是月赤察儿率领属下怯薛军近2万人。大家都手拿工具，齐心协力，趋者云集，保质保量按期完成开河任务。最后，连忽必烈都对近臣说"是渠，非月赤察儿身率众手，成不速也"。

水利部门主管官员除郭守敬外，还有另外一名都水监名叫高源。元代都水监一职，一般同时设有两名监官。决定开通惠河之后，高源是与郭守敬同时被任命都水监的。高源在中统初年曾任卫辉路知事，后来升到齐河县尹，为官廉洁，百姓在他去任后立碑歌颂。至元二十四年（1287）高源为江东道劝农营田使，至元二十八年（1291）升任都水监。他参与"开通惠河，……人蒙其利"[①]。这次开通惠河中，高源是自始至终参加工程管理。工程完成以后，他也获得提升，出任了湖南道宣慰司事。

都水监下属参加修建通惠河的有"通惠河道所都事"韩若愚。韩若愚是保定满城人，由武卫府史授"通惠河道所都事"。因开河有功，赐锦衣一袭。升任（大都）留守司都事，不久升经历，出任蓟州知事，又改任中书左司都事。后来累升至资政大夫[②]。

文献详细记载了参加这次工程的施工人员，有怯薛军19129人，工匠542人，水工819人，没官囚隶172人，总计20662人。大数即《元史·本纪》记载的"役军匠二万人"。

文献记载通惠河全长164里104步，应该是竣工后河道工程的准确数字。元代一里约合今475米[③]，通惠河全长合今77739米。这是河道的总长度，包括上游水源河道段，而不包括中间的瓮山泊、积水潭湖泊长度。总用工数为285万工，用钞152万锭（贯），粮食38700石。

---

① 《元史·高源传》。
② 《元史·韩若愚传》。
③ 姚汉源《北京古城垣周长及其所用尺度》，1982年1月初稿。《首都博物馆丛刊》1995年第10期。

修建闸坝堤岸用的树163800章（根），铜铁20万斤，白灰、桐油、麻、木柴等不计其数。

几年前建成的山东会通河，全长265里，建31座闸，实际用工251万。现在开通惠河长164里，建闸24座，用工285万，可见通惠河工程是更加艰难。

纵观元代通惠河，实际是由2个湖串联3段河道组成。这2个湖即瓮山泊（西湖）和积水潭；这3条河的名称从上游起依次是白浮瓮山河、长河、通惠河（这里依后来习惯把后门桥至通州的河道称通惠河，明代开始自东便门大通桥以下称通惠河）。由于元代文献记载的不一致，导致从明代开始对通惠河的河道概念就产生了混乱。

先看上游白浮瓮山河。《元史·河渠志》专门有"白浮瓮山"记载，明确指出该河是通惠河的上源。到明中期这条河就完全湮废，导致明代人记载中有的称之为"高梁河"，有的称之为"白浮堰"。

再看第二段河——长河，元代也写作高梁河、高良河，或御河等。这是连接两个湖泊的水道，也是大都至西湖水上交通的要道。由于这段是原有河道的利用，因此还称呼它原来名字，也属正常。但是不应该把它从大通惠河中分割出去。

第三段是从积水潭至李二寺的通惠河，其中从澄清闸至东便门一段，由于开始是从皇城外边流过，又有御河、玉河之名。明代将其圈入皇城中，不再通船。漕船只到东便门。以后称呼东便门至通州为通惠河，一直沿用至今。

第三节　创建白浮瓮山河开发新水源

　　早在中统三年（1262），郭守敬开玉泉水通漕运时初步解决了水源和漕运的困难。但是因玉泉水量有限，漕运仍然不通畅，漕运规模也不能适应庞大城市发展的需要。当新建大都城几年后，如何解决首都水源紧缺，寻找到新的水源，就成为都水监官郭守敬考虑的重要问题。近30年过去了，经过大量实地调查，郭守敬的目光集中在玉泉山西北几十里的温榆河上游地区。这里处于南口冲洪积扇之上，其顶部外围地区岩性颗粒细，地下水受阻，使埋深变小甚至溢出地表，形成地下水溢出带。如百泉庄、四家庄、亭子庄等，沿山麓形成东北至西南分布的大量地下水出流。在19世纪50年代，昌平马池口、阳坊及以南地区地下水埋藏还很浅，一般人家还饮用自流井的水。就是用一根铁管插入地下，地下水就可以从管口自动流出。还有一种"压水机"，用一个铸铁的汲筒，很容易将地下水抽上来。就是普通的水井，也只有两三米深。由此可知，当年这一带地下水相当丰富。

　　这些众多的泉水及上游很多山溪，如今天自北向南的虎峪沟、关沟、高崖口沟等汇为南、北沙河和清河的上源，这些小河再向东南流汇为温榆河。当这些泉水汇入上述几条小河后，其高程已低于北京城区，就无法加以引用。因此要引用温榆河上源之水，取水地点只能选择在它们汇入支流河道之前。同时，由于这些河谷的存在，引水渠也必须沿山麓布置，因而便不可避免地要多次与山溪相交，对渠道的安全构成巨大的威胁，也增加了引渠工程的复杂性和艰巨性。在这种自然条件下，郭守敬提出的白浮引水方案较好地解决了这两大矛盾，最终成功地引水入京，以今天的水利科技水平衡量，仍是十分合理和最佳选择方案。

　　关于郭守敬修建引水渠情况，文献记载分散而且模糊，后人解释多不一致。例如，关于引水渠的名称，明代就有人称之为"白浮堰"，因在白浮泉处筑堰，就将其下游的引水渠统称白浮堰。其实是明代人没有仔细阅读元代文献。在《元史·河渠志》有专门一节，标题是"白浮瓮山"，明确记载："白浮瓮山，即通惠河上源所出也。白浮泉水在昌平县界，西折而南，经瓮山泊，自西水门入都城焉。"说明"白浮瓮山"是一个专有河渠的名称，就是一条从白浮泉开始到瓮山泊截止的河（渠道）。明初修《元史》时，这节的编纂者没有看明白元代文献含义，在"白浮瓮山"后写漏一个"河"字。《河渠志》记载各节标题都是水利工程或者是河道名称，因此这节规范的写法应该是"白浮瓮山河"。在这一节记载中，多次提到"白浮瓮山河"，如大德十一年"巡视白浮瓮山河堤，崩三十余里……"；皇庆元年"白浮瓮山河堤，多低薄崩陷处……"等。

总之，"白浮瓮山河"是通惠河最上游源头人工建设的引水工程。

一、白浮瓮山河所引导的泉水

关于郭守敬白浮引水到底引用了哪些泉水，元代各种文献记载多不一致。《行状》记载"大都运粮河，不用一亩泉旧源，别引北山白浮泉水，西折而南，经瓮山泊，自西水门入城"。只说到引白浮泉。还有哪些泉水？综合分析对比之后，以《元一统志》记载得最详细：

"至元三十年浚通惠河成，上自昌平白浮之神山泉，下流有王家山泉、昌平西虎眼泉、孟村一亩泉、西来马眼泉、侯家庄石河泉、灌石村南泉、榆河温汤龙泉、冷水泉、玉泉诸水毕合，遂建澄清闸于海子之东。"

因此，确定这些泉水所在地点，就可以推测出白浮瓮山河的路线；再通过分析引水工程结构特点及管理模式，就可以真正寻找回来这条消失了600多年的运河。下面以《元一统志》记载为序进行分析，引用有关的历史文献，并对照当地地形地质等条件现场踏勘，基本可以确定这10大泉水位置，进而绘出当年这条引水渠的推测路线，同时分析出当年引水河运行情况。

①**白浮泉**　《析津志》记载："白浮泉源出（昌平）县东神山，流

经本县东入双塔河,为通惠、坝河之源。"①神山位于白浮村北二里,又称龙泉山,今称龙山。山北麓就是白浮泉,历史上出水甚旺,山下汇为一水池,然后流入东沙河,再过白浮村,流入沙河。郭守敬当年在白浮泉下修建堤堰,一方面拦蓄泉水,形成小蓄水池(志书称九龙池),保持水位高程;另一方面用来隔挡东沙河水的冲刷,这便是后人所说的白浮堰。《长安客话》记载:"白浮山上有二龙潭,其水流经白浮村。元郭守敬筑堰……以便天下漕运。"白浮泉出口处还有"二龙潭",即两个蓄水池,可知明代时出水还很大。郭守敬引白浮泉水西流,沿山麓南转,保持一定的高程,最后汇入瓮山泊,可供京城之用。这些泉水原本汇入榆河上游的南北沙河,这样截流成为北京运河水源,形成跨河调水入京工程。

1981年笔者调查时,龙山北麓白浮泉九龙头已经没有出水。(参见下图左)当地老人说,1950年前后白浮泉水仍有出流,其出水量不比玉泉山少。龙山顶上有一座"都龙王庙",历史悠久,远近闻名。1991年遗址处建亭立碑,确定为北京市文物保护单位,人工恢复了九龙头出水景观(参见下图右)。2013年确定为全国重点文物保护单位,2014年申遗成功确定为世界文化遗产点。

1981年白浮泉(作者摄)

2018年白浮泉(作者摄)

---

① 北京图书馆辑本《析津志辑佚》,书目文献出版社,1982年,本书大量引用此版本资料。

白浮泉水池东出口考古发掘（2018年作者摄）

2018年北京文物研究所对白浮泉进行全面考古发掘。着重对白浮泉泉水出口位置，九龙池引导至白浮瓮山河路线进行试掘。排除了引渠直接向西路线的可能性，并且发掘出东出口的有关建筑物。（参见左图）因此初步可以确定，白浮泉水先向东，绕龙山东麓南行，再沿今京密引水渠路线向西。这条路线基本与1981年笔者现场考察后推测白浮瓮山河路线一致。

②王家山泉 位置无明确记载，按地理地形分析，应当在白浮泉之西、虎眼泉之东。元代这个位置有百泉，《析津志》记载"百泉源出县（指昌平旧县）东北，至南碾头与虎眼泉合流，入双塔河"，南碾头今称下埝头，当地北高南低，故南为下。今下埝头东北有百泉村、水屯、小百泉村。与小百泉村相连有王庄村，可能是元代"王家山村"所在。按《析津志》记载该渠水南流至下埝头村附近，与虎眼渠汇合。今地图显示该河道是从百泉庄东南流，过水屯后，没有流向下埝头，而改向马池口，至楼自庄才与虎峪沟汇合，最后流入北沙河。这可能是当年郭守敬将其引入白浮瓮山河以后，形成今天的状况。

③虎眼泉 历史记载十分悠久，最早见于《水经注》："虎眼泉水出平川，东南流入易荆水"。易荆水即今温榆河。《元一统志》记载："虎眼泉，源出昌平县西北城下，至丰善村入榆河合流。""昌平县西北城下"指今旧县村附近的平川，有虎峪沟从这里流过，其上源

出自虎峪村。明初成书的《顺天府志》"昌平县下"记载:"七度水泉,源出县西北十里虎峪山,南流半里许伏而不见,至县城西北复出,以其出虎峪山遂名虎眼泉。"郭守敬当年引水,还应该包括这条虎峪沟的溪水。

④**孟村一亩泉** 《析津志》记载:"一亩泉、马眼泉、南安泉,以上三泉俱出县孟村社,经南双塔故城合流,入双塔河。"这个"一亩泉"与《行状》所说"大都运粮河,不用一亩泉旧源"不同。《行状》所说"一亩泉旧源"是指在玉泉山附近的一亩泉。《元一统志》记载新引用的是"孟村一亩泉",以区别旧的一亩泉,并说明该泉在孟村社。明代成化七年(1471)吏部、户部关于修复通惠河,曾经"亲诣昌平县元人引水去处"进行了实地调查。结论中说:"及一亩泉水经过白羊口山沟,雨水冲截,俱难导引。"可以知道一亩泉在白羊口山沟上游。明代《长安客话》记载:"(一亩)泉在(昌平)州治西南十五里新屯,广约一亩,东流与高梁河合。"这里的高梁河,是指通惠河上游水道,即元代的白浮瓮山河。今距昌平西南15里有辛庄,可能是"新屯"音转,应该是一亩泉所在地。今天这一带有辛店

京密引水渠八口村山洪桥(作者2018年摄)

河，其上游是出自南口的关沟。这条河应是当年引入白浮瓮山河的山溪之一。

⑤**马眼泉** 据《昌平州志》："在州治西南二十里，泉似马眼，故名。"前引《析津志》记载马眼泉属孟村社。到清代地方志记载，州西南20里有四家庄马房（今西马房），东至四家庄1里，北至亭子庄2里。这里正是地下水山前溢出带，泉水很多，马眼泉应就在亭子庄附近。另外，该泉在一亩泉之西，因此记为"西来马眼泉"。这一带正是今唐猊口沟、羊城沟与高崖口沟合流地区，山溪水很旺。

⑥**侯家庄石河泉** 位置应在侯家庄，其他各志书均无有关记载。依照《析津志》记载顺序，此泉对应的是南安泉，大约在今四家庄附近。以上三泉都流入双塔河（北沙河），是榆河上游支流。今辛庄村南有八口村，可能因渠道上当年曾修筑"笆口"（详下）而得名。

⑦**灌石村南泉** 位置应在灌石村以南。灌石村在什么地方？明代《长安客话》记载："出百望十里为长乐河（南沙河支流），……又北二里为玉斗潭。……又北十里为灌石。"百望即今北旺（附近亦有望儿山）。以百望距灌石22里推断，灌石位置即今东贯市、西贯市村，其音也相合。所谓灌石村南泉，应当是泛指今贯市村以南各泉，如"沙涧泉"等。《析津志》记载："沙涧泉，出（昌平）县长乐社，即榆河上流也。"今南沙河有长乐村，前、后沙涧村，前、后柳林村等，可知灌石村南泉就在这一带。《明实录》记载成化七年（1471），丞相杨鼎为了修复通惠河曾经考察上源的"柳沙等泉"，其中"沙"指前、后沙涧泉，应包括南沙河上游的沙涧河；"柳"指前、后柳林村的泉水，也包括南沙河上游的柳林河。明末孙承泽《天府广记》记载："高梁河……东经昌平沙涧"，这里所说高梁河，与前述《长安客话》一样，也是把通惠河上游统称为高梁河。记载指白浮瓮山河要经过"沙涧"诸泉（河）。因为这几条泉水是从西向东流的，明代曾经准备引用，而白浮等泉的引水渠是自东向西流的，都明确被禁止

使用。

⑧温汤龙泉 温汤龙泉是榆河的上游，应该是今流入南沙河的温泉一带泉水，在今温泉村附近。温泉应该是温汤龙泉的简称。明《帝京景物略》记载："西堂村西北曰画眉山，……山北十里平畴良苗，温泉出焉，泉如汤未沸。"画眉山在太舟务，而太舟务西北10里正是温泉村。温汤龙泉应当是这个泉名，"温汤"就是"泉如汤未沸"的意思。这条泉水原来是流入榆河，因此泉名前加上榆河二字。这里是今周家巷沟经过的地区，其水也被引入白浮瓮山河。

⑨冷水泉 《析津志》记载："冷泉，源出青龙桥社金山口，与玉泉合流，下流为清河。"青龙桥、金山口地名未变，依记载判断冷水泉在今冷泉村附近。依地形分析，冷泉天然出流应注入南沙河，早在开通惠河前已经引用这些泉水灌溉今西北旺村一带农田，然后流入肖家河，注入清河。到清乾隆时这里"道旁多水田"，到处是泉水，"灵渊神瀵，随处涌现，不可枚举也"[1]。这应该是郭守敬当年引用比较大的泉水。近年地下水下降，泉水已经干涸。

⑩玉泉 《析津志》记载："玉泉，源出青龙桥社玉泉山，与冷泉合，下流为清河。"玉泉开发历史很早，金章宗时就在山麓建造泉苑行宫，元初郭守敬曾经引玉泉水通漕运，后来又开金水河，将大部分玉泉水引入皇城。这时所引只能是玉泉山北部几个泉，沿北长河流入瓮山泊。其南部的泉水当时已经被引入金水河。

通过分析，上述十大泉水可以归纳为三部分：一是汇入北沙河（当时称双塔河）的，有白浮泉、王家山泉、虎眼泉、孟村一亩泉、马眼泉、侯家庄石河泉；二是汇入南沙河的，有灌石村南泉、榆河温汤龙泉。这两部分都是榆河上源的泉水和支流。第三部分是汇入清河的，有冷泉和玉泉。这与《元一统志》"自昌平县白浮村，开导神山泉，西南转，循山麓，与一亩泉、榆河、玉泉诸水合"的归纳一致。根据上述分析考证得到的诸泉位置，可以描绘出当年白浮瓮

---

[1] ［清］于敏中等编纂《日下旧闻考》，北京古籍出版社，1981年。

山河推定路线示意图（参见下图）。其路线与今天的京密引水渠路线非常接近。

白浮瓮山河推定路线示意图[①]

---

① 作者考证绘制底图，郭守敬纪念馆加工绘图。

二、创建白浮瓮山河引泉水入瓮山泊

如何将上述众多的泉水引入白浮瓮山河,是一项复杂的取水过程,文献记载很少。只有《元史》"凿六渠,灌昌平诸水"一条。其含义是专门开凿6条短渠,将昌平的各泉水引入白浮瓮山河。依泉水分布情况和文献记载分析,这6渠可能是:

①从白浮泉下筑堰形成的蓄水池,引至白浮瓮山河新开凿的渠道;

②从王家山泉下改变原来流至南碾头的路线,直接引至白浮瓮山河开凿的渠道;

③从"西来马眼泉"等记载可以知道,开凿了一条自西向东的渠道,引来马眼泉水入白浮瓮山河,经过的地名今有"八口村";

④将灌石村以南各泉,引至白浮瓮山河所开凿的渠道;

⑤将流入南沙河的温泉一带泉水,引至白浮瓮山河所开凿的渠道;

⑥将天然注入南沙河的冷泉等泉水,改引至白浮瓮山河所开凿的渠道。

这6条渠道工程比较大,其他比较小的引泉工程不计算在内了。

通过以上水源分布分析及其位置的判断,并根据有关文献记载和实地勘查,与20世纪60年代修建的京密引水渠相比较,可以详细推测出郭守敬当年开创的白浮瓮山河行经路线。白浮瓮山河自白浮泉下起,经过白浮堰的导引,泉水沿山麓向西流,沿途有一亩泉、榆河、玉泉等10余支泉水和山溪汇入,大体与今京密引水渠走向一致,最后汇入瓮山泊。这样既可以沿途汇聚更多的泉水和山溪,又避免穿过地势低洼的南、北沙河河谷。以现在的技术观点来看,仍然是最佳的选择。从渠线走向上大致可分为三段:第一段是从白浮泉至今横桥村北,渠道均在京密引水渠北岸200~300米处,高程都在海拔50米以上;第二段是从横桥至冷泉段,渠道在今京密引水渠东侧和北侧,这一段地面高程大多稍低于50米,需要填方量较多,因而也是最易被山洪冲毁地段;第三段是从冷泉至瓮山泊段,渠道在京密引水渠东侧沿山麓开凿。

第一段从白浮泉起到横桥村。（参见左图）在泉水汇聚处建造白浮堰，截住原来泉水东南流入东沙河的路线。然后渠道绕神山向西行，经过今凉水河村南，向西行有王家山泉（百泉）在今马池口附近汇入。再至下埝头南，有虎眼泉水汇入。埝头可能因为当年筑埝（堰）挡水而得名。再向西南在今横桥村附近，有关沟水汇入。1977年昌平县文物队曾对白浮泉至横桥村一段河道进行过考古钻探，基本可以确定这一段河道在今京密引水渠

1987年龙山及白浮泉（鲍昆航拍）

北岸200～300米处，高程都在海拔50米以上。这一段河道基本都是向下开挖而成，因此运行时比较稳定。

第二段从横桥村起到亮马店。根据所引泉水位置判断，河道经过关沟水不远向南转，穿过今京密引水渠，过土城村西，至辛庄附近有孟村一亩泉、马眼泉等泉水汇入。其下游便是双塔村，已经是北沙河的主河道了。再不远是八口村，其名称与当年渠道上修建的"笆口"（清水口）一致，该村应据此得名。因为北沙河上游的来水很大，并且与渠道交叉，当年这一段渠道一定要修建这种平面交叉工程（详下）。再向南经过东贯市村东南，从前、后沙涧村东、土桥村东和长乐村西中间穿过，一路汇入"灌石村南泉"的诸泉水。再向东南，过苏家坨、三星庄西，有"温汤龙泉"等泉水汇入，同时今周家巷沟溪水当年也要注入白浮瓮山河。这一段都是南沙河的上游支系。河道再向东行，过东埠头、太舟务东北，至亮马店，河道基本向东流了。这一段河道在今京密引水渠东侧和北侧，高程已经稍低于50米，有一

部分需要填方，加上与山溪交叉比较多，因此运行时这一段最容易被山洪冲毁，成为每年维修的重点。

第三段从亮马店至瓮山泊。渠道在亮马店南，有冷泉汇入。今有冷泉村，应该是由当年泉水得名。这一段河道可能利用原来冷泉东南流入清河的天然水道，沿山麓东流，过东北旺村北，然后转向南流，过青龙桥，注入瓮山泊。元明时期，青龙桥一直是瓮山泊北端泄洪出口。这一段河道紧贴在今京密引水渠北侧和东侧，渠道挖方比较多，汇入的山溪少，运行比较安全。

关于白浮瓮山河的长度，元代文献中没有详细记载。经综合考证与地图测量（略），可以确定白浮瓮山河的长度大约为32千米。

三、巧妙的引水与防洪工程

郭守敬对白浮瓮山河的优秀设计和建设，成功实现跨河引水进京，继承和发扬宋代水利和漕运工程技术成就的同时，有所创新和发展。郭守敬凭借水利科学技术上的成就，开创大都城市供水和漕运全新局面，为北京城市水利和漕运的发展奠定了坚实的基础。尤其在水资源调查规划、渠线测量技术和解决运河与山溪平面交叉、处理引水与防洪工程设计上取得突出成就。

（一）水资源调查与高水平渠线测量技术

北京地区自古水资源就比较缺乏，从城市西南边缘通过的永定河暴虐无常，难以引用。如何解决这一制约漕运发展的关键问题，成为政府头等要务。早在1263年郭守敬引玉泉水通漕运时，就表明对北京地区水资源有过详细的调查。接着在永定河引水工程，引玉泉山水入金水河工程中，收集大量资料并积累了丰富经验。经过了二十几年的时间，对玉泉山西北几十里范围内的地质和地形深入调查，全面掌握地下水等水文资料。这样大范围的地下水资料收集和调查工作，表现出郭守敬在水利工程设计上的科学观念，确保在古代技术条件下工程建筑的可靠性。

地形测量和制图是水利规划和设计必不可少的基础工作。宋代王安石变法颁行的"农田利害条约"中多处提到兴修水利和灌溉工程都要预先上报有关规划图和文件，并接受审批。元代每项水利工程在前期勘查时都明确要求"以图上报"。早在西夏治水后不久，郭守敬曾经从孟门山起，顺中条山往东，沿"黄河故道纵广数百里间"进行地形测量，掌握了黄河故道及两岸地区地势起伏的变化，并且绘出详细的地图。郭守敬"尝以海平面较京师至汴梁地形高下之差"，也是大规模的地面水准测量。另外，在至元十六年（1279）修订《授时历》时，郭守敬曾经大规模进行天文大地测量。

从建成后的白浮瓮山河走向分析，其渠线测量技术要求非常高，数据精确。现在白浮泉下水池出口高程53.4米，神山南麓地面高程51米，修建河道以2米水深设计，白浮堰附近渠底50米，而今昆明湖东堤高程50米，湖底高程46米左右。32千米的长度高差仅4米，就是说河道纵坡降在万分之一左右。查看京密引水渠资料可以知道，东沙河处渠底高为48.68米，颐和闸渠底高45.8米，纵坡稍缓些，大体接近。郭守敬在设计和施工中要保持这一水平，其测量精度要求是非常高的。

明代科学家徐光启曾指出，元代郭守敬的水利成就与他在水利规划中应用数学计算和测量是分不开的。他认为郭守敬继承了大禹的"绝学"，可惜郭守敬的科学传统明代并未继承，逐渐导致这些技术失传（见徐光启《漕河议》）。

（二）巧妙的运河与山溪交叉工程——清水口

人工修建60余里长的渠道，如何解决好沿途与山溪交叉问题，是关系到工程成败的关键。在这个问题上，郭守敬采用早年在西夏和永定河引水工程成功的经验，又汲取北方传统的水利技术，在60余里长的渠道上创造性修建了"清水口"工程，即在每个山溪与渠道交叉的地方，都修建专门的交叉工程。

至元初年，都水监在昌平地区修建"双塔漕渠"时，已经采用了

"水口"工程。当时位于温榆河上游的昌平镇,是北京北边交通要冲。昌平以北的居庸关,为历代兵家必争之地。而依靠陆路为守军运输粮饷,十分艰难。《元史·河渠志》记载,至元元年(1264)三月,曾经"疏双塔漕渠"。这是从通州沿温榆河北上至双塔河(今北沙河)的运道。这条运河水源也是依靠吸纳山溪泉水,因而修建了"水口"工程。2年后,为了防止汛期洪水泛滥及保证运河安全,巡河官报告,"双塔河时将泛溢,不早为备,恐怕到溃决时难以措手足"。都水监也认为"创开双塔河未及坚久,今已及水涨之时,倘或决坏,走泄水势,误运船不便"。在得到中书省批准后,都水监派人修治。此次工程共封闭"水口"5处,用工2155人。封闭"水口",就是修复被暴雨冲毁的"水口"。都水监修建此项工程时,郭守敬已经升任都水少监,掌握了这项技术。

(三)白浮瓮山河的维修及管理

白浮瓮山河建成后由"通惠河道所"直接管理。通惠河道所归都水监下面常设管理机构——"大都河道提举司"管理。河道所专门管通惠河的维修和治理,设都事1人。河道所下面设置"提领"3人,也叫"看闸提领"。从《元史·河渠志》记载"瓮山等处看闸提领"奏报被冲决情况看,每个提领下面管辖几名闸官,管理一段河道堤岸及其水工建筑物。

白浮瓮山河全线修筑有河堤,从兴建和运行情况推测应该都是土堤。在河道上还设有很多水口,每年汛后的维修工程量都不小。《元史·河渠志》记载,大德七年(1303)六月,瓮山等处看闸提领报告:自闰五月二十九日开始,昼夜雨水不止,六月初九夜半,山水暴涨,冲决水口。于是都水监派官吏督军夫修治,自九月二十一日开始,至月底完工,实际用军夫993人。这次工程不是很大,993人只用了10天就完成了,应该主要任务是修复被洪水冲毁的几个"水口"。4年后的大德十一年(1307)三月,都水监又报告,巡视白浮瓮山河堤,发现崩坏30余里,应该编荆笆为水口,以泄水势。工程得到批准并实施，共计修水口11处，四月兴工，十月工毕。这次共用半年时间，工程量巨大，重修了全部12个水口中的11处和全长64里的一半以上的渠道，可以看出这次山洪破坏的严重性。

皇庆二年（1313）正月，又一次进行大修。据都水监报告："白浮瓮山堤，多低薄崩陷处，宜修治。"第二年春二月开工，八月修毕，总修长37里250步，共计用73773工。①这次大修又用了半年时间，渠道还是30余里，应该还是上次所修的部位，即本文前面所分析的横桥至亮甲店段的河道，因为这一段填方比较多。第二年（1314）四月，都水监言："自白浮瓮山下至广源闸堤堰，多淤淀浅塞，源泉细微，不能通流，拟疏涤。"②于是会计工程，差军千人疏治。这次主要治理通惠河积水潭以上至白浮泉的水源工程。这次治理比较彻底，以后10余年才进行大规模修建。到泰定四年（1327）八月，都水监言："八月三日至六日，霖雨不止，山水泛溢，冲毁瓮山诸处笆口，浸没民田。"③得到工部批准，"自八月二十六日兴工，九月十三日工毕，役军夫二千名，实役九万工，四十五日。"④这一年因是闰八月，故其间是45天。这次重点是治理冲毁的"笆口"，也系统整治了渠道。皇庆二年（1313）那次大修用了半年时间，用73773工，这次用了9万工，规模和用工更多，应该是比较全面的治理。以后再没有元代对白浮瓮山河治理记载。从这样的维修规模看，山洪对渠道的破坏相当严重，由此可知元末明初几十年没有治理，到明永乐年间完全没办法使用了。

---

① 《元史·河渠志》，引自周魁一等《二十五史河渠志注释》，中国书店出版社，1990年。

② 《元史·世祖本纪》，引自周魁一等《二十五史河渠志注释》，中国书店出版社，1990年。

③ 《元史·世祖本纪》，引自周魁一等《二十五史河渠志注释》，中国书店出版社，1990年。

④ 《元史·世祖本纪》，引自周魁一等《二十五史河渠志注释》，中国书店出版社，1990年。

第四节　修建水库瓮山泊及积水潭码头

瓮山泊，又叫七里泊，俗称大泊湖。元人将其与杭州西湖相媲美，又称作"西湖"或"西湖景"，是今昆明湖的前身。元初引玉泉济运，开始修筑了湖堤。至元十六年（1279）扩建坝河时，也用瓮山泊之水。到开凿通惠河时引白浮瓮山河水入瓮山泊，对湖泊进行较大治理，扩大湖面，把它改造成北京历史上第一座水库。

一、建设北京城市和运河供水水库瓮山泊

瓮山泊，最晚在金代时已存在。原来地势低洼，由于玉泉山泉水的流入，"汇为巨浸"。金人碑记载："燕城西北三十里有玉泉，自山而出，泓澄百顷。及其放乎长川，浑浩流转，莫知其涯。"[①]"泓澄百顷"显然是指玉泉山以东的湖泊。元初郭守敬引玉泉济运，后来扩建坝河，也都是引用瓮山泊之水。到开凿通惠河时对湖泊进行系统治理。

（一）瓮山泊水库修筑与治理

郭守敬在瓮山泊水库修筑的具体情况，史料没有明确记载。从元末失于治理的瓮山泊情景看，水面锐减，说明湖堤已经残破不堪。由此可知瓮山泊的存在是由湖堤维系的。文献记载的"长堤"，即西湖两岸为拦蓄泉水而兴筑的湖堤，北起自瓮山，下至麦庄桥附近，当时称"十里长堤"。长堤最早修建时应该很早，至迟在至元二十九年（1292）郭守敬开通惠河时应专门修筑过。同时，郭守敬引白浮泉水，入瓮山泊。为增加引水量，将西湖西北几十里范围之内的昌平西南山麓白浮等泉水引导入湖中。

元代从大都城去游西湖，水路沿通惠河（长河）溯流而上可直达，《燕石集》记载元朝皇帝都有专门游西湖的"御舟"。至顺三年（1332）文

---

① 赵万里辑《元一统志》卷一。

宗"泛舟于西山高梁河"[1]，泛舟的目的地自然是西湖。当时还可以从陆路骑马沿长堤前往西湖，元代诗文多有记载。马祖常《西山》诗有："凤城西去玉泉山，杨柳长堤马上游"之句可证。元末修治不利，堤堰失修。

（二）瓮山泊的面积和形状

中统三年（1262），郭守敬向忽必烈建议引玉泉水济运获批准，应对瓮山泊（西湖）加以修治。必须扩大水面，才可能保证供应下游漕运。至元三十年（1293）开通惠河，将昌平白浮等泉水引入湖中，水面应再次扩大。元末失于治理，湖面积锐减，说明西湖之水已失去白浮等泉水，只有玉泉山水，湖面自然会缩小。

西湖的北界，比今日昆明湖偏西北。元代西湖周岸以护圣寺（明代功德寺）最雄伟，寺的部分建筑伸延至湖中。《长安客话》记载："西湖上有功德寺，旧名护圣寺，建自金时，元仍旧。……功德寺修于宣德二年，因改今名。"以今日功德寺位置推测，西湖水面西北距护圣寺比今日近得多。元代游船可直达护圣寺，"元参政许有壬有浣溪沙一阕，盖护圣寺泛舟作也"。明代治理后依然如此，《长安客话》记载："西湖去玉泉山仅里许"，比今日玉泉山距昆明湖的距离近很多。明人诗中有"见西湖明如半月"，"望西湖月半规，西堤柳，虹青一道"等，可知西湖的形状大体应呈半月形。西北岸为半圆形弧，以青龙桥、功德寺为界；长堤是弦，在湖的东侧。（参见右图）

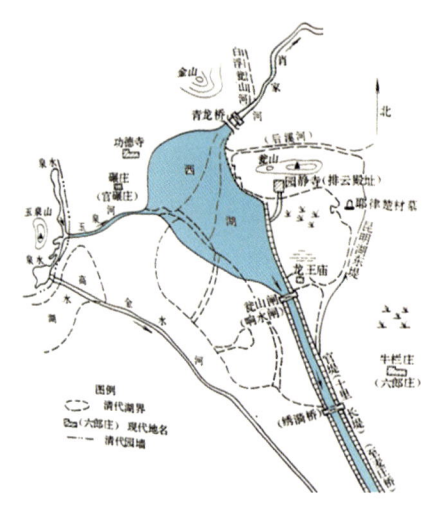

元明时期瓮山泊（西湖）范围示意图（作者考证绘制）

---

[1] 《元史·文宗本纪》。

(三)瓮山泊(西湖)的环境效应

元代瓮山泊建设成北京最早的城市水源水库后,在环境保护水利建设上也取得很大成绩。元代西湖已成了风景区,湖周围修建了许多建筑。元末成书的《析津志》记载:"西湖景,在(昌平)县西南五十里青龙桥社,玉泉山东。其湖广袤一顷余。旧有桥梁、水闸、湖船、市肆、蒲茭莲花,拟江浙西湖之盛,故名。"这是元朝末期淤积的样子。在14世纪成书的朝鲜人学习汉语的教科书《朴通事谚解》里,有当时对西湖风景详细生动的记载:"西湖是从玉泉里流下来,深浅长短不可量。湖中里必有圣旨里盖来的两座琉璃阁。远望高接青霄,近看时远侵碧汉,四面盖的如铺翠,白日黑夜瑞云生,果然奇哉!……北岸上有一座大寺,内外大小佛殿,影堂串廊,两壁钟楼、金堂、禅堂、斋堂、碑堂诸般殿舍,且不索说,笔舌难穷。殿前阁后,擎天耐霜傲雪苍松,也有带雾披烟翠竹,诸杂名花奇树,不知其数。阁前水面上自在快活的是对对儿鸳鸯,湖中心是浮上浮下的双儿鸭子。河边儿窥鱼的是无数目的水老鸦,撒网垂钓的是大小渔艇,弄水穿波的是觅死的鱼虾,无边无涯的是浮萍蒲棒,喷鼻眼花的是红白荷花。官里上龙舡,宫人们也上几只舡,做个筵席,动细乐、大乐,沿河快活。到寺里烧香随喜之后,却到湖边桥上玉石龙床上坐歇一会。又上琉璃阁远望满眼景致,真是个画也画不成,描也描不出,休夸天上瑶池,只此人间兜率。"①可见当时湖面游船络绎不绝。这种满目大自然的风光景致,绝非后代所能见到的。文中"圣旨里盖来的两座琉璃阁"即西湖北岸的护圣寺,寺的部分建筑伸延至湖中,又名"双阁",《析津志》称之为"水阁"。元代诗人吴师道的《游西山玉泉》:"寺前对峙双飞阁,金铺射日开朱棂。载流累石作平地,修梁雄跨相纬经。"其中"双飞阁"也就是"双阁"。"双阁"成为西湖最著名的建筑,成为元代皇帝出游和文人墨客经常沿湖堤骑马前行的地

---

① 崔世珍《朴通事谚解》卷上。

方。当时的西湖已被誉为"壮观神州今第一"的著名游览区。

二、联系瓮山泊与积水潭的长河建设

在开发新水源后，如何将积蓄在瓮山泊（西湖）的水顺畅引进都城积水潭中，是要妥善解决的问题。当时连接西湖与积水潭的水道，统称南长河或者长河。准确地说，从长河形成上看是可以分成上下两段：上一段由西湖至紫竹院，是人工开凿而成的河道；下一段由紫竹院到积水潭，是利用天然形成的古高粱河河道。这条河道一方面承担将西湖之水引入积水潭的任务，另外也是从城区通往西湖的旅游航线。

（一）修建长河接续高粱河

古代有一条源起紫竹院公园，注入积水潭一带的河流，称作高粱河。最早关于高粱河的记载是《水经注》："嘉平二年，立遏于水，道高粱河，造戾陵遏，开车箱渠"（详前）。后来永定河引水时断时续，高粱河基本恢复到天然状态。唐代关于高粱河多次见于墓志铭。历史上关于高粱河记载中最著名的事件，是979年宋辽高粱河之战，成为宋辽南北分立决定性战役。从战争规模看，当时应该引用了永定河之水。

在紫竹院西300米有一片高地，即海拔在50～52米的"海淀台地"。再向西北，逐渐开阔，泉流水田散布其间。在"海淀台地"的西北，有玉泉山，泉水很旺盛，原来出水经瓮山泊入清河，远离北京城区而去。大约在辽代人们开挖了"海淀台地"，将玉泉山诸水向南经过新开河道，注入了高粱河，供城区使用。《辽史·地理志》记载，玉河县，原本是泉山地。刘仁恭时割蓟县分置，以保证供给。其地在京西40里，有1000户。刘仁恭大约907年占据幽州，在幽州西设置玉河县。有人考证"泉山"前应该有玉字，玉河县是因为有玉河得名。如果是这样，在此之前玉河应该已经存在了。这段人工渠道称为玉河，后来将玉泉山以下河道也统称为玉河或高粱河，就是后来的长河。《金史》记作高良河。金代皇室开始在上游的玉泉山一带兴建宫殿。元代开通惠河后，这段又成为通惠河输水段河道，也称作高梁河。《明史》记作"玉河，源自玉泉山，流经大内，出都城东南，注大通河"。到了清代，才出现"南长河"或者"长河"一词。

（二）积水潭至瓮山泊的通航水道

长河在中统年间郭守敬建议引玉泉水通漕运时，就成为要疏浚的河道，以后随着坝河的漕运也要治理。大规模治理应该是在郭守敬开通惠河时进行的，上游增加了新水源，中间输水河段也必须重新规划，确保通畅。同时还根据需要，在河道上修建了闸坝桥梁，长河的面貌发生较大的改变。

关于元代长河的总长度，即西湖出口至积水潭西入口的长度，一直没有准确的记载。但可以通过元代通惠河的总长计算得出。将总长度减去积水潭澄清闸至白河口河道长度，再减去白浮瓮山河长度，得到的就是长河的总长度，为11381米，合元里大约为24里。

利用高梁河进行农业灌溉的历史十分悠久，从三国开车箱渠起，一直没有间断。元初郭守敬引玉泉水通漕运，只是利用长河水道供应积水潭以下的河道通航，而长河自身并没有行船的记载。经过郭守敬大规模治理，长河具备了通船的条件，因此元代皇帝游高梁河的记载不少。元英宗时已经可以在高梁河行"龙舟"，如上文记载的"广源闸别港，有英宗、文宗二帝龙舟"[1]。至顺三年（1332）三月，文宗"以帝师泛舟于西山高梁河，调卫士三百挽舟"[2]。泛舟于西山高梁河，要用300人拉纤，可知河道比较宽，两岸大堤要有站满300人的宽度。当时泛舟是很频繁的事情，每次兴师动众，耗费很大，因此有个叫盖苗的大臣提出反对意见。《元史·盖苗传》记载，一次文宗皇帝去护国仁王寺，并准备泛舟玉泉。盖苗进言："近几年收成不好，边疆战

---

[1] ［元］熊梦祥《析津志》。
[2] 《元史·文宗本纪》。

事不断，正应当谨言慎行，哪里有时间休闲旅游，使自己处于危险的境地？"皇帝高兴地接受了意见，并赐以锦衣，当天返还皇宫。看来文宗还是能够听进意见的皇帝，毅然停止了这次泛舟。

文献中记载，明、清皇帝和大臣们也经常乘船，经过长河到昆明湖泛舟。

（三）长河的城市水利效应

长河历史悠久，是距离城市最近的河流，直至今日仍然担负着供应中南海水源的使命。因此自元代起，对长河的水质保护就十分重视，制定严格的管理制度，并派士兵专门巡视看管。

到明代长河的水质和环境依然很好。《长安客话》记载："高梁河离西直门仅半里。桥跨河上，兹水源发西山，汇为西湖，东为小溪，由此入大内，称御河。水急而清，鱼之沉水底者，鳞鬣皆见。"这里高梁河、御河都是指长河。由于常年经营，河水清澈见底，河两岸环境优美。《帝京景物略》记载："水从玉泉来，三十里至（高梁）桥下，夹岸高柳，丝垂到水，绿树绀宇，酒旗亭台，广亩小池，荫爽交匝。岁清明日，都人踏青，乘轿、骑马、步行者前来，以万人计。浴佛日、重午，游亦如之。"每年的清明、浴佛日、端午节，都城内的人们都要到长河游览。因为当时城内除皇家园林外，没有可供市民游玩的去处。这里不但距城市很近，而且出西直门两岸寺庙不断，著名的有大护国仁王寺、极乐寺、镇国寺、大佛寺、娘娘庙等。还有很多花园建筑，如万驸马庄、康亲王园等列布两岸林间，环境十分优美。每到节日更是游人如织。

三、扩建积水潭为京杭运河终点码头

积水潭，元代又称作海子。《元史·河渠志》记载："海子，一名积水潭，聚西北诸泉之水，流行入都城而汇于此，汪洋如海，都人因名焉。"《元一统志》记载："大都之中旧有积水潭，聚西北诸泉之水，流行入都城而汇于此，汪洋如海，都人因名焉。世祖肇造都邑，壮丽阙庭，而海水镜净，正在皇城之北，万寿山之阴。"元初建大都城时，以积水潭北岸中心台为中轴线。郭守敬兴建通惠河时，对积水潭进行了大规模的开发与治理。在湖四周筑堤设闸，加大了水深，扩大水面，以利于泊船。郭守敬对积水潭的大规模开发利用，使之成为京杭运河漕运的终点码头。

中统三年（1262）郭守敬开玉泉水通漕运，先将玉泉水引入积水潭，再经过北支运河即金漕河故道至通州。这样从通州漕运来的粮食，必然要停泊在积水潭内。至元十六年（1279）大开坝河，积水潭是坝河的最大泊船水域，很好的码头。到至元二十九年（1292）郭守敬开凿通惠河时，对积水潭进行全面改造和治理。通州至积水潭60余里，而积水潭以上还有100多里引水河道，积水潭正好是中间的调蓄水库。同时，积水潭也是通惠河进入大都城后最大泊船港，京杭运河的终点码头。在通惠河通航后，忽必烈在积水潭看到"舳舻蔽水"的盛况，充分反映出这座码头所发挥的作用。另外，在大都城区东侧，陆续修建了很多粮仓，用以储备从江南运进首都的漕粮。

（一）积水潭堤岸的治理与维护

金代白莲潭的堤岸，没有修治的记载。元代全面治理积水潭，对堤岸进行大规模治理。元代文献记载："海子岸，上接龙王堂，以石甃其四周。"[①]为了防止风浪冲刷堤岸，临水面都用块石砌护。元代随着对积水潭开发利用，先后有4次较大规模的治理。

第一次是中统三年（1262）郭守敬开玉泉水通漕运，先将玉泉水引入积水潭。这次引水时，为了发挥积水潭的调蓄作用，进行疏浚，这是第一次大规模的治理。

第二次是至元十六年（1279），大规模开挖坝河时。因为当时玉泉水大部分引到新修建的金水河，不再流入积水潭，郭守敬疏浚的北

[①] 《元史·河渠志》，引自周魁一等《二十五史河渠志注释》，中国书店出版社，1990年。

支运河受到严重影响。因而导致了大规模改造工程，将原来可以直接行船的漕河，改造成"倒载制"的坝河。这次对积水潭进行比较大的治理后，将积水潭作为坝河的终点码头。

第三次是至元二十九年（1292）郭守敬开凿通惠河时，对积水潭的全面改造和治理。将积水潭作为通惠河中间的调节水库，起到进一步调蓄水源的作用。另外将积水潭作为运河终点码头，交通便利，使积水潭沿岸成为大都著名的商业、风景和文化区。积水潭东岸万宁桥附近也成为水陆客运码头。积水潭还可供大都城市园林用水、生活用水等。同时，在城市中心区形成巨大水面，也带来明显的环境效应。

第四次是延祐六年（1319）和泰定元年（1324）。《元史·河渠志》记载，仁宗延祐六年（1319）二月，都水监经过考察和计算后，大规模修筑积水潭堤岸，与原来的石岸相接。共用石350方，石块长4尺，宽2尺5寸，厚1尺，灰石3000斤。用350工，丁夫50人，石工10人。自九月初五开工，九月十一日完工，仅用一周时间。这是对积水潭部分堤岸进行砌护。从记载工程量可知，这次工程规模并不大，目的只是增加部分石堤岸，与旧石岸相接。由此也可以知道，积水潭四周最早用块石修筑堤岸的时间应该更早。

系统修治积水潭周围堤岸。这时郭守敬已经去世，但是工程依照都水监的制度进行，将旧石岸和海子南岸东西道路两侧用条石砌护，并在沿岸设立石护栏，防止风浪冲击，以利行人往来。

元代积水潭是一个大湖。明初改筑北城墙后，将大湖西北部分隔在城外，即后来的太平湖；后来城内的大湖由于上游水源的减少，又考虑德胜门内的交通，中间建德胜门桥、德胜门内大街，将湖再分开。桥西的湖仍称积水潭，桥东的湖泊称作什刹海。

明代由于上游来水的减少，湖面中间开始出现稻田，湖水面积渐渐缩小。为保证下游皇城太液池稳定的水量供应，从德胜门桥东修筑了一条直通太液池（今北海）的渠道，只是分出的一条岔河，而大湖还是相连通。明中后期上游水源的进一步减少，这条岔河（即转河）完全与什刹海隔开，积水潭之水直接由转河到前海，经西压闸入皇城。这样首先保证皇城用水，有富余水量再经前海，向北过银锭桥最后到达什刹西海，形成所谓"银锭观山水倒流"局面。

清中叶和珅得势，于乾隆四十一年至乾隆五十三年（1776—1788），在什刹前海北岸大建宅第。并仿照西湖苏堤在前海水面中修了一条堤，即后人所谓的"和堤"，分出个"西小海"（西小池）。这时什刹海已被分割成4个小湖。到了清末，"和堤"西部水面大部分干涸，或变成稻田，或盖起了房子，水面剩下已不多了。

清末什刹海的状况，在《道咸以来朝野杂录》中有一段记载："内城水局，属于西北隅。前为十刹海，水浅不能泛舟，多种莲花、稻米为生涯。中为秦家河地，俗呼后海，自广化寺门前抵德胜桥，亘成王府前，皆是也。水阔，然不甚深，可泛小舟。当年河地主人有采莲小舟二，游人可借乘之。"可见这时什刹海已经不是当年的样子。

（二）积水潭成为大都城市经济、文化中心

积水潭金代的名称叫白莲潭，其范围除了今什刹三海还包括北海和中海。其名称可能源于当时水域内多种白莲。金人几乎在建中都之前就开始在白莲潭南部建离宫[①]，又称"北宫"（大体在今紫禁城稍南）。元代的人认为所有的白莲潭水域都是海子，只是把围在北宫内的水域（今中海）称为"太液池"，依然把围在皇城内的北海部分称作"海子"。

大都新城规划以太液池和积水潭水域为中心区，以积水潭东岸为城市中轴线，完全将积水潭与太液池隔离，为大都的发展奠定了地理上的优势。刘秉忠在规划大都新城时，恪守传统的《周礼·考工记》所规定的"匠人营国，方九里，旁三门，国中九经九纬，经涂北轨，左祖右社，面朝后市"的原则。考虑到金北宫及附近水域特点，以太液池的东岸，兴建"宫城"。以元宫城、太液池为中心，四面加以围护修建"萧墙"，形成皇城。这样突出了皇城在全城的地位与作用，

[①] 《金史·地理志》记载皇统元年（1141）"有宣和门"，兴建中都是1151年。

作为皇帝治居之所的皇城及御苑，是全城的核心建筑，其地位十分突出；同时，将太庙、社稷坛规划于皇城之外的东西两侧；其北侧的积水潭沿岸形成了全城的商市，构成了"左祖右社""面朝后市"的都城规制。大都城所占有的这种优越的地理位置和突出的规划布局，显示了元代多民族统一国家发展的需要，集中体现了封建皇权至上的统治思想。

新城规划的另一个最重要的点是，以萧墙北门厚载红门[1]和积水潭东岸海子桥的连线为新城的中轴线，然后在海子桥[2]的正北方，建立起作为全城平面布局中心的标志，即元大都城的"中心之台"。再以积水潭东西两岸的距离作为全城宽度之半，确定东、西城墙位置。以中心台至南墙的距离确定北墙的位置。从而确定了大都城南北长方形的轮廓，也具体确定了元大都四面城墙的位置。

太液池和积水潭水域完全隔断的时间，历史文献没有明确记载。前面论述到在金代修建北宫时，已经将原来整体的白莲潭水域分为两部分，但是当时的水体还是直接连通的。金北宫北界的围墙位置和建筑形式，文献上均无记载。元代修建皇城，其外墙称"萧墙"，俗称"红门阑马墙"[3]。初建时墙体的建筑材料似乎是"篱笆"或"围栏"式，没有墙垣。有记载说，至元二十五年（1288）有人从墙洞钻进苑内被抓，可能钻的是篱笆洞。大约是至元二十七年（1290）的某一天，"行东御墙（皇城）外，道险，孟頫马跌堕于河。桑哥闻之，言于帝，移筑御墙稍西二丈许"。这个"御墙"很容易就向西移了二丈，其建筑结构肯定比较简单。按照文献记载，出于安全考虑，几年后修建了墙垣。"成宗元贞二年（1296）十月，枢密院臣言：昔大朝会时，皇城外皆无墙垣，故用军环绕以备围宿。今墙垣已成，南北西三畔皆可置

---

[1] 皇城北门，又称厚载门，元大都考古发掘其位置在今景山公园少年宫前。

[2] 海子桥，正式名称为万宁桥，其西侧有澄清闸。因为对着厚载红门（简称后门），俗称后门桥，沿用至今。清代文献把前海南岸的一座桥叫"海子桥"，引起后来许多人的误解。

[3] ［明］萧洵《故宫遗录》。

军，独御酒库西地窄不能容。"①"御酒库西"指的就是皇城东墙，虽然因为赵孟頫西移了二丈多，但还是很窄。

与积水潭关系最密切的自然是皇城北墙。为了修建皇城北墙，必须加固太液池与北面海子中间的大堤，并且扩建成一条沿湖道路。这条道路在金代可能还不存在，因为那时这里没有交通的需要。自1215年中都迁开封至新建大都城近60年的荒废，太液池北部出现部分干涸，白莲潭水面也有所减少，在修建大都城时才可能规划出这条"海子南岸东西道路"。虽然元代不断维修这条道路，直到至治三年（1323）时，狭窄泥泞。《元史·河渠志》记载："至治三年三月，大都河道提举司言：'海子南岸东西道路，当两城要冲，金水河浸润于其上，海子风浪冲啮于其下，且道狭，不时溃陷泥泞，车马艰于往来'……"这里的两城是指大城和皇城。道路北面是"海子"，南面是金水河，风浪经常涌上路中，致使溃陷泥泞，车马往来困难。当时距开通惠河，大规模治理积水潭已经30多年了，这条重要道路还是这么泥泞，恐怕是这条道路自身条件造成的了。分析其原因就是基础不好，反过来可以推断，皇城北墙基础不能承受太重的建筑，修建的仍然可能是夯土墙。因此可以说，由于这条道路的出现，什刹海水域才算真正形成。

既然这两个水域已经完全分开，那太液池的水源又来自哪里？首先应该是积水潭。那么大的水体，不可能依靠金水河引来的玉泉山泉水，因其水量太小。从元代的记载可以知道，积水潭是依靠从其西岸金代已经使用的运河——"西河"输水，为太液池供水，就是沿今赵登禹路直通到今中海的南边。

1. 积水潭周边宗教庙会活动与平民文化中心的形成

北京从历史上看一直就是一个移民的城市，也是多民族治理和融合的城市。辽南京、金中都、元大都、明清北京统治者中，只有明朝是汉族，其他都是少数民族，但是北京形成的文化的确是代表传统的

---

① 《元史·兵志》。

中华民族的文化。

元代以蒙古统治下施行种族制度，把全国人口分成四种人，即蒙古、色目、汉人、南人，但是统治者还是十分重视汉文化——中国传统文化，并且在很多方面吸收汉文化，形成多民族文化的大融合。

同时，首都文化形成的一个重要原因，就是京杭运河带来的全国各地文化的大交流。随着运河的通航，各地区各民族，通过京杭运河，比较迅速将政治、经济、文化等各方面传播到京城。元大都中后期，从中原和江南地区来到大都定居的人，把当地文化和风俗也带到都城。比如南方人养鸟的喜好，很快传到京城。在鼓楼南和什刹海沿岸，都有很多鸟市。元史记载大都市民养鸟数量庞大，一次政府从市民处采购10万只用来放生。北京提笼架鸟的习俗，从元代影响至明清不衰。

什刹海地区的宗教文化，是元代开放的宗教政策、宗教信仰自由的缩影。北京历史上一直是宗教聚集的城市，各种宗教的传入与运河有着密切的关系。各教各派在北京都可以和谐相处，因为在皇权至高无上的京师，不允许任何一种宗教"独尊"。自元朝建都至今数百年来，天主教、基督教、佛教、道教、伊斯兰教等源自不同地域的宗教，都在这里扎下了根，并保持着繁荣。北京人已经习惯看着大街上葛衣麻履的和尚、道士，或者白巾黑袍的修女匆匆走过。

佛教最迟在西晋传入幽州地区。元朝奉行"诸教皆为我所用"的宗教政策，尤其对藏传佛教给以重视，如什刹海地区的崇国寺（即护国寺）。明清什刹海周围更是京城中的"海天佛国"，其中"九庵十刹"最负盛名。明清佛教寺庙中以广化寺规模最大。广化寺始建于元末（1342前后），元代高僧溥光曾在这里做住持。明初寺院荒废，据碑文记载，成化与万历年间寺院进行二次重修，重建后的广化寺成为净土宗寺庙，规模宏大。禅宗临济派大德自如和尚接任广化寺方丈后，得到中兴。清代广化寺"殿堂廊庑，规模宏大"，成为京城有较大影响的净土宗佛刹。道光六年（1826），重修了殿堂僧舍。清末民初，广化寺一度成为京师图书馆，即北京图书馆的前身。不久迁馆他处，广化寺又得到恢复。1989年8月广化寺举行了佛像开光及修明方丈升座仪式。2001年，广化寺创办了北京佛教文化研究所。佛教文化遗存，也成为什刹海地区重要的文化景观。

什刹海成为元、明、清三代城市规划和水系的核心，历经数百年的发展，积淀了上至皇亲国戚、士大夫，下至普通百姓的深厚的各阶层文化。这里的胡同和四合院组成了老北京的风俗文化，组成了老北京的历史。什刹海所体现出的文化，从内涵上可分为漕运文化、宗教文化，从等级上有王府文化、士大夫文化、平民文化等。

2. 什刹海地区的漕运文化

什刹海从最早的泊船码头功能起，从"轴舻蔽水"的鼎盛元代开始，成为中国南北交通的北端和漕运的目的地，同时进行着孜孜不断的文化交流，并产生了影响深远的漕运文化。所谓漕运文化，也就是因运河与水而产生的文化。明清什刹海虽然不再泊漕船，但仍然是通惠河的供水水库。漕运是中国古代国家机器运行的生命线，是经济不够发达的北京作为首都的保障。从这个角度说，没有漕运就没有北京城，更不用说北京的文化。元、明、清三代的漕运文化积淀十分深厚。为了漕运的所有建筑、工程及其管理上规章制度等的庞大系统，近800年间的人物、业绩等无不包括在漕运文化之中。

3. 什刹海地区的王府文化

北京因为是封建王朝皇室所在地，代表性文化应该有几个层面，首先是皇家文化，与之密切相关的王府文化，然后是首都特有的士大夫文化，以及市井(平民)文化等。因为什刹海地区最靠近皇城，王府文化和士大夫文化则最具代表性。

北京王府制度始于元朝，主要在皇城内和近旁，详情不可考。明初首建的燕王府，就是由元宫城改建而成。清代不设郡国，不让封王外出就藩，赐府集中于京城之中。北京现存王府都是清代修建。什刹海地区是王府集中区，数量多，规格高，保存好。其中最著名的有恭亲王府、醇亲王府、庆亲王府等，列为国家和北京市重点文物保护单位。恭王府花园曾是乾隆宠臣和珅的私宅，后由慈禧赐给了恭亲王并因此得名恭王府。

每个王府在清代历史上都起着重要的作用，演绎出一幕幕令人瞩目的篇章。因此王府文化，与皇城文化联系最密切。王府本身的事迹和人们对于王府的一切关注，首先引起士大夫阶层的关注，并由此产生的大量的文学戏剧作品，就构成王府文化的一个侧面。有人分析曹雪芹的《红楼梦》描写的，就是典型的王府生活，以及王府与当时政治的关系。王府文化在清代戏曲的发展中也起到巨大作用。

清代不许民间引湖水入宅，只有王府建筑最有条件。例如，醇亲王府位于后海北岸，"御赐引玉河入庭"是一种殊荣。

4．什刹海地区的士大夫文化

应该说，什刹海的士大夫文化是首都特有的文化层面。所谓士大夫阶层，相当于今天的白领阶层和稍高一些的知识分子阶层。元、明、清时期北京士大夫阶层最集中的地方，就在靠近皇城的什刹海。士大夫文化历代都是国家文化的中坚和时代的代表，这样的文化传承七百多年都没有改变。

《析津志》记载："西斜街临海子，率多歌台酒馆，有望湖亭，昔日皆贵官游赏之地。"每年的新科进士受到皇帝恩宠后，都要到海子岸边万春园来，会见同年。新科进士宋褧曾经写《同年会》诗，并自注："泰定元年（1324）登第，……四月二十九日会于海子岸之万春园。"万春园位置大约在今火神庙之北。据统计，元明清三朝有18个宰相级别的大官居住在什刹海地区，如元之脱脱、明之李东阳、清之明珠、张廷玉等。历朝还有七位状元在这里活动和居住，如元代宋本、明代吴宽、清代于敏中等。近代还有一些著名大学（北大、燕京、清华、京师大学堂等）的教授居住在这里，或者在这里活动。

元代大书法家赵孟頫在海子上，与年轻的诗人李材缔结忘年交，成为佳话。明代文渊阁大学士李东阳出生在海子西涯，曾经写过许多关于海子的诗，称赞这里是"城中第一山水"。清代军机大臣张之洞，曾经与当时统筹"新政"的政务处同人聚集在什刹海赋诗，看到李东阳故居一带已成稻田，感慨写道："对岸乔林付爨烟，荷花愈少愈堪怜。虽然不是沧桑事,但惜西涯变稻田。"

明代许多文学主张和创作风格的流派都曾经在什刹海活动。如万历年间湖北公安袁氏三兄弟,在今护国寺创建葡萄社,倡导公安派的文学革新主张,反对复古主义。他们经常在什刹海边畅游赋诗,影响很大。另外有茶陵诗派、前后七子、竟陵派等都很有名。清初词人纳兰性德(满族)、阳羡词派代表陈维崧、浙西词派朱彝尊三人风格各异,但常常一起在后海北岸纳兰性德家的渌水亭切磋。纳兰性德是朝廷重臣明珠之子,他淡泊名利,常常与当时的名士游宴赋诗,题材多写什刹海风光,著《渌水亭杂识》。清代乾嘉四大书法家也喜欢在这里活动。

5. 什刹海地区的平民文化

什刹海虽然自元代以来就是城市的中心区,但一直都是城市平民可以自由活动区域。因此必然保留大量的城市平民文化。北京的平民文化,就是胡同文化,什刹海周边是比较集中区。北京的胡同文化一是它的建筑风格、面貌,另一个是它的居民。应该说,胡同文化还不完全等同于以天桥为代表的"市井文化"。胡同产生于元大都时期,历明清不断发展,是内城平民创造起来的文化。北京南城没有标准的胡同,居民的流动性更大,移民比例更高,其文化自然与世代定居的内城平民有许多不同,但都是北京文化的重要组成部分。

北京的历史文化是居住在那里的平民参与创造出来的。什刹海文化具有非常可贵的平民性。什刹海地区具有大量典型的胡同和四合院,如金丝套地区的大、小金丝胡同,南、北官房胡同和后海北沿的鸦儿胡同以及白米斜街、烟袋斜街等。依托胡同和四合院,什刹海地区自元以来,就有许多富有特色的民俗活动,如放荷灯、泛舟游湖、宴饮赏荷、冰床围酌、大阅冰鞵等。至今,一些有生命力的民俗活动仍然在什刹海地区大量存在。

从饮食上看,北京人喜欢吃涮羊肉、烤羊肉等,就是在那时流传下来的,包括北京人情有独钟的茉莉花茶,也与大都人喝芍药茶有关。

(三)风景如画的积水潭带来巨大的城市环境效应

元代积水潭水面辽阔,湖面远大于后来的什刹三海。元建大都城将积水潭围在城内,除用于运河、灌溉供水,停泊江南漕船之外,还是大都城内最重要的市民游乐、休息及洗涤的场所,城市水利效应显著。自太液池水域围在皇城以后,市区只有积水潭水域是对公众开放的,这种状况一直延续到清末。

《析津志》记载:"花头鸭与江南者盖多来海子内,与太液池中水鸭万万为群。"元代积水潭十里烟波,风景如画,还有大量商船及旅游船。现存元代描述当时盛况的诗词很多。如宋本《海子》诗:"渡桥西望似江乡,隔岸楼台罨画妆。十顷玻璃秋影碧,照人骑马过宫墙。"[1]宋褧《望海潮·海子岸暮归金城坊》词有:"山含烟素,波明霞绮,西风太液池头。马似游龙,车如流水……十里烟波,几双鸥鹭两渔舟。"程敏政《海子》诗:"十里城阴道,西湖一派分。秋晴沙岸尾,时见白鸥群。"描述十分形象。"时见白鸥群",充分反映当时积水潭的生态环境。

描述海子周岸风景的诗词更多不胜举。沿湖还建有寺庙、楼馆,公署,还有紧临湖区引用积水潭修建的私人园林,至明清不衰。《析津志》记载:"西斜街临海子,率多歌台酒馆,有望湖亭,昔日皆贵官游赏之地。"明代《渌水亭杂记》记载:"元时海岸有万春园。进士及第恩荣宴后,会同年于此。"

另外,《析津志》记载海子的繁华,"若海子上,车马杂沓,绣毂金鞍,珠玉璀璨,人乐升平之治,……亦莫盛于武宗、成宗、仁宗之世"。武宗、成宗、仁宗是指1295年至1320年,元朝最安定、兴盛时期。

位于积水潭东岸的都水监,不但管理方便,而且环境十分优美,宋本于至顺二年(1331)所写的《都水监事记》中最详:

---

[1] [元]宋本《至治集》。

> 监者，潭侧北西皆水。厅事三楹，曰善利堂，东西屋以栖吏。堂右少退曰双清亭，则幕官所集之地。堂后为大沼，渐潭水以入，植夫渠荷芰。夏春之际，天日融朗，无文书可治，罢食启窗牖，委蛇骋望，则水光千顷，西山如空青。环潭民居、佛屋、龙祠，金碧黝垩，横直如绘画。而宫垣之内广寒、仪天、瀛洲诸殿，皆岿然得瞻仰；是又它府寺所无。

这样"水光千顷，西山如空青"的景象，是后代所难以见到的。积水潭是城中最大的公共水域。元初，从占城、交趾、真腊（今越南，柬埔寨）等地进贡的大象，就养在万宁桥不远的"象房"。平时大象供皇家的仪仗队用，皇上的乘舆要用大象驾驭。每当酷夏，要将大象带到积水潭内洗浴，情景十分壮观。宋褧《燕石集》有《过海子观浴象》诗："四蹄如柱鼻垂云，踏碎春泥乱水纹。鸂鶒鸳鸯好风景，一时惊散不成群。"描述十分生动。

积水潭也是城区市民的洗涤场所。《析津志》记载："海子东西南北与枢密院桥一带人家妇女，率来浣濯衣服、布帛之属，就石槌洗。"枢密院桥，在东华门外的通惠河上。

第五节　通航水道创建24闸实现"节水行舟"

元代开通京杭大运河的最北段——通惠河，并且在通航水道上修建24闸，实现"节水行舟"，可以使运河船只直接驶入大都城内。这里的"节水"是指"控制水"的意思。

有关元代通惠河上修建闸的情况，《元一统志》记载最为全面且所有闸的名称、顺序与数量都是正确的。全文是："通惠河之源，自昌平县白浮村开导神山泉……至高丽庄入白河。上下二百里，凡置闸二十有四：护国仁王寺西广源闸二、西水门外会川闸二、万亿库前朝宗闸二、海子东澄清闸三、南水门外文明闸二、魏村惠和闸二、籍东庆丰闸二、郊亭北平津闸三、牛店溥济闸二、通州通流闸二、高丽庄广利闸二。"

在通航水道上共新修建闸门10处，规划每处闸门是上下两座闸，共20座。施工时，其中有2处根据地形需要增建了中闸，加上原来已有的1处广源闸2座，最后河道上闸门总数为11处24座。

从上游开始，在积水潭以上的长河上设闸2处4座、积水潭进出口控制闸2处5座、大都城外至明清北京城内河道设闸2处4座、大通桥至八里桥河道设闸3处7座、八里桥至通惠河入北运河处河道上设闸2处4座。其路线是自积水潭东出口澄清闸流出，经过今东不压桥胡同，北河胡同，向南过南河沿大街、正义路、台基厂二条、船板胡同、北京站东南出大都城（今东便门）。以下是改造金闸河河道（今通惠河），直至通州城南高丽庄李二寺入白河。

由于历史的久远与河道变化，今天这些闸门大部分已经消失。为了全面了解这些闸坝，本文根据历史文献和实地考察，分析了通惠河上通航水道每座闸的修建及演变情况。

（一）长河上设闸2处4座

包括广源闸2座、会川闸2座。

1. 广源上闸，根据文献记载："广源闸在西直门西七里，至元二十六年（1289）建。"就是说广源闸建于开通惠河之前3年。明代《长安客话》记载："万寿寺在广源闸西数十武。"可知广源闸在今紫竹院公园西、万寿寺东100米处。这是广源上闸，闸墙保存比较完整。此闸正处于"海淀台地"开口之下，河道坡降较大，为防止河水流失，这里必须建闸门控制。（参见下图）

广源闸遗址（作者1981年摄）

广源闸遗址（作者2008年摄）

由于广源上闸位于大都城与西湖中间，因此是行船休息的好去处。历代皇帝乘船游西湖，都在此休息或换船。元人撰写的《燕石集》记载："（元）英宗、文宗二朝，御舟藏广源闸上别港。"英宗、文宗二朝是1321年至1332年。"广源闸上别港"的具体位置应该是今紫竹院湖。《长安客话》还记载："出真觉寺（今五塔寺），循河五里，玉虹偃卧，界以朱栏，为广源闸，俗称豆腐闸，即此闸。引西湖水东注，深不盈尺。宸游则堵水满河，可行龙舟。缘溪杂植槐柳，合抱交柯，云复溪上，为龙舟所驻。"清乾隆帝乘舟过时曾赋诗："广源设闸界长堤，河水遂分高与低。过闸陆行才数武，换舟因复溯回西。"可见广源闸应该是换乘船只的地方。

广源闸是通惠河24闸最上游之闸，因此又称通惠河第一闸，也就是京杭大运河上第一闸。过去当通惠河缺水时，常常在这里祭祷水神。广源闸历代不断修治，其名称从没改变，一直使用到1951年。

20世纪80年代广源闸的闸房建筑还存在。

2. 广源下闸，就是广源上闸下游二里的白石闸。《水部备考》记载："白石闸西至青龙桥二十里，至元二十九年建。"张兆元《通惠河考》："广源闸在白石闸西二里，白石闸在西直门西六里。"白石闸应该在这座白石桥西侧，因而得名。其位置在今国家图书馆东南白石桥处。直到1686年成书的《清会典》还有白石闸记载，以后再未见有关白石闸记载。但是白石闸上的桥，正在京城西去海淀必经之路上，所以一直在使用，1981年还可以看出原来石桥的模样。（参见左图）

白石闸遗址（作者1981摄）

3. 会川上闸，初建称西城闸，1295年改名会川。在和义门（西直门）外西北一里，正是今高梁桥位置。该闸在高梁桥西侧，今称高梁闸。1981年该闸建筑基本完整（参见图：高梁闸遗址上游面），2008年修建道路，河道改变路线，保留了桥和闸口和部分建筑。（参见图：高梁闸绞关石遗址）

高梁闸遗址上游面（作者1981年摄） 　　　　高梁闸绞关石遗址（作者2008年摄）

4. 会川下闸，在和义水门西三步。"和义水门"就是西直门北面运河入城水门[①]。《析津志》还记载："会川闸二，在西水门外。水由北方入城，万亿库泓渟，东出抄纸坊。"大都城墙外面有护城河，下闸在和义水门西三步，应该紧贴城墙的水门旁，即护城河东岸。很明显，修建这座闸是为了控制运河与护城河交叉时的水量。河道从这里穿过城后，与朝宗上闸相接，这两座闸实际在大都西墙的两侧。明初缩北城后，这里变成城外，这一组建筑自然都废弃了。故明洪武年成书的《北平图经志书》记载："今舟运止由通州通流、溥济至大兴平津、庆丰、惠和凡五闸，皆近时发民修理，以通漕运者。其城内外旧有会川、朝宗、澄清、文明等闸，今皆存而不用。"再一百多年后，弘治九年（1496）成书的《漕河图志》，已经不见会川下闸记载。

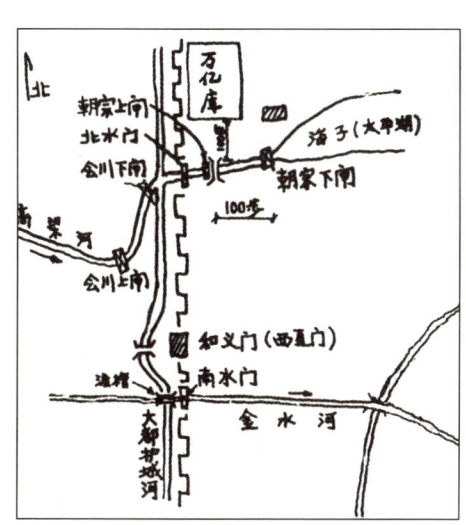

会川闸和朝宗闸位置示意图（作者考证绘制）

（二）积水潭进出口控制闸2处5座

包括进口控制闸朝宗闸2座、出口控制闸澄清闸3座（澄清闸初建时名海子闸，1295年七月改）。

5. 朝宗上闸，记载在元大都抄纸局外，万亿库南一百步（大约为160米）。万亿库在和义门（西直门）北水门以内，高梁河北岸，靠近大都西城墙。朝宗上闸，就在义门北水门之东。

6. 朝宗下闸，距上闸百步。《析津志》记载："高梁桥，（水）自西来，流于东，入万亿库桥，过抄纸坊下闸。"其位置在20世纪70

---

① 《析津志》记载"闸河水门在和义门北"。据北京图书馆辑本《析津志辑佚》，书目文献出版社，1982年。

年代修建地铁2号线时发现，在今新街口外西北运河北岸。高梁河水流过朝宗上闸（盈进桥），又过百步是朝宗下闸，然后就进入水草丰茂的国家鸳雁之地，即填埋前太平湖。朝宗闸正是积水潭水源进口控制闸，位于西端。明代这两座闸圈在城外，废弃不用，在北护城河上修建了松林闸和铁棂闸代替，用以控制积水潭的进水量。综合以上分析还可以看出，元代积水潭西岸距离大都西城墙还有一二百步（约300米），通惠河在万亿库和抄纸局经过。

7. 澄清上闸，《析津志》记载："澄清闸三，有记，在都水监东南。丙寅桥二，蓬莱坊西三。水自枢密桥下南熏桥、流化桥，出南水门外，入哈达门南文明桥下。"《析津志》还记载："洪济桥，在都水监前，石甃，名澄清上闸，有碑文。"此碑文是指元代竖立在万宁桥西北"中书右丞相领都水监政绩碑"。碑文是元翰林欧阳玄撰写，因碑文主要是歌颂开通惠河的功绩，又称"通惠河碑"。还记载："万宁桥在玄武池东，名澄清闸。至元中建，在海子东。至元后复用石重修。虽更名万宁，人惟以海子桥名之。"玄武池是积水潭的别称。洪济桥是万宁桥的原名，又称海子桥，今称地安桥，或后门桥。桥西侧是澄清闸第一座，即上闸。澄清上闸是积水潭的东出口控制闸，历史悠久，金代在这里就建了"白莲潭东闸"。明清仍然不断修治。《明实录》记载："宣德六年（1431）五月，修宛平县之澄清闸。"这座闸一直使用到1953年，才在桥的西侧修建了一座混凝土闸门控制水流。20世纪50年代初期，城市改造，在对地安门外大街进行改造时，这里的河道被填平了，并在原河道上陆续建起了一些房屋，万宁桥倒是没被拆除，不过桥身的下半部分都被埋在了路基之下，桥面因要过车，也都铺上了沥青。如果不是桥两侧的护栏还在，几乎已没人知道这里曾经还有这样一座石桥了。

1984年，北京市对后门桥进行整治修缮，先是拆除了桥两侧煞风景的广告牌，再将已破损严重的雕花桥栏与望柱修好，继而又挖开了被封堵的桥洞，将已脱落护岸的石兽按照旧时的样貌重新安置好，疏浚了桥下的河道，使什刹海之水可以从桥下流过。并于桥畔立了块文物保护单位的石碑。

后门桥的整治修复也作为北京市重点工程项目开始动工。2000年初，北京市文物局组织开展对后门桥及两侧泊岸的维修工程，2000年12月，工程得以竣工。市文物研究所在对古桥两侧河道的清理中，于后门桥（即元万宁桥）东西两侧的南北"雁翅"的泊岸石上，各出土了一只大型的石雕镇水兽，均与泊岸石为一整块巨石雕琢而成，其工艺精细，形象生动。经鉴定，在出土的4只镇水兽中，有3只制作于明代初期，只有东侧北面这只石兽，表面风化斑驳严重，其制作年代显然早于其他3只。而且更为重要的是，在这只石兽的吻部下面的石壁上，发现了因风化而模糊不清的"至元四年"四字石刻年款，从而标明了这只石兽准确的制作年代。根据文献记载，这一年正是元世祖忽必烈下诏兴建大都城的第一年。每个镇水兽长1.77米，宽0.9米，高0.57米，头顶上长有一对鹿角，瘪嘴、翘鼻、圆眼，四爪张开，抓在花球上，浑身披着大片的鳞甲，尾巴粗壮。这四只石兽的姿态还都不一样，桥东的那两只都是趴在岸沿上，头向水面伸出，形成伏岸观水状，因是在下水方，故有通过桥孔望水势的寓意；而桥西的那两只，则是将头向上微微抬起，身体的一侧挂在岸沿外，两只有吸盘的爪子抓在岸边上，似在了解水势，有保一方水运平安之意。

澄清上闸遗址（作者2002年摄）

2000年在此混凝土闸位置上，改建成三孔"金锭桥"。今天看到的后门桥闸和镇水兽是近年重新修复的。（参见右图）

传说后门桥的下边桥洞的正中间刻有"北京城"3个大字，北京的"京"字正好坐落在北京城的中轴线上，河水上涨时，如果把这3个字淹在水下，北京就有遭遇水灾的危险。故有"水淹北京城"之说。

诗人杨载在积水潭边送别乘船沿通惠河回南方的客人时，写下

澄清上闸（作者 2019 年摄）

《送人》诗："金沟河（指通惠河城内段）上始通流，海子桥边系客舟。却到江南春水涨，拍天波涛泛轻舟。"古诗有云：此去江南三千里……当年的码头上不但有粮船，还有客船，万宁桥是当时运河水陆出游江南最佳的选择。从交通作用上来说，相当于现在的"北京西站"了。（参见左图）

8. 澄清中闸，《析津志》记载："丙寅桥，中闸，有记。"与上引文"丙寅桥二"都是指第二座闸。其位置在今东不压桥胡同与平安大街（元代"海子东西道路"）交叉处，桥的位置应该紧靠道路的北侧。"有记"表示在桥闸附近当时竖立有碑刻。2007年4月中旬—2008年5月上旬，北京市文物研究所配合基建工程对万宁桥至地安门东大街之间的填埋河道进行了考古发掘，发掘总面积约10000平方米。此次考古发掘共清理出元代通惠河堤岸、明代玉河堤岸及其河道、清代玉河堤岸及其河道、东不压桥及澄清中闸遗址、两座便桥遗址、玉河庵遗址和码头遗址等重要遗迹等。（参见下图）

澄清中闸遗址（作者 2008 年摄）

东不压桥（澄清中闸）遗址（作者 2008 年摄）

9. 澄清下闸，见《析津志》记载："望云桥，在后红门东，今澄清下闸。"后红门即元皇城的"后载红门"，正式名称应为"厚载红门"，俗称"后门"。明代将皇城北移，称"北安门"，清代称"地安门"。望云桥在厚载红门东，大约在今北河胡同与水簸箕胡同北口交叉的石桥处。

澄清下闸遗址（作者 2014 年摄）

2014年发掘出澄清下闸和桥的准确位置。（参见上图）

需要说明的是，设计规划时这里建两座闸，实际施工中改为三座，分析其原因，是地形坡度过陡。查1917年京都市政公所测绘标出等高线的北京市区地图，距今基本保持旧北京地貌，应该比较接近当年实际。按这张图上标出的等高线高程，将三座闸的距离和高差进行比较：

上闸——中闸，距离540米，高差1米，坡降1/540

中闸——下闸，距离500米，高差1米，坡降1/500

下闸——南水关，距离1160米，高差2米，坡降1/560

可以看出，这段通惠河从上闸到下闸距离仅1000米，而高差3米，如果只建一座闸，河道太陡，河水难以存留，行船也很困难。增加中闸后，两闸之间的河道坡降与下面一段完全一样了。所以根据实际地形，设计者增加中闸是十分必要的，这是为了京杭大运河航船进入积水潭进行的最合理设计。（参见右图）

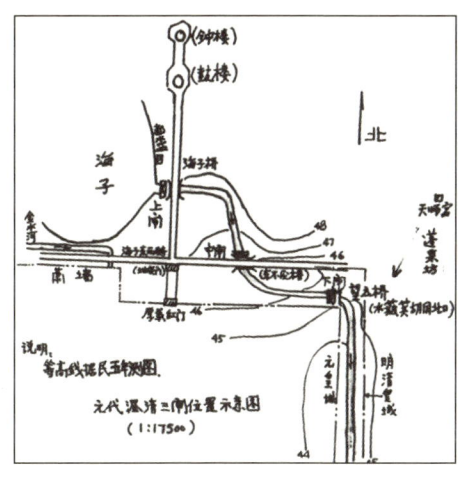

元代澄清三闸位置示意图（作者考证绘制）

（三）大都城外至明清北京城内河道设闸2处4座

包括文明闸2座、惠和闸2座（惠和闸初建时名魏村闸，1295年七月改）。

10．文明上闸，在丽正门外，水门东南。丽正门是大都城墙南面正中央城门，大约在今天安门旗杆位置。运河过南水门，出城墙就是大都南护城河。过南护城河后转向东南方向，文明上闸就建在过护城河南岸不远的运河上。这是通惠河与大都护城河第二次相交的控制闸。

11．文明下闸，记载在文明门西南一里。根据考古发掘，文明下闸遗址在今台基厂二条胡同中间，深埋地下。今台基厂二条胡同中间，正是"文明门西南一里"的位置。

这段通惠河，从今台基厂二条胡同东口流向船板胡同时，要穿过文明门外大街（今崇文门内大街），因此有"哈达门外第二桥"的记载。哈达门是文明门的俗称，第一桥是建在大都护城河上，第二桥是跨越通惠河的桥。

明永乐年间文明闸曾经一度使用。后来南移城墙，将文明闸围在城内，漕船不能进北京城内，文明闸存而不用了。

12．惠和上闸，记载惠和上闸在文明门东南一里。应该是今船板胡同东口。此处应是通惠河与金口河交汇处，必须建闸控制水流。

13．惠和下闸，记载下闸西至上闸一里，那么下闸应该在今北京站东南不远。元代这里是大都城外魏村所在。

纵观文明门附近左右各二里的距离，就设置了文明、惠和四座闸。分析原因，一是这里河道坡度较陡，水流比较急，必须节节设闸控制；二是文明门外是几条河道交汇处，也必须加强控制，导致水闸"密集"。也可能是这个原因《析津志》记载"文明闸四"。（参见

下图）

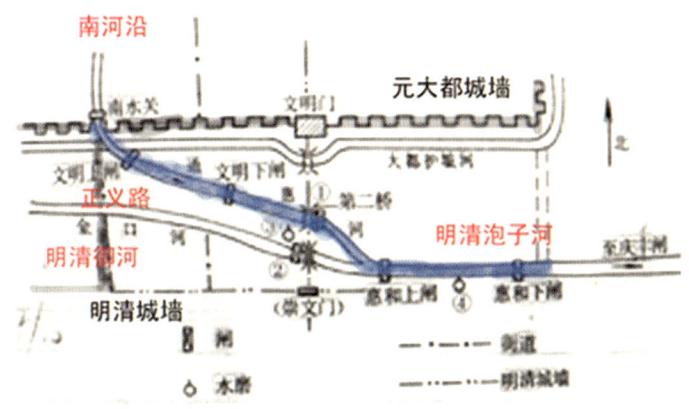

文明闸和惠和闸位置示意图（作者考证绘制）

明永乐年间，惠和闸曾经使用。永乐五年（1407），从南方招募了很多闸夫，第二年四月，重新设置闸官一名[①]。这时北京正在进行大规模城市建设，急需各种建筑材料，通惠河还是最好的运输路线。永乐十五年（1417），陈瑄还曾经运输木材等。直到永乐十七年（1419）南移原大都城墙，将文明闸和惠和闸都围在城内，漕船不能进北京城内，以后闸夫逃亡过半。宣德九年（1434）洪水冲毁文明、惠和闸，第二年罢去这两个闸官。正统三年（1438）东便门外大通桥建成，成为通惠河的新起点。惠和闸一段河道，最后演变成今北京火车站所在地"泡子河"。

（四）大通桥至八里桥河道设闸3处7座

包括庆丰闸2座（初名籍东闸，1295年七月改）、平津闸3座（初建名郊亭闸，1295年七月改）、溥济闸2座（初名杨尹闸，1295年七月改）。

14. 庆丰上闸，记载在都城东南王家庄。元代籍田地点附近。籍

[①] 《明太宗实录》卷七八。

田是元代皇帝祭祀农神的地方，相当明清的先农坛。今庆丰闸遗址应当是庆丰上闸，位于今庆丰闸村。通惠河建成20年后，经仁宗皇帝批准，天历三年（1330）安排庆丰闸进行石闸改造。改造后的石闸，经过明清不断维修，一直使用到20世纪70年代。1981年还可以看到残存的庆丰闸闸口尺寸基本一致，当时基石完整，闸后条石、河砖等建筑还保存完好。（参见下图）

1981年庆丰闸遗址上游侧（作者摄）　　　　　　庆丰闸遗址（2018年作者摄）

　　明初庆丰闸还再次设置闸官，成化七年（1471）、正德二年（1507）都曾经对庆丰闸进行大修。到嘉靖元年（1522）有人请求修复庆丰上下闸，但是下闸已经不再使用，过几年大修时只修建了上闸，而下闸存而不用。

　　庆丰闸俗称二闸（今庆丰闸北岸就是原庆丰闸村），闸上游有一片开阔水域，可以供通惠河南来船只停泊于此。当时这里还是大兴八景之一。加之庆丰闸仅距大通桥四五里地，离城很近，当年曾是十分繁华热闹之处。直到明清，二闸一直是百姓重要游乐场所。当时北京城内水域大都是皇家园林所有，不对百姓开放。清《天尺偶闻》记载："都城昆明湖、长河，例禁泛舟。什刹海仅有踏藕船，小不堪泛，二闸遂为游人荟萃之所。自五月朔至七月望，青帘画舫，酒肆歌台，令人疑在秦淮河上。内城例在齐化门（朝阳门）外登舟，至东便门易舟，至通惠闸。……午饭必于闸上酒肆。……二闸，即庆丰闸也。其水上源城闸，下接通州白河。水不甚广，而船最多，皆粮艘、剥船也。由京至通，往来相属，行人亦赖之。冬月则有拖床，冰行尤便。"描写十分详细，从中清楚地了解到当年繁华场景。通惠河泛舟，是京城胜游之一，大有江南的情趣。

1981年笔者曾经访问过二闸村王惠荫老人（1902年生，住庆丰前街），他详细讲述二闸村村民祖上都是管庆丰闸吃皇粮的。记忆中闸口两岸都是码头，南岸是皇粮码头，北岸是杂货码头。直到20世纪40年代，二闸还是非常繁华热闹的。（参见右图）

民国时期二闸泛舟，远景是东便门角楼（历史资料）

15．庆丰下闸，记载至上闸五里。大约在距今庆丰闸村东3里多的深沟村。下闸元代一直在使用，明代因水源减少，逐渐闲置不用。到明中期吴仲修复通惠河时，只修建了上闸，但《通惠河志》插图中还绘有下闸，只是存而不用。到万历年间成书的《明会典》和《通惠河考》等书，都已经不见下闸记载。

16．平津上闸，记载："在郊亭北"，今有大小郊亭村。另外记载在"都城东南二十五里银王庄"。从丽正门算起，高碑店闸址应是平津上闸位置，现高碑店闸保存有闸墙等基本建筑较多，可以大致看出古代石闸结构形式。

1981年平津上闸遗址（作者摄）

2019年平津上闸遗址（作者摄）

17、18．平津中闸和平津下闸，《通惠河考》记载，下闸在上闸

1981年花园闸（平津下闸）遗址（作者摄）

东4里。高碑店闸下游4里有花园闸（1969年拆除，见左图），旧称平下闸，应该是平津下闸位置。今通惠河北岸还有花园闸村。运河岸上有1972年5月竖立的花园闸碑。

平津中闸位置不见元、明文献记载，位置应在上下闸中间。今高碑店闸东南二里许还有"小郊亭村"，应该是元代郊亭闸名称的遗迹，以距离推算这应是平津中闸位置。这段上下闸间4里长的河道坡度很陡，施工中增建了中闸。文献记载：明宣德七年（1432）正月，通惠河水冲毁平津闸，堤岸也都毁坏，重建大兴县平津闸。正统十三年（1448）六月，修大兴县平津大、中、小三闸及越河土坝。此次明确提及维修了中闸。弘治九年（1496）成书的《漕河图志》中已经不见中闸记载。嘉靖七年（1528），有人建议将不用的中闸移到通州西水关外，可是议而未决。说明当时中闸依然存在，只是"置而不用"罢了。《通惠河志》插图中，仍然明确标出了平津中闸位置。以后再未见关于中闸的记载。明清常说的"五闸二坝"之中，只包括平津上闸和下闸。

19. 溥济上闸，《元一统志》记载，溥济闸在牛店。《漕河图志》《元史·河渠志》都记载："杨尹闸二，在都城东南三十里。"溥济上闸西至大兴县平津下闸8里。到明代溥济又写作普济。依据上面推算，上闸应该在今老龙背村之东。据1955年2月北京市人民政府卫生局编制《北京市河湖资料汇编》，在老龙背村之东的通惠河上，原有一座三孔公路桥，中间一孔为石砌，跨度约6米，与通惠河上的闸口宽度一致，可能是由原来石闸改建，推测可能是上闸位置。

上闸在明中叶逐渐废弃。永乐年间曾经设置溥济闸闸官。宣德七年（1432）四月，曾经"修通州羊营闸桥"，羊营闸即杨尹闸的音转，今有杨尹闸村在河北岸。正统八年（1443）九月，再次修通州普济闸。

《漕河图志》记载，溥济上下闸俱存，并设闸夫65名。到了嘉靖初年成书的《通惠河志》记载，"普济上闸废"，没说明时间。在《通惠河志·全图》中，已没有上闸。因此普济上闸大约废于明正德年间。

20. 溥济下闸，记载至上闸5里。又说通流上闸在通州城西门外，西至普济下闸十里。依此推算，其位置正是今普济闸村。1981年笔者在村南还看到普济闸遗址，闸口和左岸墙还存在（参见右图）。普济下闸以后就通称普济闸，经过明清不断修治，一直使用到20世纪60年代。

1981年普济闸遗址（作者摄）

（五）八里桥至通惠河入北运河处河道上设闸2处4座

包括通流闸2座（初建名为通州闸，1295年七月改）、广利闸2座（初建名河门闸，1295年七月改）。八里桥，通惠河上最重要的建筑之一。原来此桥是木桥，雨季常常阻断通州至京城交通。明正统十四年（1449），李时勉新建石桥，方便往来，经过历朝不断修治使用至今。

1981年位于朝阳区的八里桥（作者摄）

21. 通流上闸，文献记载，通流上闸在通州西门外，西至普济下闸十里。"通州西门外"，指通州旧城西水关外。上闸位置约在新华大街与人民路交叉路口附近，这里距普济下闸正合《漕河图志》记载的十里之数。《明实录》记载，宣德七年（1432）八月，曾经维修通州通流闸。成化初年又修治。《漕河图志》记载："通州通流闸二，共闸夫六十三名。"说明在弘治年代上下闸都还在。正德二年（1507），修

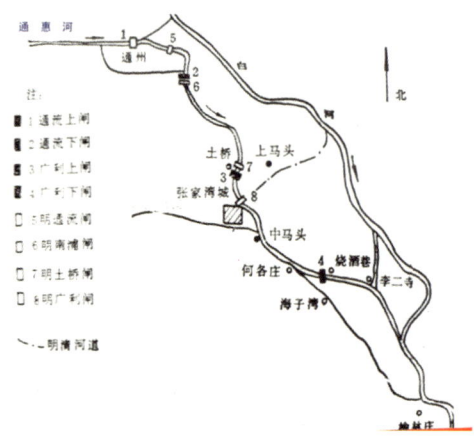

通州通流闸和广利闸位置示意图（作者考证绘制）

理过通惠河大通等桥，庆丰等闸12座。此次大修将上闸移到通州城中，今"闸桥"位置。到嘉靖七年（1528）通州石坝建成后，一般漕船不再过通流闸，而北运河来的船只到石坝卸船，再转入通惠河的小船上。吴仲修通惠河时曾经建议，将不用的庆丰下闸和平津中闸迁建到这里。从此上闸变成一座节制闸，后来又被拆去。

22. 通流下闸，《漕河图志》记载，通流下闸在通州南门外，西北至上闸五里。以西北距上闸五里分析，其位置应该是明代重建的南浦闸，在图上测量距"闸桥"正合《漕河图志》记载的五里。1981年南浦闸遗址还存在（参见下图）。

1981年南浦闸遗址（作者摄）

1981年南浦闸遗址下游侧（作者摄）

23. 广利上闸，《元一统志》记载："高丽庄广利闸二。"《漕河图志》记载，广利闸在张家湾中马头西，上至通流下闸十一里。张家湾中码头在今张家湾镇东南。上闸应在张家湾城北，以距离推算应该是今张家湾北二里的"土桥闸"位置，其地正处于张家湾中码头西北。土桥村附近1981年还有石桥一座，应该是广利上闸的遗址。今地铁八通线还有"土桥"站。

24．广利下闸，《漕河图志》记载广利下闸至闸河（通惠河）口三里。今张家湾镇东南的何各庄，距李二寺（元代河口）二里多，正合《漕河图志》的三里，下闸应在其附近。明初白河在张家湾发生很大变化，下闸上移到靠近张家湾地方，并改名为"鲜鱼闸"。嘉靖六年（1527）从通州至张家湾，必须经过"（通州）二水关，南浦、土桥、广利三闸"。而成化时还没有南浦、土桥的名称。这应该是正德二年（1507）通惠河大修后的结果。但是由于通惠河水源的紧张，通州以南的土桥、广利二闸到清康熙初年都废弃不用了。

根据以上考证，绘制出元代通惠河24闸位置复原示意图。（参见下图）

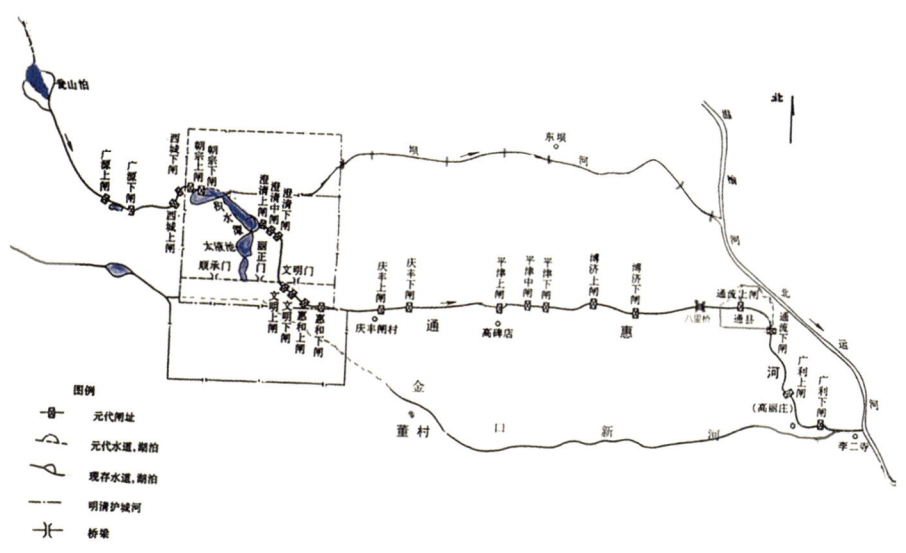

元代通惠河24闸位置复原示意图（作者考证绘制）

第六节　元代大都运河与北运河的连接

通州唐代为潞县，金天德三年（1151）改称通州。金以燕京为首都，《金史·河渠志》："金都于燕，东去潞水五十里，故为闸以节高良（梁）河、白莲潭诸水，以通山东、河北之粟。其通漕之水，……皆合于信安海壖，泝流而至通州，由通州入闸，十余日而后至京师。"金先后修建金口河、金漕渠和闸河，将山东、河北运到通州的粮食运到中都城。

历史上潮白河曾经是北运河的上游，1912年潮白河夺箭杆河入蓟运河。1920年在苏庄建闸，使潮白河重归北运河。1939年潮白河再次夺箭入蓟，以后又开新河导入永定河。现在的北运河的上游是温榆河，流到通州北关闸后称北运河。

大定十年（1170），金世宗开凿金口河，"东至通州之北入潞水"。与潞河衔接地点在今通州城北。泰和五年（1205）金章宗开凿了中都通州的"金闸河"。引用高梁河和白莲潭的清水为源，在河道上建了五六座闸，以控制水流。金闸河与潞河衔接地点仍然在通州城北，使用的仍是35年前金口河入潞河的水道。闸河从通州城北入潞水（北运河），因地势高差变化大，河水流失过快，加上水源不足，50里路程要走10天，行船很困难。另外，根据两条河道高程判断，这条人工开凿的闸河与北运河的船只不能直接通航。

元代，见于《元史·地理志》记载："通州，唐为潞县。金改通州，取漕运通济之义，有丰备、通济、太仓以供京师。领二县：潞县，三河。"所谓"漕运通济"就说明通州的漕运转运京师的功能十分重要。而元代的金口河、金口新河、坝河、通惠河都是人工开凿的运河，都要在通州地区与北运河衔接，要解决两者水位上的落差，并保证河水不轻易流失，成为保障漕运畅通的关键问题。自金代起至元明清，这个问题都十分突出。

一、坝河与北运河的连接处——通州城北温榆河口

元至元十六年（1279）开通坝河，其下游汇入榆河（今温榆河）。据《元史》记载："今丈量，自深沟（坝河最下游的坝名称）榆河上湾至吴家庄龙王庙前白河西南至坝河八百步。"而"通惠河自通州城北至乐岁（仓）西北，水路共长五百步"。可以确定坝河距离通州城北五百至八百步，为此在附近修建了乐岁等粮仓。

二、通惠河与北运河的衔接

元代设计通惠河时，清楚地看到处理好人工运河与北运河衔接，是真正实现京杭运河直航大都城的关键。其重要改变是，堵塞了原来通州城北的水道，改向东南至高丽庄（明代张家湾附近）入白河。其主要目的是既要解决河水流失过快问题，又要解决因高差而造成的断航问题，实现漕船的直航。元代在城北水道上修筑了一座"堰水小坝"，堵塞金闸河水道。如果通惠河汛期水大时，洪水仍然可以从这座"堰水小坝"溢流而过，直接泄入北运河。由于堵塞城北水道后，形成了《元史·河渠志》记载的"通州城北通惠河积水"。后来有人建议，自积水处利用"旧渠"向北开挖四百步，就可以到达坝河的乐岁仓西北，采用小料船运载粮食十分方便。这里的"旧渠"，即上述"金闸河旧迹"，原来城北水道。这种状况一直保持到明代初期没有变化。（参见右图）

另外，从元代通州10个漕仓的位置看，与当时坝河和通惠河路线有明显关系。坝河口距通州旧城北八百步，为了周转漕粮在城北建了深沟、乐岁5仓（《元史·河渠志·白河》）；而通惠河由于从通州旧城西门经

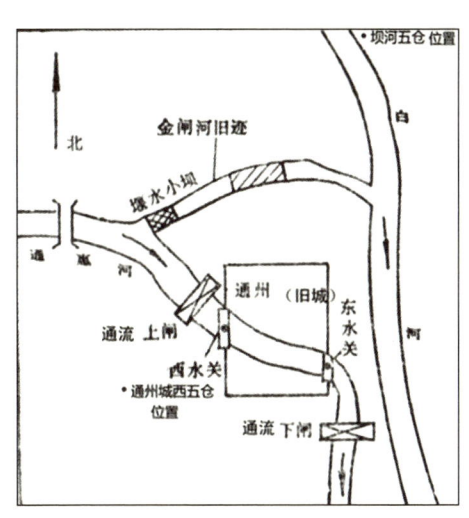

元代通惠河与通州水道关系示意图（作者考证绘制）

过，在西门外建设了另外5座漕仓。明代改建元代5仓后，统一命名大运西、南、中诸仓，并扩建通州城，到了明代正统十四年（1449），为了保护通州旧城外西边的粮仓，在旧城西扩建了新城。以后通州城南通惠河不畅通，成化十一年（1475），陈锐治理通惠河时，曾经提出利用通州城北水道。他说，通州北门外旧有停船湖泊一处（即元代通州城北通惠河积水，清代葫芦头一带），已被沙淤，应该挑浚深阔停船。并且将通州城北门外土坝（元代堵塞河道时修建），添置石闸一座，如遇水大时候，船只俱往北门北闸，进入湖内停泊。该建议有一定的合理性，但是没有被采纳。

到嘉靖年间吴仲改造通惠河前，仍然是这种状况。那时还能够看到通州城北的"金闸河旧迹"和元代"废土坝基"。吴仲大修通惠河时在元代"废土坝基"的基础上，改建成石坝，开始利用城北水道。将通惠河改造成"五闸二坝"运转模式，又倒退回郭守敬以前的状况。利用城北石坝，将北运河内漕船粮食卸下，一部分直接倒运到停泊在"葫芦头"水域的通惠河漕船上，再运进北京城。这样通惠河内的船只，再也不入北运河。（参见左图）通惠河又恢复在金代通州城北与北运河相接状况。清代以后通惠河越来越不通畅，运行模式接近于坝河的倒载制。而通州以南通惠河

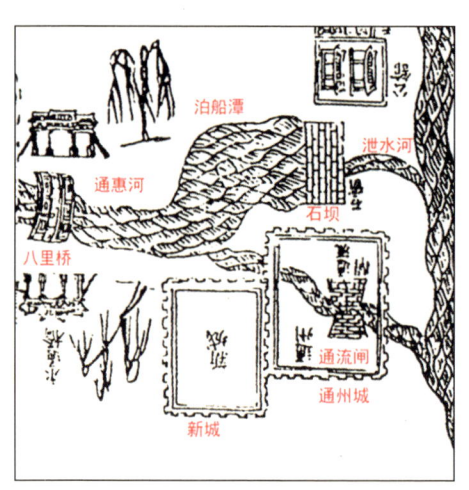

明代通惠河与通州城北水道关系示意图（摘自明吴仲《通惠河志》图）

至张家湾河道也逐渐淤积。

纵观历史，可以清楚地看出，只有元代通惠河的航道，北运河上的船只可以直接驶入大都城内，其他时间通惠河的航道与北运河是断开的。

元代将通惠河改在通州城南张家湾与北运河衔接，这是郭守敬对

以前历次通州运河深入调查基础上大胆的改革。在设计通惠河时，河道改由通州旧城西水关进城，穿过城中，由东水关流出，南向流，东南至李二寺入北运河。这样有两大好处：一是漕船由张家湾可以直航入通惠河入京城；二是缩短张家湾到通州的总航程。

为了实现漕船由北运河直航入京城，特别延长了通惠河注入北运河长度。运河上有一个定律叫"三湾抵一闸"。用延长航道减缓河道坡度，再建几座闸，就可以直航。从通州城南到李二寺之间修建了3座闸，即通流下闸、广利上、下闸（明代这3个闸曾经改称南浦、土桥、鲜鱼闸）。建这3座闸后，漕船就可以从李二寺河口直接行驶，绕过通州城外东南角，驶入金代的闸河河道，省去了中间搬运之劳累，也节省了时间，提高了漕运的效率。

这样设计另一个重要的作用，就是缩短了高丽庄（张家湾）到通州的总航程。从文献上可以知道，元代白河李二寺至通州城的距离是30余里。《元史·河渠志》记载："今岁（1293年）新开闸河，分引浑、榆二河之水，故李二寺至通州三十余里河道浅涩。"这里有两点应该注意：一是李二寺是通惠河与白河的交汇处；二是沿白河李二寺至通州是30余里，而沿通惠河李二寺至通州只有20里，运河航程缩短十余里，即缩短了1/3！这在当时是十分重要的。按《大元海运记》记载，元代漕运"耗米"（即运输中合理的损耗大米）以李二寺为分界点，有李二寺至通州经坝河和李二寺沿通惠河至大都两条路线。其中沿通惠河至大都的路线，既缩短了航距，又节省了中途粮食倒运的消耗，可谓又快又省。详细地说，走新开通惠河路线可以节省原来到通州搬运以及沿坝河反复倒运的消耗，估算每年节省三四万石以上。

明代这一段河道向西改道，使李二寺至通州白河的距离也缩短，这种状况一直保持到清代嘉庆年间无大变化。在1801年9月，邹炳泰绘制《运河全图》中可以清楚看出这一变化。

还应该指出，元代通惠河入北运河（白河）的确切地点是李二寺。元代文献《元史》《元一统志》均记载"东至通州高丽庄入白河"，欧阳玄《都水监政绩碑》记载是"东至于潞水之阳，南会白河"，都没有指出通惠河入白河的确切地点。今张家湾镇西3里有大高力庄村，应是元代的高丽庄，实际距离白河还很远。所谓至"高丽庄入白河"是泛指，准确地点是在李二寺（今称里二泗）。而《析津志》明确记载金口新河下游是"东南至董村、高丽庄、李二寺运粮河口相合"。

从上面所引文献记载可以知道，李二寺至通州有二条路线，一是沿白河走30里，一是沿通惠河走20里。因此可以证明通惠河入白河的确切地点是李二寺。

李二寺距张家湾有4里，而元代文献中还没有"张家湾"的地名（只有高丽庄）。明代人说因为元代万户张瑄住在这里，才有张家湾之称。从河道变迁分析，明代河道变化后，北运河主流才经过张家湾。历史记载明永乐十六年（1418）这里才开始建仓库，以后逐渐修建了张家湾的上、中、下码头。到明代嘉靖年间改造通惠河修建通州石坝后，通州城南通惠河的作用日益减少，漕运船只改行北运河，张家湾逐渐失去码头作用。明清这一段通惠河基本废弃，最后演变成御带河了。

三、金口新河在高丽庄李二寺与北运河的衔接

元至正二年（1342），丞相脱脱等所开金口河，也是在李二寺入白河。据《析津志》记载，金口新河自丽正门外的河道是，"东南至董村、高丽庄、李二寺运粮河口相合，看地形从便开挑"。"董村"今在朝阳区"萧太后河"南岸，高丽庄应是今大小高力庄，"李二寺"即今里二泗。应该说是当时他们借用了通惠河入白河的河口。明代还几次提议要重新开挖这条水道，当时河道还比较清楚。今张家湾的通运桥位于城址原南门外，横跨在"萧太后河"上，当地人都称其为"萧太后桥"。

第五章

明清北京大运河的重建与终结

元至正二十八年（1368）八月初二，徐达率军攻入大都齐化门（今崇文门北），元朝灭亡。当月徐达命令副将华云龙改建大都，又改大都为北平府。北京城只剩下玉泉一处水源，元代运行的坝河完全废弃，积水潭的水面减成什刹三海，通惠河只能到达东便门外，缩短为50里。清代沿袭明代的格局，只是在解决水源上做了一些努力。

第一节 明清北京运河重建与治理

元朝末年,在风雨飘摇中,对大都的运河仍然维持治理。《元史》记载:"至正十三年五月,命令东安州武清、大兴、宛平三县正官添给河防职名,从都水监官巡视浑河堤岸,或有损坏,即修理之。"至正十四年(1354)夏四月,命令各卫军人修白浮瓮山河等处堤堰。至正十五年,命令宦官同知留守野先帖木儿负责疏浚大内河道。野先帖木儿说,自十一年以来,天下多事(指贾鲁堵黄河决口而爆发白莲教起义),不宜兴作。皇帝大怒,立即派他往使高丽,改命宦官答失蛮负责施工。直到元朝灭亡的最后时刻的至正二十八年(1368)秋七月,才命令停止内府修河之役。不到一个月后的八月初二,徐达就率军攻入大都齐化门(今崇文门北),元朝灭亡。

同年八月,徐达命令副将华云龙改建大都,又改大都为北平府,担心原大都的居民不好管理,命令指挥叶国珍将居民迁徙到开封城。1370年朱元璋封朱棣为燕王,改元大都内殿为燕山府。第二年改建北平城,缩北城五里,新筑土城垣,作为防止元军反攻的第二道防线。1379年十一月燕王府(后来皇宫雏形)营造完毕,次年三月朱棣离开南京正式镇守北平。1402年六月燕王攻占南京,即皇帝位,1418年迁都北京。到此时积水潭水系已经50年没有系统治理了。元代大都重要水源——白浮瓮山河当初修建时为了速成,渠道和清水口工程都是用当地材料修建,几十年没有维修,早已经被山溪洪水冲毁,已经无法修复。北京城只剩下玉泉一处水源,积水潭的来水自然大大减少。在缩建北京城时,为了修建北城墙,将积水潭大湖西北部分隔在城外(后称太平湖);又考虑德胜门内的交通,在积水潭中间建德胜门桥和德胜门内大街,将湖再分开。桥西的湖仍称积水潭,桥东的湖泊称作什刹后海和前海。这样,明代通惠河上游的水源只剩玉泉山一处,城内河湖水面大大缩小。

一、白浮瓮山河的消失——运河水源困难

元代这么重要的引水工程，为什么到明中期就消失得无影无踪了？简言之，这与工程特点及明十三陵有密切关系。

至正二十八年（1368）元朝灭亡，朱元璋建都南京，大都改为北平，通惠河漕运基本停止。而作为通惠河上游的白浮瓮山河，土筑的河堤及荆笆编制的水口工程等，几十年失于治理而荒废殆尽。直到永乐元年（1403）明成祖朱棣迁都北京，才开始利用通惠河运输建筑材料。永乐五年（1407）五月，北京行在奏请重修白浮河道，"自昌平东南白浮村至西湖景东流水河口一百里，宜增置十二闸。请民丁二十万，官给费用修置"。结果只批准用运粮军治理上源及河渠，而设置闸坝之事从缓①。这次治理只疏通了白浮河道，以及下游直至东便门一百里的河道，没有对闸坝进行修复，运行自然不会很久。

然而，刚刚过了两年，永乐七年（1409）五月，朱棣决定在昌平县营建自己的陵寝永陵。礼部尚书赵羾派懂得风水的人去挑选，初定白浮村以北20里的黄土坡为陵地。永乐皇帝也亲自去视察，确定并封其山为"天寿山"。从此，给白浮瓮山河带来大问题。按中国的"堪舆家"的说法，皇陵前不可以有逆流之水，而白浮泉、王家山泉等泉水引出一段渠道是从东向西流，正属于这种情况。因此每当要引导白浮泉水时，就会遭到"堪舆家"的反对，成为风水上的大忌。如永乐十五年（1417）朝廷决定重新治理通惠河时，就曾经派吏部、户部、工部等人，到昌平县元人引水的地方察看。考察的人汇报："元人引昌平东南山白浮泉水往西逆流，经祖宗山陵，恐于地理不宜。及一亩泉水经过白羊口山沟，雨水冲截，惧难导引。"一是白浮引水往西是逆流，不可用；二是可以使用从北往南流的一亩泉的泉水，但是有山沟和雨水"冲截"，技术上解决不了。考察的人接着说："今会勘得玉泉、龙泉及月儿（即虎眼泉）、柳沙等诸泉水，其源皆出于西北一带山麓，堪以导引汇于西湖。"明确排除了白浮、百泉等"逆

---

① 《明太宗实录》卷六七。

流"泉水，设计上还考虑准备使用白浮瓮山河的后半段。然而几年后实际兴工时，"其他三泉俱有故难引"，都无法引用。最后"独引西湖一泉（即玉泉之水）"供应通惠河，航道"不逾二载而浅涩如故"①。因此可知，明初实际只有永乐五年（1407）那次疏浚，以后就没有再进行过治理。白浮瓮山河以后逐渐荒废得面目全非，历史上再未见到记载。

二、明初通惠河的漕运——大通河

明初为了供应中书右丞相徐达守军和粮饷，"洪武三年（1370）十一月，诏令商人输米北平府仓，每一石八斗给淮浙盐一引"②。永乐初年供应北京粮饷基本依靠海运。"永乐元年八月，平江伯陈瑄总督海运粮492637石赴北京、辽东，以备军饷。"③"十一月，命右军都督府都督佥事陈俊等，督运淮安、仪真等处仓粮1576200石有奇，赴阳武转输北京。"④"永乐三年二月，命平江伯陈瑄充总兵官、前军都督佥事宣信充副总兵官，帅舟师海道运粮赴北京。"以后每年经过海运粮饷至北京，直到永乐十一年山东运河重新疏浚完成通船。"永乐十一年十二月，命平江伯陈瑄充总兵官、都督宣信副之，帅领舟师漕运粮储赴北京。"⑤

自永乐三年（1045）决定建都北京，便着手修复通惠河，以便解决重建北京城的建筑材料及漕粮运输的问题。因白浮瓮山河断流，城市供水又恢复到元代以前状况。为保证下游什刹海及通惠河的供水，明初做了不懈的努力。永乐四年（1406）八月修西湖景（今昆明湖）东的牛栏庄及青龙、华家、瓮山三闸附近被冲决的堤岸和玉河、万泉河等堤岸，以增加下游什刹海的供水量。永乐五年（1407）五月再议疏

---

① 以上均据《明成宗实录》。
② 《明太祖实录》卷五八。
③ 《明成祖实录》卷二十。
④ 《明成祖实录》卷二四。
⑤ 《明成祖实录》卷九〇。

浚之事。

北京行部建议："自西湖景东至通流凡七闸，河道淤塞。自昌平东南白浮村至西湖景东流水河口一百里，宜增置十二闸。"估计需民工20万。可能因财政问题，当时只派运粮军士疏浚了西湖景东至通州通流等7闸及河道，包括什刹海及上下游的河道和闸坝。当年秋天又修西湖景堤379丈。翌年，通惠河下游各闸各置闸官。"永乐六年四月，设北京通州惠和、庆丰、平津、澄清至通流等六闸置官一员"。并从江西，湖广、河南等地，征用闸夫二千多人。可见当时什刹海供水增加，通惠河恢复航运，为解决北京建筑材料运输问题投入了巨大的力量。

《明实录》记载："永乐十年夏四月庚申，浚北京通流等四闸，河道共一万七百三七丈。"按一百八十丈为一里折算，总长五十九里一百一十七丈。这次疏浚的河道应从北京城内什刹海万宁桥开始。通过这次大规模治理，运河漕运量大增。到永乐十三年正月，行在户部言："漕运至者渐多，请发民置仓贮之。"①

永乐十五年（1417）春正月，为营造紫禁城，"命平江伯陈瑄充总兵官攒运粮储，并提督沿河运木赴北京"。这次利用通惠河自通州浮运南方采集的大木至城内，河道还较畅通。今天通州、东便门等地皇木厂地名应该源于此。

永乐十七年（1419）建北京内城南城墙时，将大都城墙向南推移了二里，原在大都外的文明、惠和二闸被包入城内。宣德七年（1432）六月，皇上因东安门外缘河百姓居住靠近皇墙，喧嚣之声响彻于大内，命令行工部改筑皇墙于河东；八月又移东安门于桥之东。至此今南北河沿一段通惠河完全包入皇城。从此什刹海以下自澄清闸至文明闸之间通惠河已不能行船，而西湖上游白浮引水渠道又因要经过明皇陵区，因风水关系不准再引用。

永乐二十二年（1424）十二月，罢海子至西湖巡视官，缓解一下

---

① 《明成祖实录》卷一百六。

什刹海上游沿途用水的矛盾。《明实录》记载其原因是"盖西湖受泉山之水，流经城南，出注海子，凡三十里。官常遣人往来巡视，禁民不得取鱼，而并缘为奸者。其旁近之草及灌田之水，民皆不得取。至是上命吏部悉罢之"。对通惠河的治理一直没有间断。宣德六年（1431）五月，修宛平县之澄清闸。正统元年（1436）七月，因水溢浑河狼窝口及卢沟桥、小屯厂；西湖东笆口、高梁等闸堤岸全部决口，皇上批准了治理请求。并且下谕旨："此皆要害，汝其尽心理之，必完必固，毋徒劳民。"

正统四年（1439），北京城大雨成灾，"五月壬申，大雨，京师水溢。坏官舍民居3990区，溺男妇21人。富者僦居以居，贫者露宿，长安街皆满。先是，京师久旱，至是大雨骤降，自昏达旦，城中沟渠未及疏浚，城外隍池新甃狭窄，视旧减半。又新做桥闸，次第壅遏，水无所泄，故有患也。"① 以后几年，又陆续修理通惠河上诸闸。总体上看，明初对修通惠河投入力量与财物不少，但终因上源白浮断流，供水不足，导致漕运不畅。

正统三年（1438）五月大通桥闸建成，标志着明代通惠河新起点的开始。（参见下图）

1930年大通桥及角楼（历史资料）

三、明中期对通惠河结构性修复

成化七年（1471）漕运总兵官都督杨茂奏道，通州至北京50余里

---

① 《明英宗实录》卷五五。摘自《明实录北京史料》，北京古籍出版社，1995年。

通惠河河道及石闸尚存，现河水约2尺，造驳船驳运较车运省费省力。经户部尚书杨鼎、工部侍部乔毅全面查勘后提出：上流白浮泉水已不能引用，其他水源亦不可用，只有引西湖之水供运河。但需引玉泉等西山泉水汇于西湖，关闭青龙闸，截断西湖流入清河的出口，将水从玉河、高梁河引入城，一半入城内什刹海，余水环城壕合三里河水汇于大通桥。通惠河水小则紧闭闸板蓄水，用小船驳运；水大则开闸泄水行大船。

成化八年（1472）开始实施。首先拨官军4万人疏浚北京城壕。至成化十一年（1475），任命漕运总兵陈锐等率漕卒自下流向上疏浚，并修闸造船。又要求添设工部官员一员，职专常川，管束河道闸座。官吏人夫仍将青龙桥、高梁桥、广源等闸，与西山流济御河一带泉源，倨令本官前往采提调整理。如此，事有专责，河道闸座不致废弛。十月设官兼管西山诸闸及泉水。直到成化十二年六月全部工程才完工，耗费巨大，并且新增设"顺天府管河通判"官，专管西山泉源及通州以上河道。

但是，这次疏浚稍通漕船，不足两年便恢复原状，不再通航。《明实录》记载其原因有三条：首先是水源不足。仅分引西湖诸泉水一半，受气候降雨影响太大；其次是河道太狭，漕船不能进入积水潭，停在大通桥下，无停泊场所；第三是受到明初以来掌管陆运漕粮权豪势家的反对和造谣阻挠等影响。这三条也正是明代通惠河几次治理均无法像元代那样通畅的重要原因。

针对上述原因，后来有个叫丘峻的人明确提出，漕船没有停泊港是一个大问题，他建议在城东开挖个大水潭，类似元代的积水潭，作为泊船码头，由北城壕及东城壕引水入潭。这些只是议论而已，并未实行。后来嘉靖年吴仲借鉴了这个思路，在通州城北设立了"泊船潭"，作为通惠河与北运河连接的重要漕船停泊港，一直使用到清末。

成化元年（1465）四月"修理玉河东西堤岸"。成化二年十一月"修理高梁桥及闸"。成化三年（1467）六月，修玉河桥东西堤岸。成化八年（1472）正月己未杨鼎报告：自西山玉泉并京城壕堑，抵张家湾一路河道俱宜修浚，已拨军九万余名修理完毕。可见这次是全北京市区河湖水道大治理。

成化九年（1473）四月，仍然在增修理京城河道、桥梁等处工程。十年八月加强对新修河道的管理，命令提督九门内官巡视城池，且榜禁沿河居民毋得秽污。十一年二月，"命内官监左监丞张端、工部右侍郎刘昭，俟修城毕，以所督军夫修玉河堤岸。"十月癸未，"诏疏浚通州至京河道，工将就绪，请设官理之，并提督青龙桥、广源等闸及西山一带泉水。"可见这几年北京运河的治理没有中断。

但是20年后，弘治七年（1494）八月，裁革顺天府宛平县澄清、高梁二闸官各一员。反映澄清闸由于只管启闭不再通航，管理人员也相应要减少。以后对护城河及水道的管理似逐渐松弛，以致发生黑熊自什刹海畔，爬到西直门城墙并咬死人的事件。九月丁未，兵部答复报告中说：城河之水来自西湖，常须盈满，亦可助险。此因滨湖之家，引水灌田，以致浅涸。乞令本部及二部各差官一员，通察九门……并禁西湖滨河人家不得引水灌溉，违者治罪。兵部的建议得到批准。但因积弊日深，治理效果不明显，以致十年后城内河湖通惠河水源河道就已不像样子。弘治十六年（1503）九月，吏科左给事中吴世忠报告三事，其一是皇城之外街土太高，于祠地为凌犯之象，沟湖日壅，臭恶熏蒸，于医家为呕痢之疾，乞将壕湖填窄者尽为开辟，沟渠阻塞者尽为淘浚。可是工部复奏后的回答是"命姑置之"。城市河湖已到了这样恶劣的状况，仍未引起统治者的重视。

四、吴仲对通惠河的重建——五闸二坝的形成

正德二年（1507）户部、工部，会同漕运官治理通惠河，用半年时间修复大通桥月河及通州河道、桥闸、堤岸、土坝，工程浩大，结果收效不大，依然不能通舟楫。4年后又因河道淤积于"搬运不便"而撤销了庆丰、通流等闸新设闸夫和驳船。

嘉靖初，督漕官吏为运输修建北京宫殿的超大木材，再次建议修复通惠河。嘉靖六年（1527），巡按直隶监察御史吴仲奏请修通惠河，

提出"在上源于山陵风水无碍,下游于都城无损。各闸现存,管理官吏人夫现在,营建大木已通行无阻"。后经考察,批准了筑新坝、修旧闸、浚河道,实行分五段搬运的方案,同时吸收明初的教训,新开"泊船潭"以便于停船御粮。工程于嘉靖七年二月开工,至五月底完成。当年漕运获得成功,吴仲又提出管理上的改进方法,使通惠河安全运行了近60年,实际超过元代郭守敬初建时使用时间。吴仲获得巨大成功,受到嘉奖,调任浙江地方官。两年后,他回京路过通惠河,看到秩序井然,通惠河运行良好,欣然命笔,将当年有关通惠河大修的资料撰写成《通惠河志》一书,备后来者使用。该书成为有关通惠河明代建设最重要最真实的历史文献。(参见下图)

这次重修后几十年漕运比较畅通,通惠河漕运格局已成定式,至清不变:驳运与陆运并行(水陆并进),河闸维修不断。隆庆元年(1567),北京城河闸坝工程定下3年一修的制度,应包括什刹海上游和下游的各闸坝。

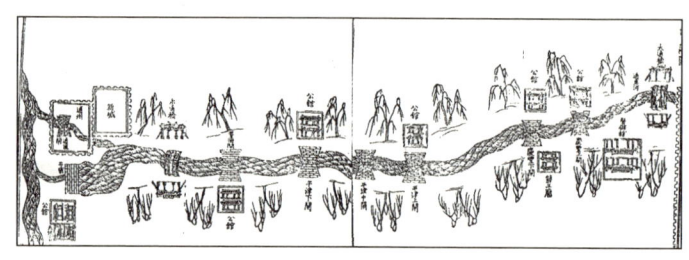

明代通惠河图(摘自《通惠河志》,图中上南下北)

嘉靖七年通惠河工程量及耗用材料总表

序	项目	内容	总量	备考
1	修理	大通桥1座,庆丰等闸6座	7座	
2	挑浚	河道	21里13丈	12128米

续表

序	项目	内容	总量	备考
3	盖造	官厅、厂房	125间	
4	新筑	石坝1座	高1丈6尺，长20丈阔，11丈	5.12×64×32.5米
5	新开	泊船潭并河	3处，共长394丈，阔9丈	1261×28.8米
6	新开	搬粮小巷	3处	
7	新筑	堤岸	15处，共长654丈	20910米
\multicolumn{5}{耗用}				
1	支用	巡仓赃罚漕运脚价银	6890两	
		铜钱	20500文	
		另米	123石	
2	粮，支用	通仓官军堤夫行粮	3730石	
3	支用	通州抽分等厂木板等项	6108根、片	
4	支用	料砖厂半段砖	15万块	
5	拆用	尼姑等寺房	129间	
6	借用	通州左卫，武清等县军夫堤夫	3720名	
7	雇募	夫匠	共114070工	
		核银	4282两	
8	置买	木植、砖、瓦、灰、苇、锹、镢	共9784根、片、个、斤、石把	

注：本表数字均据《通惠河志》。

嘉靖以后修复通惠河取得成功的重要原因之一，便是引用玉泉水为源,并不断修复玉泉山以下青龙、广源、白石、高粱诸闸,保证了什刹海的供水,同时对什刹海的出口控制闸——澄清闸也不断维修。嘉靖元年四月己丑,"敕提督团营官,会同工部右侍郎童瑞,修浚金水河、玉河二桥,并九门城壕。命管御道官管理广源闸水利"①。

为保证运河用水,嘉靖四十五年(1566)四月庚辰,"以九门外河渠壅塞,诏遣科道官各一员,兵、工二部司属各一员,督工修理。并踏勘西山河源,凡有临河引水灌田者,逐令改正。势豪之家不得抗阻,违者奏参重治"②。隆庆二年(1568)四月丙申"诏……疏御河"。五年二月丙辰"修浚金水河兴工"。

万历前期勉强维持漕运,修治记载很少,仅有万历三年(1575)三月辛丑"修都城南面河身闸坝"一条,十分简略。万历后期朝政日益腐败,水利修治不及时,问题渐多。万历三十五年(1607)闰六月:大雨潦浸贯京城,长安街水深三尺。"淫雨一月,平地水涌,通惠河堤闸莫辨"③。明代在什刹海湖畔种植有稻田。《宸垣识略》记载:"德胜门水次稻田八百亩,以供御用,内官监四十人领之。"这样什刹海水面的缩小,也大大影响了下游通惠河的供水。

五、清代通惠河水道的治理与衰败

清代对通惠河水道的治理自顺治年间就十分重视。顺治十四年(1657),给事中雷一龙请修石坝及里河五闸堤工,开始修治明末破败的通惠河。康熙三十五年(1696)全面整治通惠河,疏浚通州至京城五闸河道,加筑堤岸等。为解决漕船停泊问题,翌年还全面疏浚了城东的护城河,引大通桥运船达朝阳门、东直门,以更靠近京城东部漕仓,减少陆运距离,节省了可观的运费。这段河道乾隆年间还多次修治。

---

① 《明世宗实录》卷十三。
② 《明世宗实录》卷五五七。
③ 《光绪通州志》卷三《漕运·坝闸》。

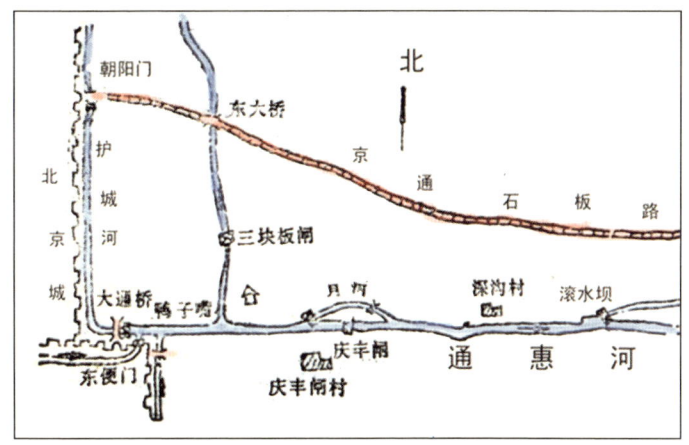

清康熙年间开挖大通桥至粮仓支线运河①

乾隆二十五年（1760），再次疏浚大通桥以下淤塞的河道。但使用不久，效果也不好。有人提出改进，改岁修为集中大修办法，得到批准执行。以后一段时间执行"大修"制。乾隆三十六年（1771），再次浚通惠河大通桥河道。乾隆五十四年（1789），再次大修。

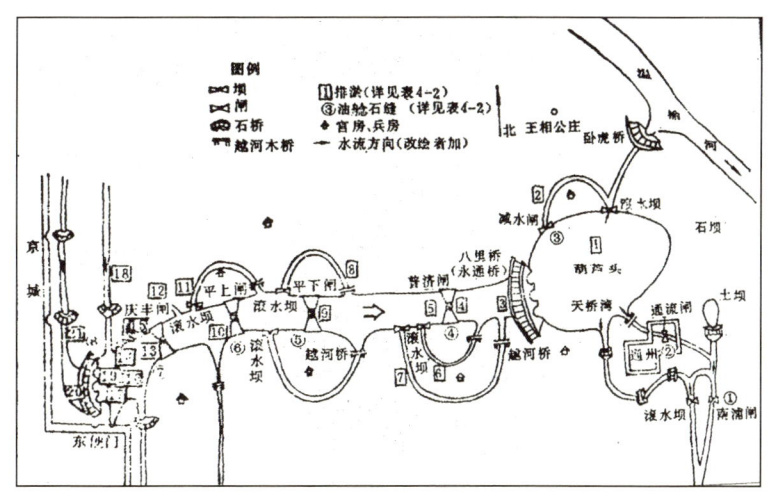

清道光二十九年（1849）通惠河大修竣工图（临摹稿，原图藏国家图书馆）

---

① 作者据历史文献和1928年《顺直水利委员会测图》、1929年《北运河支流通惠河略图》编绘。

嘉庆以后对河道闸坝加力修治，重点对减水闸、滚水坝、通惠五闸等修理。下游重点是保证节约用水的问题。嘉庆十四年，距前次大修已20年，河底日高，堤岸单薄，同时上源工程"须堵截来源，方可兴工。于西直门角楼等处筑坝六"，总共用银三四万两。

道光三年（1823）浚通惠河，修理坝。五年，再修通惠河。道光二十九年（1849）大修通惠河，有工部竣工上报朝廷的黄本奏折和竣工图纸，可以清楚地了解当年大修所有的工程量。

同治五年（1866）修里河闸坝。光绪二十七年（1901），京杭运河停运改征色银，通惠河漕运也全面停止。

总之，元、明、清三代京杭运河进入北京的运河路线一直是十分清晰的：元代从通州南李二寺直接驶入北京城内，京杭运河终点是积水潭；明清京杭运河终点改在东便门外大通桥，因此又称大通河，还通过开挖支线运河减少陆运。虽然明清通惠河经常淤塞，加之各部门的矛盾而实行"水陆并进"的方针，但是通惠河一直使用至清朝末年漕运停止。

第二节　明清运河水源治理

一、明代西湖与长河

明代西湖据《长安客话》记载:"西湖去玉泉山不里许,即玉泉、龙泉所潴。盖此地最洼,受诸泉之委,汇为巨浸,土名大泊湖。"①明初,朱元璋定都南京,西湖不见修筑记载。永乐帝迁都北京,迎来西湖治理的新高潮,因为整体上明代对西湖治理都是在原来规模上进行,明代文献反映的西湖与元代没有大的区别。《明太宗实录》:"永乐四年(1406)八月癸卯,北京行部言:'宛平、昌平二县西湖景东牛栏庄及清龙、华家、瓮山三闸,水冲决堤岸百六十丈,发军民修治。'""永乐五年(1407)五月丁卯,北京行部言:'自西湖景至流通凡七闸,河道淤塞。自昌平县东南白浮村至西湖景东流水河口一百里,宜增置十二闸。'"到九月"修顺天府西湖景堤三百七十九丈",②都是修复元代之旧。永乐二十二年(1424)罢"西湖至海子(积水潭)巡视官"。巡视是防止百姓私掘长堤放水灌田,保证运河供水,这也应是元代旧制。

明代关于长河至西湖长堤的位置和规模记载较多。刘侗《帝京景物略》所谓"官堤"(即长堤):"(从麦庄桥)堤行八九里,龙王庙。庙之傍黑龙潭,隔湖一堤而各为水。又行一里,堤始尾,湖始濒,荷香始回,右顾村百家。上青龙桥,即玉泉山下也。"龙王庙位置至今未变,庙在堤东侧,庙东北为黑龙潭。过龙王庙向北偏西行一里余,在圆静寺之西接山趾。登岸后沿山麓西北行不远便是青龙桥。这一段湖岸也应有堤防,如《山行杂记》所记:"西湖北岸长堤五六里,堤柳多合抱,龙王庙据其中。外视波光十里,空灏际天。"另外《怀麓堂集》还记载:"西湖方十余里,有山趾,其涯曰瓮山,其寺曰圆静,

---

① [明]蒋一葵《长安客话》,北京古籍出版社,1982年。
② 以上据《明太宗实录》。

寺左曰右湖。"圆静寺在今排云门稍南位置，寺左即寺东，有不少水田；寺西是湖。1991年对昆明湖进行清淤时，在距耶律楚材墓西面约200米处的湖底发现一处建筑遗址，占地面积约2000平方米。根据遗址的地理位置和历史记载推测，此处建筑遗址是"好山园"，也说明湖北岸原来是有建筑的。另外，当时湖堤并不很直，并已用石块砌护。朱正初《湖上》诗有"长堤曲曲古磷磷，柳色参差接望春。"可证。元、明长堤上植有"多合抱"的杨柳，堤上植柳是传统，至今昆明湖西堤上还可以看到几百年的古柳。成化七年（1471），漕运总兵官都督杨茂为了修治通惠河上奏，由于上游白浮泉水已不能引用，其他水源亦不可用，只有引西湖之水供运河。因此需要引玉泉等西山泉水汇于西湖，同时要关闭青龙闸，截断西湖流入清河的出口，将水从玉河、高梁河（长河）引入城，供下游通惠河。十月设官兼管西山诸闸及泉水。直到成化十二年六月全部工程才完工，耗费巨大，并且新增设"顺天府管河通判"官，专管西山泉源汇入西湖，及通州以上河道。这次对西湖和长河进行全面治理。由于运河水源不足，弘治七年（1494）九月丁未，兵部要求禁止西湖濒河人家引水灌溉，违者治罪。兵部的建议得到批准。明代永乐年间治理西湖后，环境水利的功能得到恢复。弘治七年（1494），在西湖北岸建圆静寺（今排云殿址），正德元年（1506）扩大为好山园。湖面种植了大量的荷花。文献记载"西湖莲花千亩，以守卫者严，故花事特盛"[①]。另《珂雪斋集》记载："……是为西湖。盛夏之月，芙蓉十里，堤柳丛翠，中隐见村落。"王直《西湖诗》有"玉泉东汇浸平沙，八月芙蓉尚有花"句。明代在湖北岸建圆静寺，成为西湖第一名胜。湖面"沙禽水鸟，出没隐见于天光云影中，可称绝胜"[②]。另何御西湖作诗："西湖堤上立，风景恣游心。十里澄虚色，群峰落翠阴。菰蒲随远近，鱼鸟自高深。"[③]明

---

① 《潇碧堂集》，引自[清]于敏中等编纂《日下旧闻考》，北京古籍出版社，1981年。

② [明]蒋一葵《长安客话》，北京古籍出版社，1982年。

③ 《白湖集》，[清]于敏中等编纂《日下旧闻考》，北京古籍出版社，1981年。

代长河仍然是连通西湖和积水潭的重要输水通道,也是皇家从城里到达西湖风景区重要航道。其中控制建筑广源闸和高粱闸一直发挥重要作用。《长安客话》记载:"高粱桥跨高粱河,故名。离西直门仅半里许。兹水源发西山,汇为西湖,东为小渠,由此入大内,称玉河。方之关中,可比浐灞。水急而清,鱼之沉水底者鳞鬣皆见。"高粱桥和闸门现在还有遗存,就是元代西城闸。现藏台北"故宫博物院"手卷画《出警入跸图》,乃是中华民族的珍贵国宝。《出警图》绘皇帝骑马,由陆路出京,画由右往左长26米。《入跸图》画皇帝坐船,走水路还宫,循水路而归,车辇仪仗,以及大部分之羽林军士不能乘船者,则傍岸而行。全卷绘画,中规中矩,一丝不苟,由左往右长30米。这两幅图是台北"故宫博物院"所收藏手卷画作中最长的,是历代绘画作品中少见的精品巨作。作品可以确定是许多宫廷画师的合力创作。《入跸图》构图简洁明快,文武百官队列整齐,迎接皇帝归来。画中有一个特点,就是只有皇帝一个正面形象,其余只是侧面形象,皇帝乘船归来的样子也是生动传神。

关于画中的皇帝,经台湾专家从画作的特点以及根据《万历起居注》记载,万历皇帝到西郊谒陵时乘马而去,坐船从水路而归,这正好与《出警入跸图》的描绘相符。《起居注》还记载万历皇帝归来时文武百官都在西直门桥欢迎皇帝,而《出警入跸图》的结尾处所绘制的也是西直门桥,因此判断此画中的皇帝,正是明神宗朱翊钧。但是台北"故宫博物院"说明文字写着从潮河归来是不正确的。从西直门归来,路过的桥应该是高粱桥,桥下有闸,与图中一致(参见右图)。

《入跸图》到达西直门和高粱桥

其实在《明实录》与明代文献中有更多更明确关于这次皇帝出行的记载,并且与画中场景一致。《明实录》卷二○三记载了这次出警入跸6天全过程。"万历十六年九月庚申（第一天），上率后妃发京师，出德胜门，次清河行宫，少息，次巩华城驻跸。辛酉（第二天），驾发巩华城，停午驻感思殿。……壬戌（第三天），上率后妃恭谒长陵、永陵、昭陵毕，……还感思殿驻跸。癸亥（第四天），驾发感思殿至巩华城行宫，免从官守臣朝见。驻跸于功德寺。甲子（第五天），驾幸石景山，欲观浑河……临流纵观，目（申）时行前曰：朕每闻黄河冲决为患不常，故欲一观，浑河水势汹汹如此，则黄河可知……命从官先诣功德寺候驾，仍赐酒馔。乙丑（第六天），驾发功德寺，还京，居守大臣文武百官迎驾如仪。"

《入跸图》驾发功德寺码头

注意《入跸图》（参见左图）皇船刚刚离开石岸码头，后面可以看到的建筑应该就是功德寺。

《长安客话·功德寺》记载："西湖上有功德寺，旧名护圣寺，建自金时，元仍旧。"《帝京景物略》记载："道西堤，行湖光中，至青龙桥，湖则穷已。际湖山而刹者，功德寺。"说明当时西湖的北界应远于今界，且偏西。

画面结尾处而大队人马前锋到达西直桥时，后面还在高梁桥上。注意为什么说这座桥是高梁桥，因为桥前岸上竖立一对"绞关石"，这正是文献记载"距离西直门仅半里许"高梁桥（闸）。

1931年，震惊中外的九一八事变发生，日军开始侵略中国，1932年，《出警入跸图》等文物被运往上海。为避开日军轰炸，1937年这批文物几经周折被运抵重庆。抗日战争胜利后，又被运往南京。1949年初国民党政府撤离南京，退居台湾。这批文物连同南京博物馆等地的文物共5500多箱一起运往台湾。1965年，台北"故宫博物院"建成，总长度近60米的《出警入跸图》，在馆内找到一个合适的场所，让这幅画得以全部展出。

此外，关于这次万历皇帝驻跸功德寺的活动，《长安客话·浑河》记载："万历戊子秋九月十六日，圣驾还自寿宫，驻跸功德寺。明日幸石景山，观浑河。上曰：'观此水则黄河可知。'"《长安客话·西湖》还有详细记载："万历十六年，今上谒陵回銮，幸西山，经西湖，登龙舟，后妃嫔御皆从。先期水衡于下流闭水，水与岸平，白波森荡，一望十里。内侍潜系巨鱼水中，以标识之。方一举纲，紫鳞银刀泼剌波面，天颜亦为解颐。是时艅艎青雀，首尾相衔，锦缆牙樯，波翻涛沸。即汉之昆明太液，石鲸鳞甲，殆不过是。"其中"幸西山"是指《明实录》记载的"甲子（第五天），驾幸石景山，欲观浑河"事。浑河即今永定河。"经西湖，登龙舟"，就是《明实录》记载的"乙丑（第六天），驾发功德寺，还京"事。

另外，万历皇帝船过万寿寺时，曾经在寺内进膳。明代成书的《帝京景物略》记载，万寿寺是万历五年（1577）修建，内除正殿外，还有"三池共一亭"。"万历十六年上幸寺，尚食此亭"。《长安客话·万寿寺》记载："十六年上曾于此尚食，不敢启视。"时间都明确指向万历十六年。

实际明朝皇帝游西湖驻跸功德寺始于宣德皇帝朱瞻基。《长安客话·西湖》记载："宣德十年（1435），宣庙西郊省敛，驻跸功德寺，因留鸾仗寺中，自后遂为列圣驻跸之所。"

《长安客话》还记载："（西）湖滨旧有钓台，武庙幸西山，曾钓于此。"应是明武宗朱厚照（正德年间1506—1521）游西湖的事情。还记载："嘉靖中（1522—1566）世庙谒景皇帝陵，……既而上驻辇寺中。"

二、清代昆明湖扩建工程

随着明末清初西郊园林的大量兴建，以及水田的增加，西湖水量日感不足。城市供水与运河用水的矛盾日益严重。明末南方人兴水田之利，在西湖四周引水种植，使湖面积大大减小。康熙初年开始治理什刹海上游玉泉山及水道。康熙七年（1668），浚玉泉山一带的河道，增修高梁桥、白石桥诸闸坝。康熙十二年（1673），浚治玉泉山河道，二十二年（1683）在北长河上建玉泉新闸，此闸现保存完好。二十九年（1690）又建玉泉山石闸一座，并疏浚了河道。这些工程首先增加了通惠河源。清代玉泉山一带泉水甚多，乾隆年间有名称者30余处，其中著名的有八大泉，据《日下旧闻考》记载，基本上可以确定位置。1951年1月调查出流量仅为1.0立方米/秒，出水减少了很多，后来完全干涸了。

到乾隆十四年（1749），乾隆帝为了庆祝母亲六十大寿，开始了大规模扩建昆明湖工程。至十五年初已完工。据《清高宗实录》，赐名时间为乾隆十五年（1750）三月十三日："谕，瓮山著称万寿山，金海（西湖）著称昆明湖，应通行晓谕中外。"新湖的形成是将原来的堤防移至今知春亭以东，将原堤东的稻田、黑龙潭及零星水面与西湖连成一片；留下龙王庙孤岛，建十七孔桥相连，南移响水闸于新湖南端绣漪桥下。新湖周岸达30余里，面积是原来的二三倍以上。扩大了湖水面积和容量，并系统修建了大量闸、坝、涵洞，对北京城市的防洪、增加灌溉、漕运、园林用水等方面发挥了巨大的作用。

从乾隆十五年（1750）御制诗："西海受水地，岁久颇泥淤。疏浚命将作，内帑出余储。乘冬农务暇，受值处贫夫。葳事未两月，居然肖具区。……师古有前闻，赐命昆明湖。"可以看出当时湖已淤积严重，在农闲时间进行治理，以"葳事未两月"推算，工程应该完工于乾隆十五年（1750）一二月间。

三、香山双清泉及卧佛寺水源头引水工程

清初玉泉诸水已感不足，曾考虑到当时汇入玉泉山河（今北长河）的西山香山，卧佛寺等山泉水的开发利用。据《康熙二十九年六月丙寅谕内务府》记载："玉泉山河水所关甚巨，西山一带碧云、香山、卧佛寺等山之水，俱归此河。从前此河由青龙桥北汇入清河，后因欲引此水入京城，将高处挑浚，河之两旁复加谨防固，以分水势。今值霖雨，水势漫溢，堤岸冲决数处。尔等速将闸板启放，工部将冲

决处速行堵筑。"表明康熙年间曾经有过引水工程。

到乾隆扩大昆明湖后，更感觉到供水不足，于是开始大规模的西山引水工程。关于乾隆年间引导西山泉水至玉泉山工程的水源，《日下旧闻考》卷一〇一有详细记载：一条出于十方普觉寺（即卧佛寺）旁的水源头，即今樱桃沟之水源头，现在立有石碑。其开发历史悠久，明代已通过水槽引至卧佛寺西方池中。清代再次用石槽引导至广润庙前分水龙王庙（遗址在今万安公墓站前）。一条出于碧云寺内石泉，用石槽引水，流入香山见心斋。再南流为月河，与另外一条由双清别墅流下泉水汇合，出香山东园墙，上述水源头水汇合后，经石槽东流至四王府广润庙。再东行经普通、香露、妙喜诸寺，然后入静明园汇合玉泉山水。石槽总长约为12千米（卧佛寺至广润庙约2.8千米；碧云寺和双清至香山园墙合计5千米，再至广润庙约2.2千米；广润庙至玉泉山西麓约2千米）。（参见下图）石槽工程大约在八国联军侵入北京，西山诸园被焚殆尽后而失于修治，逐渐毁废。石槽遗迹在20世纪80年代还多处可见，后来因修公路全部拆除。现仅香山公园东门内陈列一条石槽。

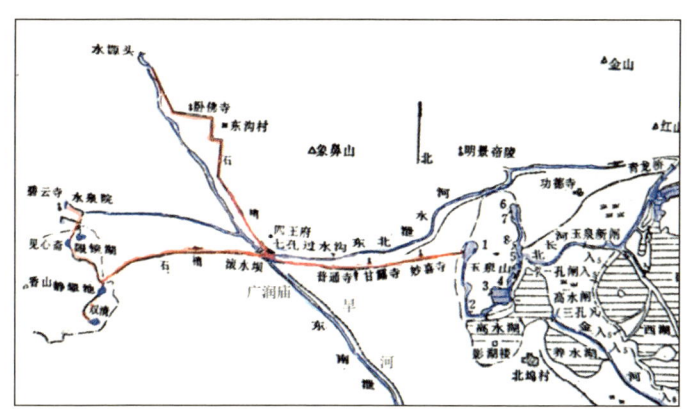

清代昆明湖水源示意（作者考证绘制）

现在昆明湖的水面仍占颐和园公园总面积的3/4，昆明湖的水域可分为大湖、西湖和后湖三个部分。其中大湖即昆明湖；西湖又可分

211

为南北两个区域，北面称团城湖，南面称西南湖；后湖是昆明湖绕流万寿山后山脚下的溪河，还可分为后湖和谐趣园湖两部分；但主要水面集中在大湖。昆明湖总面积有3000亩之阔，比5个北海公园水面还要大。1990年冬至1991年春，北京市政府组织18万群众参加了义务劳动，对昆明湖进行240年以来的第一次大清淤，共清除淤泥65万立方米，清淤面积120万平方米，整修湖岸5700米。昆明湖水域

卧佛寺沟曹雪芹旧居外石槽（鲍昆摄）

广阔，景色秀丽，微波涟漪，远山近水，诗情画意，使人暑意顿消。当人们在风和日丽的夏秋之际，立于岸边，放眼观看，湖面上游艇、画舫，载着游客环湖游览，条条小船，乘着游客划桨而航，桥、岛、殿、阁，倒映水中，湖面上生气勃勃，呈现出一幅壮丽的画面。颐和园现在仍是全国现存规模最大、最著名的古典园林之一。它荟萃了中国园林建筑的精华，构成了风景如画的胜境，从万寿山上俯瞰烟波浩渺的昆明湖，令人赞叹不已。从昆明湖的历史可以知道，它形成之初，就是郭守敬为北京运河和城市供水兴建的水利工程。几百年来，它在北京城市供水、航运、灌溉、防洪、园林建筑等方面，一直发挥着巨大作用，对北京城市建设与发展的历史功绩是不可磨灭的。

四、明清对什刹海治理

元明易代之初大都城不再是首都，城市供水系统失于修治。白浮瓮山河毁弃，积水潭上游来水锐减，水面发生巨大变化。由于元代积水潭外湖（原太平湖）和坝河（今北护城河）的存在，明将大都城区

拦腰分为南北两部分，造成南北交通上极大不便，从而严重影响大都北部城区的发展。因此明初对大都城进行改造时，首先放弃了不繁华的北部城区，将北城墙南移到坝河以南，并将积水潭西北角的水域切割在城墙外。另外，还将元大都南城墙向南移了2里，形成今日北京城内城的格局。之后，由于防御之需扩建外城，中轴线向南延伸，形成"凸"字形内外两城。

明代对什刹海的治理一直比较重视，不断修复河道、桥闸、堤岸，宣德六年（1431）"五月壬午，修宛平县之澄清闸"[①]。正统二年（1437）二月又专门派人"修德胜门内海子岸"[②]。宣德七年（1432）六月，"（皇）上以东安门外缘河居人逼近黄墙，喧嚣之声彻于大内。命行工部改筑黄墙于河东；皇城之西有隙地甚广，预徙河东之人居之。八月又移东安门于桥之东"。至此今南北河沿一段通惠河完全包入皇城。从此什刹海以下自澄清闸至文明闸通惠河已不能行船。到正统三年（1438）五月壬寅大通桥闸建成，标志着明代通惠河终点码头新起点的开始。明代为保障皇城内北海、中南海的供水，专门从西海修建了直通北海的月牙河，又称转河。具体的修建年代，没有明确记载。但在万历时的图中，已经有一条从西海直接引水河，通到前海西侧，缩短通流北海的路程。这样将西海与后海完全断开，水从西海引出经月牙河直接经过西压闸流入皇城。在水量富余时，西海的水才能流入前海，再通过银锭桥流到后海，才形成"银锭观山水倒流"的局面。明代什刹海不再是通惠河的码头，湖水面积渐渐缩小，但仍然是北京城区最大的开放水域。什刹海仍然有着江南风光。出现倾斜、曲折发展的地面，引发人工建设环海园林、寺庙、斜街、曲巷民居的新环境。

清代文献记载的什刹海："积水潭在宛平县西北三里，东西亘二里余，南北半之。西山诸泉从高粱河流入北水关，汇此。折而东南，

---

① 《明宣宗实录》卷七九。
② 《明英宗实录》卷二七。

直环地安门宫墙，流入紫禁城，为太液池。元时即开通惠河，运船直至积水潭。自明初改筑京城，与运河截而为二。积土日高，舟楫不至，是潭之宽广，已非旧观。故今指得胜桥为积水潭，稍东南为什刹海，又东南者为莲花泡子，其始实皆从积水潭引导成池也。"①

清代什刹海水继续减少，沿岸格局并无大的变化，只是因朝代更迭，名宅赐第，转瞬易主，沿岸原明代的宅园别业或衰落，或为清朝府邸所代替。在白米斜街有清末军机大臣张之洞旧宅。张之洞很喜欢什刹海，并自称其宅为"德胜桥东第一宅"。

清代为了加强对皇家园林的管理，专门成立奉宸苑。康熙年间什刹海归奉宸苑管理，并安放御用牛舌头采莲船。有明文规定，非皇帝之令，任何人不准引用什刹海之水。加强管理最重要的目的是保障中南海水量的供应。清代皇胄权贵在什刹海四周大建王府花园、深宅大院，代表有恭王府、醇王府等。一些朝廷重臣也将府邸建在湖边，什刹海南岸柳荫夹峙、宅第相望。

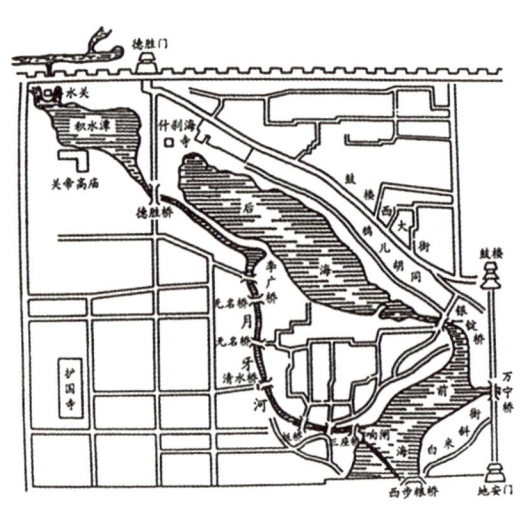

清中后期什刹海水道关系（历史资料）

如宰相麟文瑞的府邸，李广桥旁蒋廷锡的府邸，都是华丽整齐、廊房曲折。张之洞的可园、宋小濂的止园至今还有迹可循。

到乾隆二十六年（1761）有疏浚什刹海及月牙河的记载。

清中叶和珅得势，于乾隆四十一年至乾隆五十三年（1776—1788），在什刹前海西岸大规模修建宅第。为了附近水面便于管理，仿照西湖苏堤在前海水面中修了一条堤，即后人所谓的"和堤"，将

---

① 《大清一统志》。

前海分出个"西小海"（又称西小池）。这时什刹海已被分割成4个湖。到了清末，"和堤"西部水面大部分干涸，或变成稻田，或盖起了房子，水面剩下已不多了。

1874年同治皇帝病故，奉宸苑以"国殇"禁止沿湖商业活动，荷花市场被取缔，什刹海呈现一片衰败景象。由于什刹三海水不能连通，水面严重减少，水质污染。许多湖面改为稻田，从护城河引水灌溉。当稻田不用水时，污水便排入湖中，也造成什刹后海和前海的污染。清末，什刹海地区由于水源日渐减少，临湖的园亭、寺庙便逐年荒废，只剩下净业寺、汇通祠等少数庙宇，其他府第、园囿、古刹多已坍塌。每至夏季前荷花茂盛时，"和堤"上便聚集很多摊贩，出售小吃和茶水，逐渐成为旧京城百姓的消夏胜地。清同治朝之后，积水潭水质严重污染，社会秩序混乱。

清末民初，末路王孙纷纷变卖府邸，沿湖宅园渐被拆改毁废。什刹海的状况有记载说，内城水局，属于西北隅。前为什刹海，水浅不能泛舟，多种莲花、稻米为生计。中为秦家河地，俗呼后海，自广化寺门前抵德胜桥，亘成王府前，皆是也。水阔，然不甚深，可泛小舟。当年河地主人有采莲小舟二，游人可借乘之。这时什刹海成为"秦家河地"，为私人所有，已经远不是当年的样子。

第三节　明清北运河治理与通州北上运河

一、明清北运河治理

（一）明代北运河治理

明代北运河决口频繁，《明史·河渠志》称"冲溃徙改，频与黄河同"。嘉靖十四年（1535），总河刘天和认为，北运河底和两岸淤沙多，河水量大，容易泛滥成灾，筑堤"宜远宜坚"，另外辅助措施是在堤上种植柳树固沙。主要工程是修守堤防，裁弯取直或者另开支河。万历初年总和万恭说：白河天津至张家湾，每年五六月水涨则淤沙。三四月份行船艰难是因为前一年沙淤水浅所致。应该规定每年秋季进行疏浚。北运河河底与两岸多淤沙，河水大容易成灾。筑堤宜远宜坚，辅以堤上植柳。万历二十年（1592），总河潘季驯说，杨村以北水流迅急而散漫，到夏秋季节容易决堤，而冬春易淤。又由于北运河河道宽浅，不适合建闸，没有完全渠化，修治比较多。

明代直隶通州管理通惠河闸5座，北运河郝家务浅起浅铺10处，通州左卫管理浅铺2处，通州右卫管理浅铺4处。北运河决溢最多的是河西务及以下河段。永乐年间曾经派侯伯疏浚治理北运河。有关记载中北运河重要决溢治理如下：

永乐十二年（1414）八月，修通州被水冲毁堤岸。洪熙元年（1425）通州、漷县大雨，冲决堤岸。宣德三年（1428）五六月，海河流域大雨，通州洪水决堤。七年十一月，通州张家湾河道淤浅，户部侍郎王佐建议疏浚浑河旧道成为泊船水潭，没有获得批准。

正统四年（1439）六月，通州、河西务、直沽堤闸31处被雨涝冲毁，派人修治。六年五月，为了清理沿河纤路，张家湾至河西务移居民330家。七年七月，漷县中码头被水冲毁。景泰元年（1450）十二月、天顺三年（1459）四月，疏浚通州以南大运河河道。

成化三年（1467）九月，通州至直沽全线派官监督在水浅处做草堰加大航道水深，以后成为固定制度。五年三月，再次疏浚通州至天津卫的运河。六年五月，通州、张家湾等处被水淹军民2660户，漂损房舍6490处，发兵夫修筑通州堤岸[①]。七月通州至武清蔡家口冲决河口和堤岸19处，发兵民修筑。八月，通州大雨，城墙和粮仓毁坏。

正德十二年（1517），海河流域北部连续一周下了数十年一遇的大雨，通州、张家湾"弥望皆水，冲坏粮船"。4年后，张家湾以南滨河地方再次被淹成灾。

嘉靖十五年（1536）九月，管理通州河郎中迁移到杨村，每年初春、秋末负责监督河道淤浅疏浚工程。嘉靖二十八年（1549）七月，河西务至通州石坝、土坝河道刻立水尺，测量水深。每年三月开始由管河郎中亲自到水浅处疏浚。以后河道问题较少，到万历三十一年（1603）八月，北运河才全线治理河道，疏浚河深四尺半，修筑堤防。

崇祯三年（1630），广西道御史刘士桢建议，结合防御清兵入侵边防需要，采用疏浚、筑坝、建闸等工程，使白河水达到一丈多深，可以阻止敌军入侵。他分析说："运河自密云直达天津，实为京东天堑。但天津至通二百余里，由通至密云一百三十余里。中间水势高下参差深浅不一，遂未能概限戎马而我无可恃耳。今诚兴工浚筑，于上水挑浚使深，筑坝以壅其下流，使三百里河水俱深丈余，人马即难飞渡。或五里，或十里，或数十里，随势高卑建闸蓄水。每闸内又量地远近为分兵只多寡，设船以作游兵……粮运无虞，战守有地。"这项建议一出，马上遭到直隶巡按御史黄羽宸反对。他说："自津至通州计二百四十余里，为浅无十九，则纯沙无土。沙之挑积岸隙者皆浮盈靡漫。……只能因势利导，未闻有开掘丈许之深、堆土数尺之高者。非谋不出此，势不能也。今以五六百里之长渠，当千万粮艘着之涌至，河流既不可堰，雨涸又不可期，畚插诸夫何处著脚？……目前宜

---

① ［清］孙之騄《二申野录》。

严责河职，极力浚挖浅阻。"①刘御史显然是纸上谈兵，工程上是异想天开，根本无法实现。黄御史的反驳很有道理。

总之，明代北运河治理以岁修为主，专门大型工程不多。主要原因是北运河是天然河流，河道宽浅，浮沙变化，此疏彼淤，只能遇浅即浚，没有根本治理办法。

通州至天津白河间，凡是经常淤积处均设浅铺，专职捞浅夫负责清淤，保障漕船顺利通过。中间的浅铺数在弘治九年（1496）王琼著书《漕河图志》中记载有65处。万历初《明会典》记载有浅铺59处。明代白河疏浚治理大事如下表。

明代北运河堤防决溢修筑大事

序	年月	地点	决溢修筑	附注
1	永乐十二年（1414）八月	通州、三河等	修水决堤岸	
2	永乐二十一年（1423）	通州至直沽	筑堤岸，后有冲决随时修筑	《明史·河渠志》四
3	洪熙元年（1425）六月	通州、武清等	大雨，冲决堤岸	
4	宣德三年（1428）六月	通州、耍儿渡等	洪水决堤	五六月海河流域大雨
5	宣德七年（1432）七月	香河、漷县	河水溢涨	海河流域多雨
6	宣德七年（1432）十一月	通州张家湾	河道浅窄，王佐建议疏浚浑河	
7	正统四年（1439）六月	通州、河西务等	堤闸31处为雨涝所决	
8	正统六年（1441）六月	张家湾至河西务	为了清理运河纤路，搬迁沿河居民330家	

---

① ［清］傅泽洪《行水金鉴》卷一三一。

续表

序	年月	地点	决溢修筑	附注
9	景泰元年（1450）五月	通济河	决东西两岸，修筑	
10	景泰六年（1455）十二月	通济河	挑西岸	
11	天顺三年（1459）	通州至扬州	河道淤积，发附近军民疏浚	
12	成化三年（1467）九月	直沽至通州	疏浚航道，规定为制度	
13	成化五年（1469）三月	通州至天津卫	疏浚淤塞河道	
14	成化六年（1470）七月	通州至武清	河口及堤岸冲决19处，修筑	
15	成化十三年（1477）七月	运河东西两岸	久雨水溢，决堤多处，发军夫3000、民夫1000修筑	
16	正德十二年（1517）七月	通州、张家湾	弥望皆水，冲坏粮船	海河流域北部大雨，为数十年来未有
17	正德十六年（1521）七月	张家湾以南	滨河地方复被水灾	
18	嘉靖十五年（1536）九月	白河	管理通州河郎中移驻杨村，每年仲春、秋末监督河道疏浚	
19	嘉靖二十八年（1549）七月	天津以北河道。河西务至通州石坝、土坝	河西务至二坝刻立水尺，测河道深浅	
20	隆庆五年（1571）五月	白河沙谷等浅	浅长5里，需要转驳，疏浚后可以通舟	
21	万历十年（1582）四月	白河	河道漫流出浅，令地方官监督疏浚	

219

续表

序	年月	地点	决溢修筑	附注
22	万历三十一年（1603）八月	通州张家湾至天津	监督浅夫挑浚沙土，深四尺半，用沙筑两岸堤，有成效，定为制度	
23	万历三十三年（1605）三月	通州至天津50余浅	去年四至六月疏浚，今年稍加疏浚即可通航	
24	万历四十四年（1616）十月	白河	河道淤积出浅比汶河、济水、卫河严重	
25	万历四十六年（1618）十月	白河	商议加强疏浚监督管理。59浅夫1700人，年工食银万余两	

注：摘自姚汉源《京杭运河史》134页。

（二）清代北运河治理

清代对北运河治理十分重视，康熙十九年（1680），派遣官员疏浚通州至天津的河道。康熙三十三年（1694），修筑通州运河堤827丈。雍正三年（1725）北运河大水，堤岸冲毁多处。四年怡贤亲王允祥奏请：北运河一切工程归通永道管辖。五年北运河泛滥，两岸漫决4处，无法分清责任。同年十二月怡亲王又奏请：国家规定所有工程都有保固年限，黄河工程保固一年，运河工程三年。而永定河、北运河由主管官吏岁修，均无保固年限。应该根据河道水情，北运河工程较永定河稍容易，较南运河险保固期定为二年，保固期内堤岸冲决，由承修官员赔修。

乾隆十四年（1749）四月，直隶布政使方观承等上奏，张家湾、通州两处河岸，古北口潮白河北岸均被冲刷，急需修筑，估计费用49000余两。工程得到批准。修筑张家湾被冲塌河岸460丈，建护岸排桩板工460丈，又建挑水木坝3座。

乾隆三十八年（1773），温榆河上游发洪水，河道东移与潮白河汇合，下游河道干涸。原来通州石坝前的水源只依赖温榆河下泄水和下游倒漾之水，容易形成淤积，造成停泊困难。嘉庆六年（1801）大水，潮白河偏移下游东岸，西岸淤出岸滩。两年后派大员查勘，议定接着挑挖温榆河下游540丈新淤，这样可以通船到石坝。嘉庆十一年（1806），新挑处又淤并且向下延伸180丈。以后不再挑挖，而是斜挑引河，引潮白河水行舟。第二年十月，计划挑挖温榆河上游直至石坝前。以后过几年就要治理，才能确保通州石坝的转运功能。到咸丰七年、九年仍然有修治通州温榆河果渠村坝堉，查记载这样岁修工费一二千两工程成惯例。光绪十九年（1893）六月大雨，北运河上游潮白等河大涨，漫决70余处，与凤河、大清、子牙各河连成一片，用时一个多月堵口。后来几年又有挽回潮白河故道工程，均被洪水冲毁。

嘉庆六年（1801）九月，北运河张家湾段沙淤。通州南八里温家庄北有一条旱河，名康家沟，南北直冲。有人提议改行康家沟，经仓场侍郎会同通永道查勘后认为："沟底高于正河三尺，若挑通必致夺溜，淤张湾码头。……妨碍运道。旧章勿轻议更改。"①嘉庆十二年（1807）九月，河道大溜直走康家沟，挑修张家湾正河，堵筑康家沟。工程年内完成，但是工程质量差，第二年六月大水，新旧河道连成一片。七月行船康家沟。张家湾正河淤成高滩，高出康家沟2丈左右，长十几里，难以挖通。批准行走康家沟新河试行一年。嘉庆十四年（1809）查勘后决定再观察一年。以后康家沟成为北运河正河道。

二、明代通州至沙河的运河——守陵军与南口驻军的供应

明成祖朱棣永乐九年决定在昌平北修建陵寝，即明十三陵的第一陵——长陵。当时所需要的大量建筑材料和施工人员粮食，可能就是从通州沿温榆河至元代双塔漕渠到昌平，再通过陆运方便到达十三陵。在陵寝修筑完毕后还需要不少的守陵军，仍然需要粮食供应。以后历代陵寝的建设会陆续进行，温榆河的水运也一直不会停止。

---

① 《光绪通州志》。

另外，通往昌平运河还关系到明代北部重要边关——南口军队的粮食供应问题。明朝为了防备被赶跑的元朝后裔，不但重修万里长城，而且长年派军队把守各个关口，其中居庸关和南口最为重要。到明中期，温榆河的水运只到达沙河的巩华城。隆庆六年（1572）十月，户部要求开浚榆河，自巩华城达于通州渡口，运粮4万石，供给长陵等八卫官军月粮，得到皇上的批准。具体由蓟辽总督刘应节、巡抚杨兆商议决定，治理巩华城外安济桥至通州渡口长约一百四十里河道。其中水深成槽立刻可以行船的100余里，散漫淤浅，稍微疏浚开通的30余里，工程完工就可以运送给各陵官军军饷。然后发动3000名军卒参加施工，自十月到第二年春天完成。除了疏浚航道，还对上游的"陵泉诸水"进行治理，应该包括通往各陵寝的水道，扩大了水源。竣工后，可以每年漕运江北粳米20万石供应昌平，这种从通州将皇粮北运军需的漕运又称作"乞运"。从此军士可以免除通州至昌平140余里陆路车运之劳。

当时巩华城建设奠靖仓，专门收储温榆河漕运的粮饷，然后分配转运各驻军和居庸军仓。（参见下图）

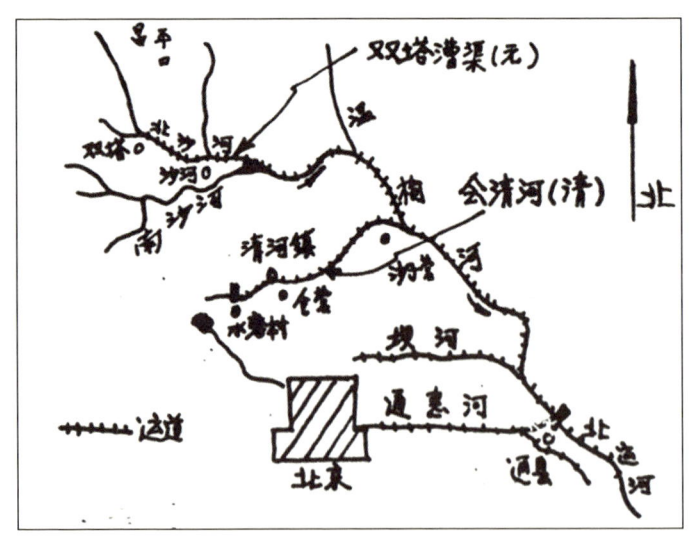

温榆河历史上通漕运路线示意图（作者考证绘制）

明代商船可以自通州沿温榆河直驶巩华城外安济桥下。明《长安客话》记载："沙河东注与榆河合。每雨集水泛，商船往来从潞河直抵安济桥下贸易，土人（百姓）便之。"看来这条运河不能常年通航，在雨季河水充足时候才可以行船。

三、明清潮白河的航运

潮白河在牛栏山以上没有明显的河槽，夏秋河水暴涨时经常决溢，开展漕运的条件比温榆河困难许多。明代以前没有见到通航的记载。明嘉靖二十九年（1550）设蓟辽总督，4年后移驻密云。第二年（嘉靖三十四年）蓟辽总督杨博，申请开密云白河济漕运。在杨庄筑塞新口，使白河故道疏通与潮白河合二为一，从此潮、白河在密云西南18里河槽村汇合，这是潮、白河通漕运最早记载。这时船可以运到牛栏山，以上再用小船驳运。

嘉靖四十二年（1563）刘焘任蓟辽总督，第二年九月派军卒疏通潮河川水到达通州，运输粮食到密云，十分便利，并且节省运费7/10。每年可以运输漕粮十几万石，但是一部分仍然要实行驳运。

隆庆四年（1570）刘应节接任蓟辽总督。第二年刘应节、杨兆建议疏通潮、白二河和陵、泉诸水（温榆河）。隆庆六年七月运道畅通，驳船可以直通密云。每年可以漕运河南粟米20万石到达云密镇（今县西邻）①。

万历年间（1573—1620），潮白河漕运已经有一定规模。万历初年采纳同知卫重鉴的建议，自通州直接运到密镇，"无倒卸起剥之烦，插和偷盗之弊"，废除了驳运。之后，主事曹维新建议增加扁浅船210只，新旧船共有400只，运粮15万石，自牛栏山到密云仅用3个月可以完成。万历七年（1579）经过总督梁梦龙和张梦鲤奏请成为正式规定②。

---

① 上引《明穆宗实录》，另［明］吴道南《吴文恪公文集》也有记述，见［清］傅泽洪《行水金鉴》卷一〇四，1528页转引。

② 《明神宗实录》，引自［清］傅泽洪《行水金鉴》卷一二三，1784页。

万历年间密云县旧城（今县西邻）南，建有龙庆仓，古北口城内（今古北口，明密云后卫）有古北口仓，大水谷（水峪河与长城交叉处）有广积仓，曹家寨（县东北）有广有仓，石头岭（《长安客话》作石塘岭）白河与长城交叉处，有广盈仓，白马关（白马关河与长城交叉处）有广丰仓，墙子岭（密云县东）有广储仓。①《长安客话》记载："石、古、曹、墙皆通房（指清兵）冲地。"在边防修建这些粮仓是为了储备边军粮饷。明末，北边清兵侵扰日益严重。崇祯三年（1630），广西道御史刘士祯曾经建议在潮白河上构筑工事，设闸蓄水，并置兵船，既可以阻挡戎马长驱，而且不会妨碍运粮。因无法实行未被采纳。②

清军入关后，这里失去战略意义，粮饷减少，漕运也随之衰落。但是清代还是对潮白河多次进行较大规模治理。乾隆三十八年（1773），潮白河与温榆河下游相合后，北运河漕船要到达通州，必须由潮白河入温榆河才能抵达石坝，因此这段河道要经常疏浚治理。

四、清代通州至清河水路运输

清军入关后昌平失去边防意义，守陵军也锐减，温榆河漕运衰落。后来清军诸旗驻军多分布在清河镇附近，还有护卫圆明园的军队，所需要的粮饷供应都依赖通州北上清河水路运输。另外，清初修建皇家园林时，需要大量的物资供应，靠陆地运输困难，很多时候需要水运。会清河的漕运始于康熙年间，直到光绪初年废止。

乾隆《大清会典》记载：康熙四十六年（1707）开会清河，起水磨闸，历沙子营，至通州石坝止。中间建设7座闸，派120名闸夫，运通州米至本裕仓。本裕仓是当年为了收储军粮而新建的粮仓，设仓库30廒，共150间。其位置在今清河镇东南一里的仓营村，可以知道会清河的终点也应该在这里。

会清河上修建的7座闸，根据《畿辅安澜志》记载，在宛平县有

---

① 沈应文《（万历）顺天府志》卷二，中国书店出版社，1960年影印本。
② ［清］汪楫《崇祯长编》崇祯三年五月丙午，见［清］傅泽洪《行水金鉴》卷一三一，1897页引。

4座：长源闸、长清闸、安丰闸、顺成闸，当时安丰闸已经报废；在大兴县有3座：云津闸、天兴闸、翔帆闸，当时天兴闸、翔帆闸二闸已经报废。从记载顺序和所在县的位置推测，长源闸在宛平县，是最上游，应该就是水磨闸（可能是长源闸的俗称）。今清华园北有水磨闸村，应该是该闸所在地。其他几座闸没有见于文献，需要实地考察及考古发掘才可能确定其位置。许多文献将这条运河与通惠河混为一谈，实际这两条运河相距甚远。

清代对会清河十分重视，不断维修治理。如康熙五十一年（1712），仅通航运5年，因沙子营至通州石坝间河道淤浅，批准每年将中流酌量挖浅，以利漕运。4年后又奏准，凡榆河遇淤，归入北运河岁修。自此，从通州经沙子营至清河镇运河岁修得到保障，确保会清河的畅通，同时也增加了通州石坝前的水量，对北运河的漕运十分有利。

会清河停运的时间史书无明文记载，但从本裕仓的修治和使用时间可以看出端倪。乾隆60年间本裕仓修治过11次，嘉庆25年间修治6次。到同治年间不见修治记载，而光绪初年北京粮仓大修时已经没有本裕仓记载，说明这时会清河已经停运。温榆河到民国年间还有商业船只往来，都是小规模民间性质了。

光绪四年（1878），潮白河泛滥导致温榆河淤积，第二年三月挑浚温榆河新道1280丈，堵塞温榆河、潮白河旧河漫口和上游缺口工程等，共用银17000两。光绪九年（1883），张家湾以东北运河泛滥，新冲出一条河道，次年春天堵闭旧道，疏挑新河。旧道是一个大弯，长6400余丈（合36里），已经淤积断航。新河道上口到下口长724丈，属于自然裁弯取直，河道深浅宽窄不一，需要人工疏浚治理。到三月中旬完工，只用银2200两。由此次改道可以看出，北运河李二寺至通州北门的河道几百年来存在比较大的变化。

第四节　民国时期北京的运河及复航规划

清末民国初期，许多留学欧美的学者学成回国和一些来中国工作的外国水利专家，带来了西方水利科学技术。民国政府初期，曾聘请国外红十字会等工程师、专家来华，规划、指导京杭大运河的治理，还成立了专门机构，对运河进行勘查与规划。国内外的水利界同人在调查研究的基础上，做了一些河道整理规划，为北京地区运河的复航做出了努力。尽管由于时局动荡等诸多因素影响，这些规划大部分没能够实施，但是为北京运河复航留下宝贵的参考资料。

清末废止了漕运，京杭运河山东以北河道由于水源困难大部分停止了航运。北京地区的运河，由于水源缺乏又疏于管理，市内河湖淤积严重。通惠河成为北京城市最重要排水干渠，北运河也仅有民间商船可以通航。

1912年1月1日以南京为首都的中华民国宣告成立，2月孙中山辞职，3月袁世凯在北京宣誓就任临时大总统，北京进入北洋政府时期。1914年成立京都市政公所，管理全市市政，由临时政府内务总长兼任督办。市政公所开始分四科，1917年测量科改为内务部土木工程处（工务，稽核，材料科），掌管市内道路、桥梁、水道、沟渠及其他建筑修缮工程。1918年顺直水利委员会在天津成立，负责管理顺天府和直隶地方水利。当年在潮白河苏庄、北运河通县等地设立水文观测站。1923年，顺直水利委员会在运用西方水利技术基础上，在潮白河苏庄修建我国第一座钢筋混凝土水利枢纽。1925年，顺直水利委员会编制了《顺直河道治本计划书》，并且实施了北运河挽归故道工程。1928年顺直水利委员会改为"华北水利委员会"，以后又成立"整理海河委员会"，对京杭大运河北段进行了勘查与规划。主要成果有：1918年实测《北运河横剖面图》，1927年实测《通惠河横剖面图》等。1928年北京改为北平特别市，南京政府接收并改组了华北水利委员会。该会主要负责黄河及华北河道规划治理、防洪、灌溉、航运等水利工程。1928年7月到1929年9月，曾经留学法国的著名工程专家华南圭担任北平特别市工务局局长。华南圭是江苏无锡荡口镇人，1913年起，帮助詹天佑创建及主持中华工程师学会。1919年詹天佑逝世后，华南圭继续主持该学会，曾任副会长、总干事、会务主任，一直到该会于1931年和其他学会合并为中国工程师学会。

华南圭自1928年7月出任北平特别市工务局局长，他迅速着手制定城市水系整治计划。在中华工程师学会的"会报"上，1928年第5～6期发表了华南圭的《北平特别市工务局组织成立宣言》，第7～8期刊载了他的论文《北平之水道》；第9～10期则以"北平特别市工务局"的名义发表了《玉泉源流之状况及整理大纲计划书》与《北平通航计划之草案》。这些充分显示了华南圭作为专家与管理者的高效率与责任感。在他撰写的《北平特别市工务局组织成立宣言》中强调，工务局的职责治理北平市政根本是解决好北平水利开发和河道治理问题。在工务局职责范围内，北平市政的治本之道，"一须将古迹大加修缮。二须使全市不见灰土，且有优美之车道及步道……三须使全市有充分之水量。欲达此目的，应将目前自来水之能量由每日七千立方公尺增至三十万立方公尺，大约须增四十倍。欲得此水量，不得不在永定河或孙河筑坝并设滤池。四须有大小干支暗沟约一百五十千米……五须扩充电力……六须浚河筑闸，引永定河或孙河之水，经过北平城南或城东，再由二闸下行，以利航行。七须设科学的、技术的极大极完备之游艺消遣场……"通过对北京地区水资源进行全面调查，并且研究了北京历史上重要水利工程的兴衰，他总结"凡一都市，有水乃有生气，无水则如人之干瘪。燕城能否有生气，能否不成干瘪，实一问题……此问题不难解决，合泽、泉、河三物整理之而已"。

从《玉泉源流之状况及整理大纲计划书》中，可以了解当时玉泉山只有7处泉有水（清中期乾隆时记载有8大泉），"询之山民，以今较昔，连岁泉源俱行大减。且第一泉南部与屏珠泉之北部苇塘，全行干涸，此水量不旺之情形也"。当时北京城区的河湖水源只有此一处，已经是"分布不敷，干涸更见"，导致"城内淤水无术冲刷的情况"。提出首先要"修筑青龙闸，务使严密无漏"。因为所有从青龙闸漏出水量都将流入清河，与北京城区无关了。还强调加强管理，测绘各水系图，整理大小水闸和池塘，利用古河道从永定河引水，增加水源。同时要全社会重视玉泉水系对北京城市的关键作用。后来他还说："玉泉消竭，则北平文化灭绝，此为必然之结果。"可惜空有科学的计划而不能实行，这也可能是华南圭只任工务局局长一年多时间就离任的一个重要原因。为了解决玉泉水量不足，华南圭在任期间还制定了为从永定河引水以及河道通航的《北平通航计划之草案》。草案指出："自铁道通运以来，河渠废弛，如人身之只有骨干脉络，而无津液之贯通，殊为遗憾。其实航运性质与铁路不同，载输价贱量重之货物，无须乎太速者。"尤其对城市基本建设材料等方面运输作用更明显。为此，草案提出永定河三家店至北平，北平至天津的通航路线。并详细说明永定河引水、河道设计、河水沉淀冲刷、清水利用等工程技术各种问题。特别对正闸、副闸、虹吸管、桥梁、码头、闸房及电话等工程提出必须达到的技术标准，并要立即进行测量绘图作为工程设计的基础。

20世纪40年代的青龙桥三孔石闸（历史资料）

这个计划在当时得到好评："市府工务局局长华南圭曾拟有疏浚旧河道通航计划，系以石景山上游之三家店为起点，由此沿永定河岸作边渠，为引水沉淀冲刷之用。渠旁设闸，泄水通金口河至西便门，长约三十千米。再将北平城内外之河道加以整理，使金口河之水穿城而过，挟污秽入东便门通惠河以迄通县。如此则北平污秽有长时间之冲刷，而通惠河水量亦增加其来源。……通航之后，则西山之煤、石、砖、灰、菜、果等，均可经北平、通县而至天津；其天津输入北平各货，无时间性者亦可由水路来北平以迄平西一带。来往船只绝无放空之时，其每年征收之货物通过税、船舶税，则指定为养河之常年经费。"这个方案讨论与700年前郭守敬提出"上可致西山之利，下可广京畿之漕"的永定河引水通漕运方案极为相近。如果条件允许，这个方案应该是可行的。他对北京水环境与地域文化之间关系的认识，至今仍然不失其深刻与新颖之处。在1937年抗日战争全面爆发前，这项计划还得到部分实施，北平沦陷即告中断。直到北平和平解放后的1948年8月，华南圭在北平各界代表会议上提出《刷新北平旧城之建筑》的提案，包括城市卫生交通建设等20条事务的建议。其中在水利方面有"整理玉泉源流""规划通州码头""疏浚前三门之护城河"等。是他20年前领导下制定的《计划书》和《通航计划之草案》理想的延续。

1929年华北水利委员会编制了《永定河治本计划》，提出了整治永定河及修建官厅水库。任内，华南圭还提出将景山、中南海辟为公园等意见并且得到实施。他还主持辟出沙滩经景山前门至西四丁字街的道路，辟出地安门东大街和地安门西大街等。1932年，华南圭出任天津整理海河委员会主任，倡导且主持了天津海河挖淤工程，为恢复北运河航奠定了基础。1938年到1945年，华南圭因不愿意替日本人工作而流亡法国。1949年起，应北京市人民政府邀请，华南圭出任北京都市计划委员会总工程师，后又担任顾问，直到1961年逝世。其间，华南圭参与了中华人民共和国成立初期北京市的规划。1949年8月到1957年8月，连续担任北京市人大代表。

1933年6月，北平市市长袁良（1933年6月16日—1935年11月8日任北平市市长）提出建设观光游览特色的古都做法。袁良是民国第四任北平市市长，浙江杭县人，早年留学日本。归国后1916年至1922年充北洋政府国务院参议。1924年被派为全国水利局总裁，并一度署理中央农业试验场场长。1929年10月任上海市公安局局长。袁良上任之初，正逢《塘沽协议》签字不久，华北局势危在旦夕。考虑到北平作为元、明、清三朝古都，集中国宫阙、殿宇、苑囿、坛庙之大成，荟萃了中国古代建筑的艺术精华，袁良力主借鉴欧美各国最先进的城市规划与市政建设经验，锐意革新，力图整顿。1934年9月由北平市工务局制定了《北平市游览区建设计划》《北平市沟渠建设计划》《北平市河道整理计划》等城市建设计划。为保障上述规划实施，市府发行公债，改善财政税收状况，开北平大规模城市现代化建设之先河，为北京地区的水利与运河的恢复做出积极努力，可惜因政府财力等只停留在规划上，少有实施。

1934年11月，北平市政府开始着手制定北平市文物整理计划，并颁布《旧都文物整理委员会组织规程七条》。1935年1月11日，旧都文物整理委员会在北平正式宣告成立，当时隶属于国民政府行政院驻北平政务整理委员会。1935年1月16日设置成立北平市文物整理实施事务处，袁良兼任了北平文物整理实施事务处的首任处长。其工作人员则主要是由北平市工务局的工程技术人员及北平各营造厂商的古建筑营造匠师所共同组成，全面实施北平古建筑保护与修缮工程的设计与施工事宜。在袁良倡导下，编辑出版了《旧都文物略》一书。该书是一部系统介绍北京古都风貌和文化传统的、图文并茂的读物，"取材务期精审、叙述务极雅驯、考证务求翔实"。该书由汤用彬、陈声聪、彭一卣编著，钟少华点校，尤以数百张直接拍摄的照片，大量摘录的史传、地志、笔记、诗文等为主要内容。

1947年5月29日（此时北平尚未和平解放），北平市都市计划委员会成立，市长何思源提出规划原则：表面北平化，内部要现代化。主要内容是：把北平建设成现代化都市，注重保存、保护历史文物和名胜古迹；城市干道以达各城门为目标；发展城墙内外绿地，在城墙上设公园并计划进行新市区建设。

1947年的北平市都市计划，对于河湖予以特别重视，计划纲领中强调河湖开发利用："永远保留积水潭、什刹海、北海、中南海及前三门护城河等处河道湖沼，加以疏浚，通行游艇，沿岸开辟园林道路，建设天然公园"；"恢复颐和园至北平之游览河道，并开通城内水路及下游通惠河，使舟艇能由西郊穿行城内或护城河以通达通县"；"游览河道两岸，开辟园林道路，在一定宽度距离内，禁止建筑。"可惜这些规划只是纸上谈兵，都没有能够实施。

在京杭大运河治理方面，1933年11月导淮委员会、华北水利委员会、黄河水利委员会征得河北、山东、江苏、浙江四省同意，召开整理运河讨论会。征请扬子江水道整理委员会加入组织。并聘请汪胡桢为总工程师、戴祁为副总工程师，编制京杭大运河整理计划。1935年8月公布了《整理运河工程计划》。内容分为：缘由、概要、资料、理论、测验专案、工程估计、施工程式和利益八部分。另外重要的部分是12种附录，包括平津段运河整理计划初步报告、黄淮段运河整理计划初步报告、运河之沿革等。运河上规划要建的船闸除已建的邵伯、淮阴、刘老涧3座外，还需建18座。可惜大都是纸上谈兵。本次计划是京杭大运河历史上首次使用现代工程技术和方法的改造计划，虽然由于当时的国家状况没有可能实施，但保留下了许多珍贵的实测资料，其中包括北京地区运河详细原始资料，为以后的运河建设打下良好的基础。

1937年抗日战争全面爆发后，华北水利委员会迁到重庆，1945年抗战胜利迁回天津。1947年改组为水利部华北水利工程总局。在1937年至1945年北平沦陷期间，在伪"中华民国临时政府"下设立建设总署水利局，下面再设有北京工程局和北京市建设工程局管理北京地区水道治理。1948年，河道日常维修由市工务局工科河道股安排。后工务局河道管理所并入北京市卫生工程局。市卫生局内设置的河道管理科下设两个河道管理所负责，共200余人。

第五节　通惠河成为城市重要排水干渠

民国时期北京市内河湖，由于疏于管理而淤垫严重。为了进行治理，曾进行较详细的调查和规划。1929年调查报告指出："积水潭、什刹海以东及至李广桥之河渠，尚属齐整，惟河心间有浅垫。自李广桥经恭王府后身至三座桥河身均极淤垫，系倾倒垃圾煤灰所致。自三座桥经荷塘，经地安门自西压桥穿城入旧总统府内。自桥下分为两支：一支由旧总统府之蚕坛、状元府、画舫斋出府，经景山西之大沟入皇城之筒子河，南入东河沿，此路线节节淤塞。景山西之大沟已满瓦砾，皇城之筒子河复坝种植，此路可认为已塞。另一支入旧总统府之北海，经中海、南海，由日知阁下出府，经织女桥入东河沿，东经天安门入御河桥，经御沟出水关入护城河；此路惟出旧总统府后，由织女桥至东河沿一段稍形高垫，亦南海泄水不畅之原因也。"①

1934年调查报告反映出北京河湖水道情况更差："城内水道，几已完全淤塞。自铁棂闸至李广桥之一段，尚略有水，李广桥以下至北海一段，河底高于现时水面甚多，中间且被秽土壅塞，致欲使水流入三海，非将上游水面提高不可。北海为保持适当之水面计，于金鳌玉𬬮桥下叠土为坝，阻水南流。南海之下游水流不畅，宣泄维艰，时患水多。北海蚕坛东通筒子河之水道，壅塞更甚。至由什刹海荷塘流出之御河，地安桥附近之一段，几被垃圾填平，更无水流之可言矣。"②

从后门桥至前三门河道民国年间开始改为暗沟：第一段自前三门护城河南水关至长安街，到1924年完成；第二段由长安街至望恩桥（东安门桥南），于1931年完成③。（填埋前御河见下页图）1951—1952年曾疏浚东安门至地安门段河道，共挖土方2.85万立方米。

---

① 《工务特刊》，民国十八年北平特别市工务所编。
② 民国二十三年《北平市河道整治计划》，北平市政府编印。
③ 北平市政府工务局《工务合刊》。

1920年城内御河（今正义路）旧照（历史资料）

民国初期通惠河自大通桥至通州河道闸坝还保存比较完整，只是不再通航，但是管理机构和人员尚在。

1930年，北平市工务局负责河道规划治理工作。城区水利包括玉泉山水系和下游13个闸点。每闸点设闸丁（即工人）1～3人，闸目（即值班长）4人；闸目之上设闸长一人，负责看闸放水指挥。市内河务设11名闸长。据1931—1932年《工务合刊》记载，当时闸长情况："高粱闸闸长白春林43岁，提署将校研究所毕业；松林闸闸长李长伦，43岁，警务学校毕业；御河闸闸长王松茂，33岁，高小毕业；西压桥闸闸长王德胜，45岁，警务学堂毕业；北海闸闸长孔连印54岁，同前。"可见当时任闸长之职因事关市政大事，大部分都受过专科学校教育，并毕业多年有丰富实践经验者，方可上岗。

第六节 民国时期的北运河

历史上潮河和白河在密云县河槽村汇合始称潮白河。西南流经牛栏山进入平原，经顺义、通州入北运河，河槽村到入北运河长90千米。1912年潮白河洪水自顺义苏庄决口，水入箭杆河，通州大水。7月北运河东关至小圣庙决口9处，水漫城一丈多，由通州决口可以乘小船直达燕郊镇。二年后再次决口，滚水坝完全被冲毁。

1924年7月京畿暴雨，海河水系发生大水灾。北运河水上涨一丈多，东、北、西关外沿堤民居水深数尺。1935年8月温榆河与北运河交汇处的北浮桥被洪水冲走。

1939年海河北系发生特大洪水，通县全部被淹。潮白河发生百年以上洪水。7月26日白河溪翁庄站洪峰流量11200立方米每秒，下游苏庄闸当日22时被冲毁21孔，并淤死向北运河分洪的分洪闸。苏庄站洪峰流量11235立方米每秒（1955年北京水利设计院还原）。通县洪水浸水村2800个，房屋21万间，死伤240人。

苏庄闸全貌（摘自《永定河治本计划》）

第六章

新中国北京地区的河道保护与治理

1949年，毛主席在天安门宣布中华人民共和国成立，北京进入一个新时代。经过60多年的建设，北京地区的河湖水道发生天翻地覆的变化，水利建设取得巨大成就。随着城市迅速膨胀，人口和城市面积成倍增长，带来环境污染等问题，对水资源本就缺乏的北京地区河道治理产生比较大的影响。随着北京奥运会的召开，北京河道治理进入全新时期，尤其是对通惠河、坝河、北运河进行系统治理之后，河道被改造成环境优美的宜人公园。随着旅游业的大发展，许多河道已经可以通船，相信不远的将来，北京运河复航的梦想会实现。

第一节　北京市城市水源的开发——永定河引水渠与京密引水渠

中华人民共和国成立后随着北京工农业发展与城市建设对水资源的需求迅猛增加，供水矛盾日益突出，开发新水源成为中华人民共和国成立初期重要任务。1951年至1957年首先修建了官厅水库和永定河引水工程；1958年至1966年又修建了密云水库和京密引水渠。两大引水工程成为北京城市不可或缺的供水主动脉。

一、永定河引水渠

历史上永定河大型引水工程到元代戛然而止，直到中华人民共和国成立后1951至1954年修建官厅水库才创造了引水条件。1954年5月，北京市卫生工程局编制《永定河引水工程计划任务书》，提出工程主要任务：一是为石景山工业区供水；二是解决部分市民生活用水；三是为发展农业灌溉创造条件；四是为规划中的津京运河准备水源。

1956年1月，永定河引水工程指挥部成立，由北京市副市长薛子正任指挥，副指挥由水利部建设工程总局副局长蒋本兴、电力部官厅

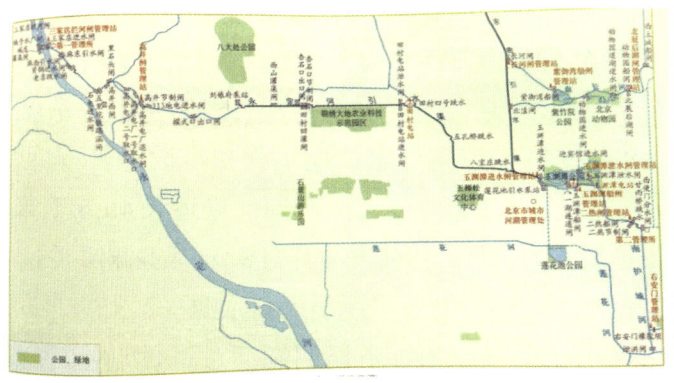

永定河引水渠示意图（北京水务局图）

水电工程处处长王英，以及北京市有关单位领导共6人组成。1月16日举行开工典礼，1957年4月24日工程全部建成，正式引水。施工高峰时施工人员达3万余人，其中北京市民工1万余人，工人和市民1万余人，河北省民工7000人，北京机关和技术干部4500人。

随着生产发展，用水需求增加，竣工后几十年间引水工程又进行增建、扩建和改建。

二、京密引水渠

民国时期由于玉泉山出水减少，1928年北平市政府减少昆明湖东堤出水涵洞（乾隆年间出水涵洞共有29个）。1932年撤销高水湖、养水湖稻田，增加流入昆明湖水量。1949年时昆明湖水源只有玉泉山之水还有一定的流量，但水源明显不足，西北、西南湖面多处滩地外露。1957年北京市上下水道工程局与交通部航务局完成了西南湖的疏浚工程，将湖底挖深2米，清淤89万立方米。1961年又完成西北湖的疏浚，清淤71万立方米。昆明湖因故未进行。经过这次疏浚，两湖水量略有改观。

1958年密云水库开工后，北京市就着手研究引水入城区问题。同时，北京市委要求北京市政设计院做出既可输水又可以通航的京密运河方案。从密云水库调节池为起点，过怀柔水库，穿温榆河上游到昆明湖，向南沿长河进入北京城，另外一支向南直达玉渊潭与永定河引水渠汇合。

1960年冬至1961年春5个月建成调节池至昌平西崔村53千米引水渠。1965年北京又遇大旱，要求将密云水库水引入京城。1965年9月市政设计院提出《京密引水二期工程初步设计》，自西崔村过东沙河、阳坊、温泉、青龙桥进入昆明湖。渠道长46.5千米。昆明湖至玉渊潭渠道长9.7千米。1966年4月自密云至玉渊潭长达110千米。京密引水工程试水成功，开辟了昆明湖新水源。

新建京密引水渠运行须穿流昆明湖而过，优点是可以利用昆明湖2.5万平方米水面调节水量，缺点是湖水水位随渠道流量而变化剧烈，影响了游船的航行与荷花的生长，也给旅游业带来一定的影响。1974年为解决燕山化工用水，又要取水于昆明湖，为彻底解决这个矛盾，决定兴建河湖分流工程。工程设计从昆明湖进水闸外修渠引水入西北湖，在湖南端沿园墙开挖一条新渠至绣漪桥南，流入原京密引水渠道。工程于1977年1月开工，至1981年5月竣工。（参见右图）

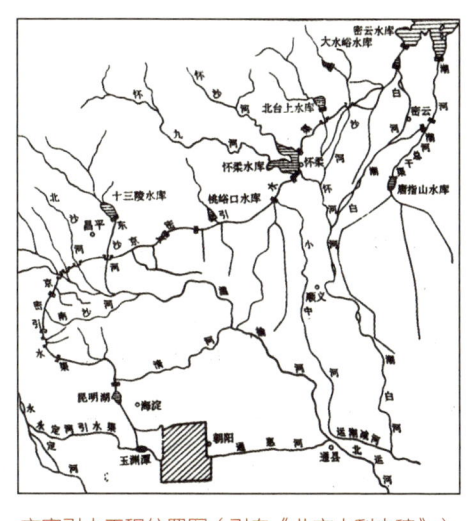

京密引水工程位置图（引自《北京水利志稿》）

1990年12月至1991年3月，北京约20万人响应政府号召，在严冬雪天里参加昆明湖的全面清淤工程。这是30年来最大的治理工程，扩大湖面，改善水质，使古老的水利工程更加绚丽多彩。

今天的颐和园是世界上保存完好的著名皇家园林之一，又是以昆明湖为中心的风景名胜区。昆明湖从形成的那天起在环境建设方面的成绩及其对北京城市发展的作用十分明显。从元代瓮山泊建设成北京最早的城市水源水库后，在环境保护水利建设上也取得很大成绩。元代西湖已成了风景区，湖周围修建了许多建筑。《析津志》记载："西湖景，在（昌平）县西南五十里青龙桥社，玉泉山东。其湖广袤约一顷余。旧有桥梁、水阁、湖船、市肆、蒲荄莲茨，拟江浙西湖之盛，故名。"

明代永乐年间治理西湖后，环境水利的功能得到恢复。弘治七年（1494）在西湖北岸建圆静寺（今排云殿址），成为西湖第一名胜。正德元年（1506）扩大为好山园。湖面种植了大量的荷花，"沙禽水鸟，出没隐见于天光云影中，可称绝胜"[①]。明代的皇帝经常去游西湖。

[①] [明]蒋一葵《长安客话》卷三。

《长安客话》记载，明万历十六年（1588）神宗"经西湖，登龙舟后妃嫔御皆从"。还记载："湖（西湖）滨旧有钓台，武庙幸西山，曾钓于此。"应是明武宗朱厚照（正德年间）游西湖的事情。

清代海淀西北大规模修建园林风景，除有地下水可以使用外，大部分园林供水来源要仰仗西湖之水。最著名的要数圆明园、长春园、万春园组成的清代皇家园林，河湖水系是重要的组成部分，其中以圆明园中的福海面积最大，达517亩（34.4万平方米）。"三园"内的福海等湖泊水源有三：一是主要依靠昆明湖二龙闸和后湖东泄之水；二是万泉河水；三是园内自流井和泉眼等地下水。1860年后随着园林被毁，水系也逐渐淤塞而紊乱。直到1985年6月，对"三园"内的福海等湖泊进行了大规模治理后竣工放水，对游人开放。北京城内的园林湖泊、护城河、运河供水，直到1957年永定河引水工程修建之前昆明湖是唯一的水源。要说其间的变化也只不过是昆明湖的水源罢了。北京城市最重要的园林供水——中南海的水源，历史上一直放在水利管理部门的第一位。昆明湖不但要保证有足够的水量，还要保证水质优良，不得有一点污染，这也是北京环境水利的首要任务。可见昆明湖在北京环境水利上的作用是不可替代的。

第二节　北京地区运河的保护与治理

一、坝河的治理

1950年初，经北京市郊区工作委员会设计批准，于1950—1952年对坝河干流和支流北小河，按五年一遇排水标准施工。1966年朝阳区疏挖北岗子至河口12.2千米河道，最大泄洪能力从83立方米每秒增加至139立方米每秒，并建3座闸门控制。1971年又疏浚后泄洪能力提高到247立方米每秒，增建1座闸。1975年坝河开始全面治理，至1978年完成，在坝河上共建7座闸控制排水，与700年前修坝河建坝数目一样。2011年又进行大规模治理和景观建设。

2014年的坝河（作者摄）

2014年郑村坝石牌楼（作者摄）

二、通惠河的治理

新中国成立后对北京城市河道的综合治理与对水源的保护十分重视。1951—1952年曾疏浚东安门至后门桥段河道，共挖土方2.85万立方米。1956—1957年将东安门北至地安门段改为暗沟。至此，后门桥以下的御河全部改为暗沟。

作为排水干线的通惠河治理，一直是北京河道治理重点工程。1960年为了解决北京第一热电厂冷却用水问题，在通惠河上高碑店村处建成三孔拦河闸和一孔溢流堰。1976年降低溢流堰高程，使通过洪水能力达到270立方米每秒。1965年至1970年配合地铁和南护城河扩挖,将通惠河河底从10米扩至27米。这样除历史上的高碑店闸已经不在主河道可以保留外,拆去了庆丰闸的主体建筑,和其他影响泄洪的闸坝建筑。1984年在三孔闸北新建高碑店闸,1985年改建普济闸,新闸在老闸下游430米处。1993年再次全面整治通惠河,大大提高过洪能力,还对庆丰闸和高碑店闸遗址进行文物古迹保护,工程到1995年完工。高碑店闸至北运河12.5千米河道也提高标准,工程于1998年竣工。

1998年修整庆丰闸遗址时,新建一座汉白玉雕刻拱桥,长38米,宽4.4米,高7.8米(参见下图)。在桥西两岸上安放了重5吨仿元代镇水兽(石刻青龙和泗马吉祥物)。北岸墙上刻画元代屋脊式艺术壁画。壁画由三部分组成:一是7米长的"庆丰闸遗址"题字;二是《鸿雪因缘图记》中的二闸修葺清代古装画;三是7米长的墨玉石刻板,上面汇集了1293年郭守敬主持兴建通惠河,以及明清修建庆丰闸的历史。在遗址旁,还有一通仿元的庆丰闸遗址碑,碑身文字记载了通惠河整治工程、庆丰闸遗址保护工程建成的历史。2009年朝阳区政府以庆丰闸为中心,沿通惠河两岸修建庆丰公园,于2009年9月28日正式开园。南岸的绿色景观带全长1.7千米,因在庆丰闸附近而被命名为"庆丰公园"。其西部以绿化景观带为主,分为桃柳映岸、都市蜃楼等;东部建有京畿秦淮、叠水花溪和银枫幽谷等景点,水系景观用水全部来源于通惠河。

1998年修建的汉白玉雕刻拱桥(作者摄)

桥上可见原庆丰闸基础(作者摄)

第三节　北京运河的保护

一、通惠河河道遗存与保护

至今历史上属于通惠河河道遗存还有三段：一是北京西直门外至颐和园昆明湖的长河；二是2008年重新恢复的万宁桥至平安大街（东不压桥）段和2014年考古发掘出来的北河胡同段；三是东便门外至北运河口的通惠河河道。

（一）长河段

即西直门至昆明湖段河道。古代有一条发源于紫竹院公园，注入积水潭一带的河流，称作高梁河。在辽代开挖海淀台地，将玉泉山诸水注入了高梁河，《金史》记作高良河。金代皇室开始在上游的玉泉山一带兴建离宫。元代开通惠河后，又成为通惠河一段，明清不断修治，称为长河。元代长河的总长度，即西湖出口至积水潭西入口的长度，经过考证，大约为24元里，合今11.4千米。长河上的闸坝建筑，在西湖出口，明确记载有一座"响水闸"，控制湖水的出流，相当于后来的绣漪桥闸。开通惠河时所建24座闸中，广源上、下闸和会川上、下闸在长河上。在每座闸之旁都有一座桥。著名的有高梁桥（会川上闸）、白石桥（广源下闸）等。另外还有麦钟桥、长春桥等非常有名。还有《析津志》记载的"肃清门广源闸别港，有英宗、文宗二帝龙舟"。长河上的码头，在今万寿寺大门前还有遗址可录。

长河上的航运自元代起就十分受重视，文宗至顺三年（1332）三月，"以帝师泛舟于西山高梁河，调卫士三百挽舟"。泛舟于西山高梁河，要用300人拉纤，"龙舟"规模一定不小，河道也比较宽，两岸堤防要有能够站300人的宽度。明代皇帝泛舟西湖，船队浩浩荡荡，也走长河。清乾隆游昆明湖的龙舟就藏在广源闸。直到民国时民间还有许多游船。

1998年4月20日,北京市开始对城市河湖水系进行综合治理,历时15个月,实现了"水清,流畅,岸绿,通航"的目标。经过北京水务局的努力,1999年疏浚长河时,对水道进行了彻底整治,扩宽河道。昆明湖至玉渊潭段(简称昆玉河)是北京市最早实现通航的河段。1999年7月28日上午在八一湖畔举行了隆重热烈的通航仪式,会后有关领导乘船从玉渊潭上游的罗道庄至昆明湖,游览了昆玉河。在此基础上开通了北京展览馆后湖至颐和园南如意门皇家御河水上游航线。该路线基本是沿古代长河行走。从展览馆后湖出发,过动物园后河,过五塔寺、白石桥,到紫竹院换船,再到广源闸、万寿寺(西路有慈禧太后行宫),过麦钟桥(遗址),到颐和园南如意门码头,全长11.7千米。

(二)老城区段

这段自积水潭东岸澄清闸起,经东不压桥、南河沿大街、正义路拐向东南台基厂二条。船板胡同的河道,历史十分悠久,变化很大,是积水潭的主要泄水及通航河道。金代"敕放白莲潭东闸水与百姓灌溉",其灌溉渠道有一条就是这段河道。另外由白莲潭向金闸河供水,也可能使用这段河道。有文献记载开凿通惠河之前四五年(1288—1289),著名书法家赵孟𫖯,骑马行东皇城墙外,因为道窄马失前蹄跌落河里。忽必烈知道了命令将御墙向西移筑二丈许。[1]

开凿通惠河是在元大都城建设完成十几年之后,在市区修建运河应该利用旧有水道,比较经济合理,完全新开辟一条运河要有大量的拆迁工作,难度很大。因此前面推测通惠河开工时举行盛大典礼,可能就在这段河道上,一是靠近大内方便安全,二是在原来河道上扩建工程难度不大。关于这段河道的宽度,考古发掘证实,"在皇城东北角处的通惠河宽度为27.5米左右"。[2] 与记载中通惠河宽十丈比较

---

[1] 《元史·赵孟𫖯传》。
[2] 《元大都考古发掘报告》,载《文物》1972年1期。

接近。

元代这段河又称御河、御沟、玉河、闸河等。文人墨客对这里有大量的描写。例如元欧阳系《京城杂咏》:"奉诏修书白玉堂,朝朝骑马过宫墙。闸河东畔垂杨柳,时有莺声似故乡。"马祖常的御沟春日诗:"御沟春水晓潺潺,直似长虹曲似环。流入宫墙才咫尺,便分天上与人间。"

明永乐年间曾经修治过这段河道。因为嫌运河来往人多喧闹,宣德七年(1432)皇帝下令将皇城墙移到河东岸,即今东黄城根位置。从此,通惠河被围在皇城内,船只再也无法进入积水潭。此后只保留澄清上闸控制积水潭的出水,而中、下闸渐渐废弃不用。这条河道民国年间开始改为暗沟:第一段自前三门护城河南水关至长安街,到1924年完成;第二段由长安街至望恩桥(东安门桥南),于1931年完成①。1956—1957年将东安门北至地安门段改为暗沟。至此,澄清上闸以下的御河全部改为暗沟。2007年4月中旬—2008年5月上旬,北京市文物研究所配合基建工程对万宁桥和地安门东大街之间的北京玉河遗址进行了考古发掘。此次考古发掘共清理出元代通惠河堤岸、明代玉河堤岸及其河道、清代玉河堤岸及其河道、东不压桥及澄清中闸遗址、两座便桥遗址、玉河庵遗址和码头遗址等重要遗迹。澄清中闸修建于东不压桥上游的燕翅上,闸口宽6.1米,残高1.2米,门槽宽0.27米,进深0.25米,闸的底部已被破坏。

(三)东便门至通州段

根据1981年交通部"全国内河航道普查资料汇编",京杭大运河北起北京东便门,南至杭州艮山港,全长1747千米,其中第一段北京东便门大通桥至天津屈家店165千米,这个长度与1934年汪胡桢调查数据基本一致,属于不能通航河道。当时整个京杭大运河大约只有1000千米可以通航,约700千米不能通航。

---

① 北平市政府工务局《工务合刊》。

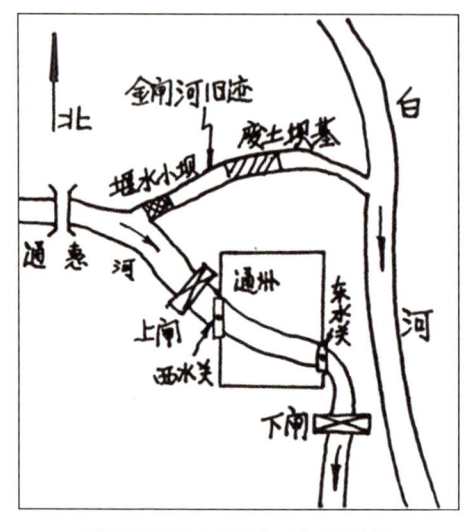

元代通惠河与白河（作者考证绘制）

通惠河在大都城外河道一直保存使用，成为北京城区重要的排水主干渠，还是风景优美的去处。曾经一段时间污染严重，环境变得较差，经过十几年的治理，通惠河已经开辟为朝阳区在CBD区的庆丰闸河道公园。

通惠河八里桥以下至卧虎桥北运河口一段河道，历史悠久，变化很大。元以前曾经是金闸河从通州城北入潞水河道。明嘉靖七年（1528）大修通惠河后，漕船又改回通州城北入北运河（通惠河在城西门还分一支入城）。但是漕船过八里桥后是进入"通州城北的积水"，就是后来称作葫芦头的水域，并且停泊在那里装卸漕粮，这是当年的主航道。葫芦头的东端是石坝，也承担泄洪任务。到清道光二十九年（1849）在葫芦头北

1703年通惠河入北运河路线①

---

① ［清］张鹏翮《治河全书》，天津古籍出版社，2007年。

面有滚水坝和减水闸来分泄洪水，泄水渠所经过的河道正是今天的通惠河"主河道"。北运河里的漕船从来没有在通州城北直接进入过通惠河，这两条河道是有落差的。在卧虎桥拆除前，桥下是一个跌水。

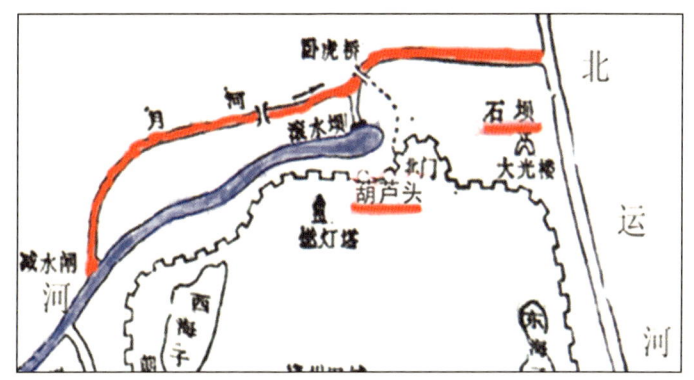

1883年通惠河入北运河路线（摘自《通州志》）

到清末漕运量已经大大减少，光绪初年（1881）地图上八里桥以下河道延长到减水闸，石坝前葫芦头水面积已经缩小很多。但是所有明清地图都清楚标示通惠河是靠减水闸和滚水坝与北运河连接的。

上面第二幅十分有名的绘图，是清张鹏翮于康熙四十二年（1703）出版的《治河全书》中的插图，是清初通惠河与北运河水道关系的写照。可能有些人看到这幅图中北运河到通州与通惠河河道没有连接，就认为京杭大运河到这里就结束了。如果把这四幅图系统连接起来，就可以十分清楚它们之间的关系。

另外，由于通惠河、温榆河等古代运河都是北运河的支流，现代主管这些河流的北京水务局在文件中就有以北运河代表北京运河的说法。如1987年北京水利志编辑委员会编写的《北京水利志稿》"第一卷第三章北运河水系"中写道："北运河，其主要支流之一通惠河，原为由北运河直达京城的通航河道，现仅负担城区和西郊地区的主要排水任务。北运河作为京杭大运河首段，历史上为解决南粮北调和沟通南北文化、政治交流发挥了显著作用。"从现在管理角度出发把北京所有运河包括通惠河都看作北运河支流是没有问题的，但是京杭大运河历史上有明确区分，修建大运河的目的无疑是要把漕粮运进北京的皇家粮仓。

二、北运河的治理与保护

1949年以后，北运河由河北省蓟滦河河务局接管了通县、香河县的河段，但具体的工程维修、管理、防汛等仍由各县负责。1949年和1950年连续两年大水，河槽普遍漫溢，河道淤塞，泄洪不畅，通县灾情严重。在水利部领导下，河北省组织通县民工以工代赈，对北运河大堤进行修复。开挖了潮白新河后，潮白河不再入北运河，从此潮白河经过蓟运河单独入海。

1958年在温榆河支流东沙河上修建了十三陵水库，是北运河上游最著名的工程。后来又陆续修建响潭、王家园、沙峪口等10座中小型水库，有效控制了北运河的洪水。1971年7月，根据国务院批示，水电部召开河北、山东、河南、北京、天津关于北运河规划会议。1972年6月提出《北运河干流治理工程初步设计》，自北关闸至天津市入海口全面治理。北京市分两期完成通县北关闸至牛牧屯河口41.9千米河段治理。1973年6月完成一期工程，1974年完成二期工程。1978年完成由于唐山大地震对运河堤防的损坏修复工作。1992年完成杨洼至牛牧屯左堤加固和部分堤段的裁弯取直。第二年在新修复大堤上栽树十余万棵。

1973年7月，为加强对温榆河、北运河的统一管理，发挥其排灌效益，决定成立北京市北运河管理处，隶属北京水利局直接

北运河与通惠河口航拍（1987年鲍昆摄）

管理。2010年7月，北运河管理处调整为全额拨款事业单位，人员编制320人。经过多年治理，北运河水系的防洪能力大大提高。1998年8月北运河疏挖整治自北关闸下200米起至榆林庄闸上21.8千米主河槽，同时，将北运河右堤滨河路改建成现代化公路。1999年4月，实施了北运河北关闸下至北运河大街河道疏挖整治工程。疏挖主河槽按10年一遇除涝标准；防洪按20年一遇洪水设计，50年一遇洪水校核。2005年至2007年分两期治理了北运河通州城区段北关闸至甘棠橡胶坝段河道，主槽按20年一遇标准扩宽至200米左右，缩窄滩地，调整堤线，北关闸至六环路段左右堤内堤脚缩至300米左右，六环路至甘棠橡胶坝段为300～1000米。按50年一遇标准加1.5米超高新筑左右堤，并新建了堤顶路。同时进行了河道两岸景观建设，形成滨河公园。北运河经过多年的清理整治，运河沿线平均水面宽度达到百米，水深3～5米，现在仍可以乘船体验当年运河风光。通州运河公园规划全线总长4600米，宽600～800米，总面积368万平方米，其中水面占92万平方米，绿化率达95%；自2004年11月1日至2007年5月完成一期建设，景观改造面积超过100万平方米。随着2019年北京市副中心的运行，北运河治理必将进一步大幅提升。

通州石坝附近运河遗址复原规划示意图（岳升阳绘）

249

第四节 中国大运河申遗成功与北京大运河保护规划

一、大运河申遗成功

2006年12月大运河申遗项目组开始着手准备申遗的前期工作,由国内8个省25个城市联合申报。2009年4月由国务院总牵头,8个省市和13个部委联合组成大运河保护和申遗省部际会商小组,正式建立省部协商机制,大运河申遗上升为国家行动。2013年初国家文物局正式确定了首批申遗点段,它们分布在8个省市的31个遗产区,涉及27段河道和58处遗产点,河道总长1011千米。2014年6月22日在卡塔尔首都多哈召开的第38届世界遗产大会上,审议并通过中国提交的"大运河"申遗申请。

作为大运河的北端城市和漕运终点北京大运河段,涵盖4处遗产点,共有两处河道和两处遗产点入选直接申报名单。河道分别为通惠河北京旧城段(包括什刹海和玉河故道)、通惠河通州段,遗产点分别为西城区澄清上闸(万宁桥)和东城区澄清中闸(东不压桥)。

二、北京水系保护与后申遗时代任重道远

一是在城市总体规划上对水系予以保护,有章可依。《北京城市总体规划(2004年—2020年)》第七章"历史文化名城保护"中明确规定,保护旧城内的历史河湖水系。部分恢复具有重要历史价值的河湖,形成一个完整的系统。……保持城市与山水相互映衬的格局,保护历史文化名城整体格局的宏观环境。保护与城市发展密切相关的历史河湖水系,划定保护范围并加以整治。重点保护护城河水系、古代水源河道、古代防洪河道、风景园林水域以及重要的水工建筑物。

二是,必须将水资源作为城市战略资源予以保护。水资源是基础性的自然资源和战略性的经济资源,是经济社会发展的重要支撑,

是生态环境的控制性要素。尤其在水资源比较缺乏的北京地区，更应该从战略高度将水资源作为战略性的经济资源加以保护。《北京市"十二五"时期水资源保护及利用规划》提出，建设宜居城市，实现"水清、岸绿、亲水、怡人"的河湖水环境，维持河流的健康生命。

三是根据专项规划逐步对部分历史水系进行恢复。要编制公布大运河北京段遗产保护规划。组织北京市有关专业研究单位，根据大运河遗产点调查研究情况，对遗产价值进行评估，以科学指导今后的大运河保护和管理工作。要结合专项规划做好历史水系保护工作。由于历史原因，北京市区许多古河道已被填埋，有的已改为暗沟。古河道用地上的建设应该加以严格控制，为将来恢复古河道创造条件。根据历史文化名城保护规划实施保护修复工程，使京城再现"水穿街巷"的历史景观，并且设立了专门的博物馆。

为了陆续实施保护整治工程，做好运河保护工作，应在运河沿线遗产调查的基础上，制订相关文物保护修缮计划，加大经费投入力度，逐步对大运河及沿线的文物古迹进行保护修复。

北京市各有关区县及规划、水务等部门按照申遗工作的要求，进一步加大了大运河遗产保护的力度，积极推进大运河遗产的环境整治和保护展示工程。昌平区白浮泉、海淀区昆明湖、长河、西城区什刹海、东城区玉河北区、朝阳区通惠河、通州区北运河等都进行了环境整治工作，建成了文化公园，使大运河遗产本体保护状况和环境风貌得到明显改善。同时要加强基础科学研究工作，在保护文化遗产中去伪存真，防止开发性破坏和为了旅游而制造"新古董"。

申遗成功不是最终目的，是一个新的起点。在后申遗时代，要更进一步加强对运河的保护和管理，也要调动各个部门的力量来保护、管理相关项目的开发，从而带动文化遗产保护、运河生态建设、旅游方面的开发，来拓展这一遗产的展示，是带动相关产业共同发展的一个很好契机。大运河申遗成功丰富了北京世界文化遗产内容和类型，将进一步推动北京文化遗产的保护，使北京成为国内世界文化遗产最集中城市之一。对北京文化中心建设和发展具有重要意义。

北京在2012年就已编制公布了大运河（北京段）遗产保护规划，对昌平区白浮泉遗址，海淀区广源闸，西城区万宁桥，东城区东不压桥遗址，朝阳区永通桥、平津闸，通州区文庙、燃灯塔、通运桥等均进行了不同程度的修缮加固，遗产的保护状况明显改善。

四是大运河的发展与国家统一密切相关。大运河使国家政治中心与重要经济区密切连通，在国家统一上起着重要作用。

2500年前（公元前486），吴王夫差下令开凿沟通江淮的邗沟，其主观愿望是北上争霸，兼并别国，成为沟通江淮的水上通衢。到公元前221年，秦始皇第一次统一中国，掀起全国修建运河热潮，实现江南至首都长安水路连通，然后出现两汉四百年的繁荣。之后经过三四百年的分裂，隋炀帝在公元581年再次统一全国，掀起第二次大规模的修建运河高潮，开凿了杭州至洛阳、洛阳至涿郡（今北京）的南北大运河。然后是唐代近三百年的繁荣。唐末至两宋的三百年，中国实际是多个政权的割据状态。到元帝国于1276年第三次统一全国后，通过大规模地改造南北运河成为京杭大运河，实现北京至杭州的通航。京杭大运河大大地促进了南北乃至全国的政治统一及经济、文化的交流与发展。明初首都在南京，京杭大运河一度中断。永乐皇帝15世纪初迁都北京后立刻重新开通京杭大运河，并且解决了元代的许多难题，使运河发挥出更加巨大的作用。17世纪中叶，从东北崛起的满族入关建立大清帝国，更加重视和依赖京杭大运河。颇有作为的康熙和乾隆祖孙二帝在位期间，都六次下江南，主要走的就是安全而有保障的京杭大运河。清朝皇帝大规模下江南，无疑是有利于民族大家庭融合与团结的，大运河在中华民族的统一上一直着产生积极而深远的影响。

第七章

北京大运河建设特点与成就

第一节　历史上北京大运河闸坝形式及特点

在运河上用以节制水流的闸门，也称"斗门"或"水门"，与控制引水和泄水的闸门名称相同，但作用不同。我国通航闸门历史可以追溯到南朝宋景平年间（423—424），有人乘船过扬州斗门时落水淹死①。说明最迟在那时这类闸门已经存在。唐《水部式》所载："扬州扬子津斗门二所"②，"两桥对双阁"为两个斗门的辅助设施。扬子津在今扬子桥附近，在一个河段上连续设两座闸门，并进行统一管理，"随次开闭"，这就是初期的船闸，应是我国有据可考的最早的船闸。开元二十二年（734），齐澣开伊娄河，自扬子桥到瓜洲渡长江直通京口（今镇江）。河上建伊娄埭（堰），同时设有斗门。诗人李白曾写诗说："齐公凿新河，万古流不绝……两桥对双阁，芳树有行列……海水落斗门，潮平见沙汭。"③可见，在河口建堰埭的同时，也建了双闸门的船闸。这比传说12世纪荷兰首先出现的船闸早400余年，比有明确记载的在意大利1481年出现的伯豆河（Pader）上的船闸早700余年。这与通惠河上船闸建筑和运行一样。

一、运河木闸形式与局限

木闸在我国起源较早，汉代时已应用于运河上。唐宋闸门多为木制。唐代建闸，"并需累石及安木傍壁，仰使牢固"④。就是做了牢固的砌石基础和木结构的闸墩。宋代许多船闸也沿袭了这种结构。天圣四年（1026）所建的真州闸，就是"砻美石以甃其下，筑强堤以御

---

① 《太平御览》卷三九六。
② 罗振玉《鸣沙石室佚书》。[唐]《水部式》共有四个文本，最晚修于开元年间。可确认此事件最迟在开元年间。
③ 李白《题瓜洲新河饯族叔舍人贲》，载《李太白集》卷二五。
④ [唐]《水部式》。

其冲，横木周施，双柱特起，深如睡骊之窟，壮若登龙之津"[①]。结构与唐代相似，只是规模更为宏伟，制作更为考究。金代闸河上也是木闸，元代开凿通惠河施工时经常挖掘出金代闸河河道旧的砖石。所建24闸，在创建时为了速成，都是采用木石结构。

（一）运河木闸结构

元代学者赡思（一译沙克什）考订的《河防通义》，记载宋代修建一座木闸需用材料：

厢板、辟土板、底板、四摆手板以上计260片；截河板60片；刺水板20片；吐水板24片；板橛48个；立贴木12条；卧贴木30条；金口立贴木4条；压板地杖9条；辘颊木8条；顺水地杖2条；过水地杖2条；排槎木柱20条；角柱四条；金口柱2条；砌板地杖12条；吐水地杖5条；刺水地杖2条；涎衣梁4条；门渠杖1条；攀面拽后橛8条；脚板2片；闸板8片（长二丈三尺，阔一尺四寸，厚六寸）；地丁58条（各长六尺，径六寸）；吐水桩30条；凤翅桩20条；口木4条；永定柱52条；拽后木52条；转轴4条；上下水栏口桩160条；丁铁梁头计3878个；平盖五护丁3112个，候头一尺丁304个；梁头52道；钉梁头三寸丁312个，每首6个；板铍股32个；起板钩索32条；打板索上钩环2副；挂板钩搭32个。

杂物用料：好麻索4条；油80斤；石灰240斤，3斤和油。还有："四摆手合修盘木岸，各八步，合用物料。例：……"

以上所用文字多为当时河工用语，以音造字，现已很难懂。题为"安置坝闸一座物料"，其中没有土石用料数字，应该是为建筑木闸的用料表。

以通惠河为例，修建24闸共耗用木料数"木163，800章"，就是使用木材16.3万根。

---

① ［宋］胡宿《真州水闸记》。

（二）木闸的缺点

木闸的优点是建设速度快，相对成本比较低，但是使用时间不能持久。因此通惠河竣工20年后（1311），中书省的官员说："通州至大都运粮河闸，开始修建时为了尽早建成，都用木材，岁久木朽。如果等到垮塌后再修建，将不胜其劳。今为永固计，宜用砖石，以次第修治。"于是得到批准，开始按计划逐个改造为石闸。《元史·河渠志》记载到泰定四年（1327），全部改造完毕。而元人写的《都水监事记》则记载，到至顺二年（1331）只完成了一部分。文在中记载："盖京师桥闸旧皆用木，宰臣谓不可以久，偿奏命（都水）监渐易以石。今之闸之石者已九，桥之石者已六十又九，余将次第及之。"表明当时实际木闸改成石闸的只完成9座（全部是24座），木桥改成石桥的完成69座（全部是156座），剩下的逐渐完成。

二、通惠河石闸结构及特点

（一）石闸结构

根据文献及闸坝遗存建筑对照，通惠河上的石闸结构及名称以庆丰闸资料（图为1936年前拍摄）[①]为例叙述如下。

石闸的结构大体可分为闸门、闸墙、基础三部分。

1. 闸门部分：有闸口，又有金门、龙门、金口之称，一般宽在2丈（按营造尺约合今6.4米）左右。（参见下图）

门槽，又称捎口，由条石凿

石闸结构图（以庆丰闸为例，作者1981年实地测绘）

---

① 《营造学会会刊》1936年2期。

石闸金门　1936

石闸门槽和闸板　1936

高梁闸绞关石和铁千金　2008

槽,以纳闸板。一般宽0.3米、深0.3米。

闸槛,又称万年枋。用整块条石砌于闸底板上,突出底板为了便于下叠梁闸木。

闸板,由叠梁木组成,板侧有供起吊之用的板环,一般由13~18块组成,每块长7米(2丈+0.3米+0.3米),宽和高为0.3米。(参见左图)

绞关石,又称闸耳石,用0.3米×0.6米×2米条石凿孔穿轴,在闸口上方,每侧2块,共4块。轴用木材的称绞关木、千金木,用铁者称铁千金,用以启闭闸板。(参见左图)板桥,闸口上用木材建造的工作桥,供工作人员往来及存放闸板。位于交通道路的闸门,一般设在石桥墩前,如高梁桥闸、澄清闸等。

2. 闸墙部分:有闸墙,又称金刚墙、金墙。按墙上各部位可分为:由身,又称正身,现在水工上称胸墙、闸室,即闸口中间直长的一段。闸口上游闸前八字墙,称上迎水雁翅(左岸14米,右岸12.5米)。雁翅前垂直连接河床的部分称上裹头,又称迎水裹头(参见下图)。

对应闸口下游建筑称下分水雁尾,又称顺水雁尾、跌水雁尾、出水雁尾，又称束水。下裹头，又称顺水裹头。

3．基础部分：闸底满铺砌石一层，称底石（参见图：澄清下闸石闸底石），靠外口立有"牙石"一路。底石之下，铺槽底三合土，厚约0.5米。底石上下游铺三合土舌，起护坦作用，

石闸上迎水雁翅和裹头　1936

防止水流冲刷。底层下是桩工，即地丁桩。依作用又有顶石桩、顶砖桩、顶土桩、关石桩、关土桩。一般用直径0.4～0.5米圆木，一木一桩，或一木二截。（参见图：石闸木桩基础）

澄清下闸石闸底石（作者摄于2014年）

石闸木桩基础（历史资料）

通惠河石闸结构尺寸比较表

单位：1营造尺=3.2米

闸名	闸口（金门）宽		高度（地面）	闸墙（金刚墙）长				总长
	口宽	由身		上迎水雁翅	上裹头	下分水雁尾	下裹头	
庆丰闸	20.0 6.40	42.2 13.50	20.0 6.40	33.4 14.00	20.0 6.40	41.6 13.30	20.0 6.40	157.2 50.31
高碑店闸（平津上闸）	20.0 6.40	43.4 13.88	17.6 5.60	33.0 10.55	53.7 17.18	36.3 11.60	46.7 14.93	213.1 68.19

续表

闸名	闸口(金门)宽			闸墙(金刚墙)长				总长
	口宽	由身	高度(地面)	上迎水雁翅	上裹头	下分水雁尾	下裹头	
《河防辑要》	22.0 7.04	30.0 9.60	31.2 9.98	54.0 17.28	30.0 9.60	106.0 33.92	20.0 6.40	282.0 90.24
《大清会典》	22.0 7.04	24.0 7.68	28.8 9.22	60.0 19.20	30.0 9.60	80.0 25.60	30.0 9.60	229.0 71.68

注：庆丰闸、高碑店闸尺寸为1981年实际测量数据。

通惠河(1293)的庆丰闸、高碑店闸等都是一孔闸，与公元1202年改建真州闸时的基本尺寸一致："门之广二丈，高丈有六尺。复为腰闸，相望一百九十五丈，规模高广，大略如之"。①

(二)石闸的建造

元代石闸施工技术已达到较高水平。元揭侯斯文集中有《重建济州会源闸碑》，记载至治元年(1321)景德镇都水分监都水丞张仲仁重建会源闸的详细情况。济州即济宁，会源闸后名天井闸，景德镇后名张秋。石闸施工要求技术全面，比石桥与滚水坝都要复杂。在古代水工建筑物施工技术中最具代表性。

元都水监任仁发所著《水利集》卷十《营造法式》有相关记载："譬欲造闸，长九丈，阔二丈，深二丈，须是开掘河身长十四丈，阔八丈，深三丈。如闸造以上、以下者，从数增减"；"下桩，用松桩，上等长者一丈八尺，径一尺，二千条；中等者一丈四尺，径九寸，四千条；下等者九尺，径七寸、八寸者三千条。用上等者作顶石桩，中等者作撒星桩，下等者作挨桩。于桩侧用瓦屑、青滋泥和填，从一尺起，渐渐筑打积高，须要十分筑实为止"。

石闸施工按顺序大致分为基础开挖、砌闸基、砌闸墙及安放闸门

---

① [宋]张伯垓《重建真州水闸记》，载光绪《仪征县志》。

建筑物三部分。

1. 基础开挖

首先要选择好地基,即明代水利专家潘季驯所说的"建闸节水,必择坚地"之意。第一步在地基上下游筑围堰,"竭其上下而竭其中"。导水别行,车干或用戽斗淘净围堰中积水后,便可以开始基槽开挖。基坑尺寸应略大于闸基,以便于施工。(参见右图)

2. 砌筑闸基

先将基坑以砜平实,然后"下错植巨栗(桩)如列星(梅花桩)",就是下地丁桩。下桩完毕,将桩头锯平,用碎石填平桩头间空隙处,夯实。再于桩头上横贯龙骨木,上面满铺地平板,用灰麻盆过,使其漏灰汁,清代改用半尺厚"槽底三合土"。

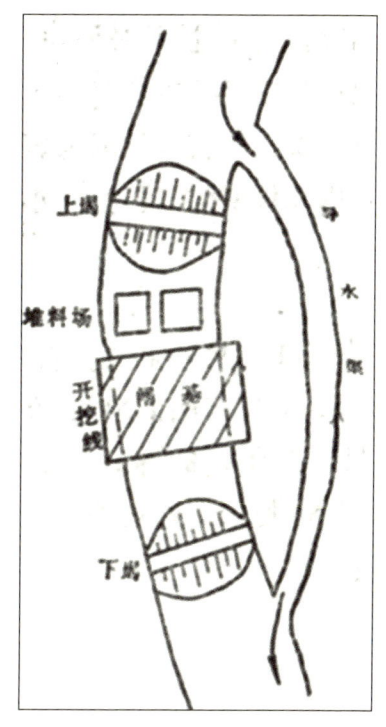

石闸施工基槽开挖(作者考证绘制)

底石逾铺一层,中间门槛处安砌万年石枋一条,枋下先垫块石一层,再使石枋夹砌于底石间,以防止急流冲毁。底石铺完,一般认为全部工程已完成一半,可见古代施工对基础的重视。

3. 砌闸墙及安放闸门设施

从万年枋两侧起筑闸墙,中间夹砌门槽石,一般一竖一横,二石连接面有圆形凹凸相嵌以防移动。闸墙最外一路闸面石丁顺砌成。当砌至第12层时注意埋绞关石、木桥横梁等构筑物。最上一层是盖面石与海漫石(在河砖上)。至此石闸主体完工。

为保证石块连接牢固,凡应凿槽,安扣铁锭、铁锔之处,必须认真。文献记载宋代"建隆二年,留守向拱重修天津桥成。磬巨石为脚,高数丈,锐其前以疏水势,石纵缝以铁鼓络之,其制甚固"①。《析津志》记载:"(大都)凡桥梁闸石坝堰,俱以生铁铸作锭子,陷定石缝。"元代建一石闸往往耗铁达两三万斤。(参见右图)

今昆明湖堤岸上的铁锭(作者摄于2016年)

(三)石闸启闭运行

闸门启闭有两种形式。一种是整体可升降的"悬门",即可以升降的平板闸门,当闸室与上游或下游水位平齐时开启上闸门或下闸门。悬门应当有启闭设备,动力可以用人力,也可以用畜力,当时辘轳已经广泛运用。但是这样的闸门尺寸不能太大,关键在关闭闸时水流阻力会影响闸门的降落。文献记载的"悬门"多是水关上的闸。北宋汴京城(开封)有出入城的水门(水关),"其门跨河有铁裹窗门,遇夜如闸垂下水面"②。这是个拦污栅似的"窗门",水的阻力很小。水门夜晚垂入水面,禁止船只出入,白天提出水面放行。

另外就是用得较多的叠梁闸门,叠梁又称关木。南宋初,杨万里在诗中具体描述了这种闸门。他在《过奔牛闸》中写道:"春雨未多河未涨,闸官惜水如金样,……忽然三板两板开,惊雷一声飞雪堆。众船遇水水不去,船底怒涛跳出来。下河半篙水欲满,上河两岸势差缓,一行二十四楼船,相随过闸如鱼贯。"③又在《清晓洪泽放闸》中写道:"起来霜重满淮船,更觉今朝分外寒。放闸老兵殊耐冷,一丝不挂下冰滩""满闸浮河是断冰,等人放闸要前行。劣能开得两三板,

---

① 《宋史·河渠四》,引自周魁一等《二十五史河渠志注释》,中国书店出版社,1990年。
② 孟元老《东京梦华录》卷一。
③ [宋]杨万里《诚斋集》卷二九。

争作摧琼裂玉声"①。很明显，上述二船闸都用叠梁闸门，是用人力一板一板开启的。其操作方法是，通过闸上绞关石的绳索钩住闸板上铁环，提升到闸墙上。杨万里在《过奔牛闸》中描写奔牛闸开启时水流很急，声音很大，闸室下泄的水从船底下冒出来，将船托起，下游水位已升起半篙，上下水位才趋平齐。再如长安闸，"申时开水门两处出船，船出了，关木曳塞。又开第三水门关木，出船。次河本下五尺许，开门之后，上河落，水面平，即出船也"②。成寻在记述船过楚州闸时记载："戌时，依潮升，开水门，先入船百余只。"

（四）通惠河石闸特点

元代文献明确记载："闸与桥初置以木，仁宗皇帝延祐中有旨，易木以石次第而械之。命闸户学为石工，以至攻木、煅铁、炼垩，皆习其技。……一切工役取其闸户，不扰而集。"③至顺元年（1330）都水少监王温臣负责改造庆丰闸木闸工程。召集土木金石工匠550人，准备木材一万根，铁800余钧（1钧约等于15千克），石材3200块，还有河砖、三合土等建筑材料齐全。开挖闸基长12丈，宽8丈，高2丈，闸口宽2.2丈。④其中随着明清时运河水源减少，闸口宽度减小到2丈。

三、长河上的闸坝

长河的起点在西湖出口，明确记载有一座闸，即"响水闸"，控制湖水的出流，十分重要。由于长河是城区通往西湖的黄金水道，在修建通惠河所建24座闸中，有6座在积水潭上游，即在长河上，用以

---

① ［宋］杨万里《诚斋集》卷二七。
② 成寻《参天台五台山记》。
③ ［元］欧阳玄《中书右丞相领治都水监政绩碑》，载王琼《漕河图志》卷五，水利电力出版社，1990年。
④ ［元］宋褧《改修庆丰石闸记》，载王琼《漕河图志》卷五，水利电力出版社，1990年。

控制水流。它们是广源上下闸、会川上下闸、朝宗上下闸。后来，由于船只出城很不顺利，在长河的下游修建了泊船港——广源闸别港，控制进入积水潭的会川下闸和朝宗上下闸，逐渐失去作用。实际只剩下广源上下闸、会川上闸起作用，就是后来的广源闸、白石闸、高梁闸3座。

四、通州石坝结构及特点

（一）通州石坝结构与运行

明代嘉靖年间吴仲开始在通惠河与北运河连接处筑石坝。《通惠河志》记载石坝新建情况："闸坝建置：石坝一座，在通州北关外。嘉靖七年新创，工程之费于闸半之。"关于石坝尺寸："新筑石坝一座，高一丈六尺，长二十丈，阔一十一丈。"为了搬运漕粮的需要，"新开搬粮小巷三处"。就是修建3条从石坝通往葫芦头的道路。同时，为了石坝的安全，在北运河"新筑堤岸十五处，共长六百五十四丈"。新筑堤岸合计2100米。为了搬运漕粮，专门设小脚"专管搬运粮米过闸坝。……石坝三十名，嘉靖七年选充"。实际上"小脚"的数量随着漕粮运量有增减，尤其清代不但固定的人员增加，每年繁忙季节还需要招募临时劳力。清代文献记载，石坝"明嘉靖七年置。万历三十三年，题定通州通判管辖。每年正兑京粮自此搬入通惠河，由普济、平津、庆丰等闸递运至大通桥，以实京仓。国（清）朝因之"[①]。"七省正兑漕米运京仓者，从此盘入通惠河。岁计二百四十四万石有奇。抗夫喧轰，昼夜不息。日以起运三万石为率。专责经纪百人董之。"[②] 这时每年大约有250万石由此转运，平均每天约3万石。1981年采访当时103岁老人戴成元，他亲口讲了年轻时从北运河扛皇粮到葫芦头通惠河漕船的经历，与清代文献记载相同。

---

① 《光绪·通州志》卷三，《漕运·坝闸》。
② ［明］吴仲《通惠河志》，段天顺、蔡蕃点校本，中国书店出版社，1990年。

石坝运行图绘画局部（作者考据，东古绘制）

为了加强漕运管理，明代在石坝附近就修建了一座漕运公署。"公署建置，石坝公馆一座，头门三间，正厅三间，厢房六间，后厅三间，厢房四间，厨房一间，天妃宫一座，嘉靖七年新建。"[1]这里专门要指出，天妃宫本是供奉南方海运崇拜的海神（水神），随着大运河北上，传播到北京。

（二）通州石坝的形成及其特点

石坝位置在通州城北原来金代闸河连接北运河处，元代这里就出现了积水。郭守敬在设计通惠河时，看到处理好人工运河与北运河衔接是真正实现京杭运河直航大都城的关键。他堵塞了原来通州城北的水道，将通惠河改向东南至李二寺入白河。其主要目的既可解决河水流失过快问题，又解决了原来河道与北运河高差无法直接通航问题。郭守敬在城北水道上修筑了"堰水小坝"，当通惠河汛期水大时，洪水仍然可以从这座"堰水小坝"溢流而过，直接泄入北运河。这样形

---

[1] ［明］吴仲《通惠河志》，段天顺、蔡蕃点校本，中国书店出版社，1990年。

成了"通州城北通惠河积水"。后来有人建议,自积水处利用旧渠向北开挖400步,就可以到达坝河深沟坝的乐岁仓西北,可以用小料船运载粮食,十分方便。这里的"旧渠",即上述"金闸河旧迹",原来城北水道。这种状况一直保持到明代没有变化。明嘉靖以前,通州城南通惠河水道常常淤浅,且白河已成主要航道。吴仲等人认为"通流闸坐于通州旧城之中,(通惠河)经二水门,南浦、土桥、广利三闸,市井辐辏之地,两岸居民阛阓、鳞集栉比,搬运粮米大为不便",若将城北小河挑浚,"因旧坝添筑高阔,多用桩木砖石甃砌,平时集水行舟,水大听其漫流而过。由此经达普济闸可省四闸两关搬运之难"[①]。嘉靖七年(1528),按这个计划在城北创建石坝一座,打开了元代堵塞的城北金闸河旧道,使通惠河改道在通州城北入白河。这是通惠河下游最重大的变化。石坝初建时,汛期石坝过水泄洪停止漕运。而这时正是漕运任务繁忙季节,十分不利。清康熙三十六年(1697),在葫芦头北岸建滚水坝,坝后开泄水渠直通北运河。这样石坝可以不

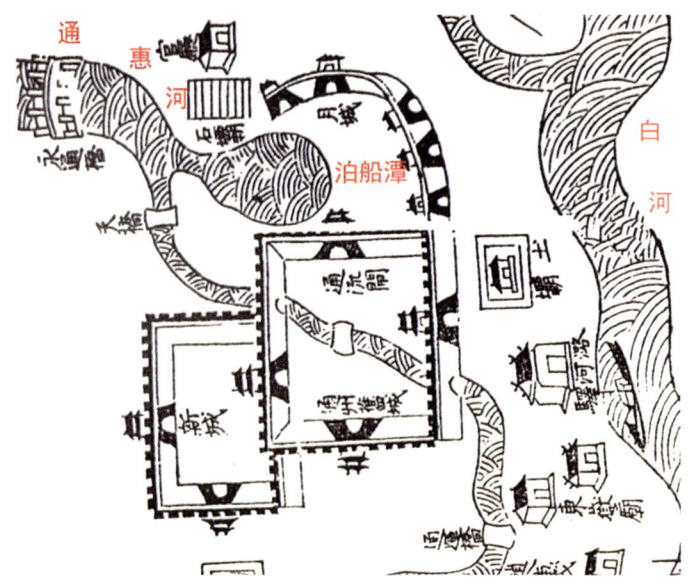

明代万历年间(1605)通惠河与北运河(据《通粮厅志》)

---

① [明]吴仲《通惠河志》,段天顺、蔡蕃点校本,中国书店出版社,1990年。

再溢流，大大延长了漕粮过坝时间，而坝后原有河道逐渐湮塞（或有意填埋）。到乾隆四十年（1775）葫芦头已有滚水坝2座，确保石坝不受洪水威胁。这样北支水道最后成了通惠河主河道。

清代绘画《潞河督运图卷》部分（原图藏中国历史博物馆）

第二节　北京大运河建设成就

一、引水工程建设的成就

北京自古就是水资源缺乏的地区，从三国时期开始引导永定河水灌溉农田，成就卓然。金建都中都，在水源困难地区为了漕运必须修建运河，解决水源困难的办法一是引导周边泉水，但水量有限；再就是设法从外部引水通漕运，可惜引永定河水徒劳无功。结果开挖的运河运行十分艰难。元代郭守敬吸取金代失败教训，不但成功引永定河水通漕运，还克服困难引导温榆河上源泉水入通惠河，实行大都至通州的直航。

（一）白浮瓮山河与山溪交叉建筑——清水口

白浮瓮山河选择沿山麓而行，要10余次穿过榆河的上游各支系山溪。"清水口"到底是一个什么样的工程？文献上几乎没有直接记述。要分析出当时这项工程的结构和作用，首先要了解山区渠道的特点。在山区修建渠道时，必然会与天然河道、山溪交叉。这样产生的交叉工程分为两种，一种是立体交叉，一种是平面交叉。古代没有钢筋混凝土之类的建筑材料，无法修建大跨度立体交叉输水渠道（只有修建较小的渡槽，如金水河上的"跨河跳槽"是用木材建成）。另外河渠平面交叉技术古代很早就掌握了。其设计是将新建渠道的山溪入口处河堤修建得较低，而对面即山溪下游方向的河堤由临时性建筑物修筑而成，如用竹笼装石或荆笆编笼装石等。平时山溪或泉水可以自然流入渠道增加水量；而当山洪暴发时，会将荆笆编笼装石修筑而成的堤岸冲毁，形成缺口，让山洪顺原来的河床排泄到下游。山洪停止后，仅用比较少的人工，很容易将堤岸修复，渠道很快可以恢复正常通水。中国最古老水利工程都江堰的泄洪工程——飞沙堰，也是这种"自溃坝"建筑。由于四川盛产毛竹，用的都是竹笼装石。北京地区传统都是使用"荆芭编笼装石"。《析津志》关于大都物产记载:"荆条器,笆、筐……荆条笼制诸项器用,都城人广用之。"因此《元史》将"清水口"又称为"笆口""水口"。这种建筑引用清水时平安无事,一旦洪水来临立即被破坏,因此有"清水口"之名。(参见下图)

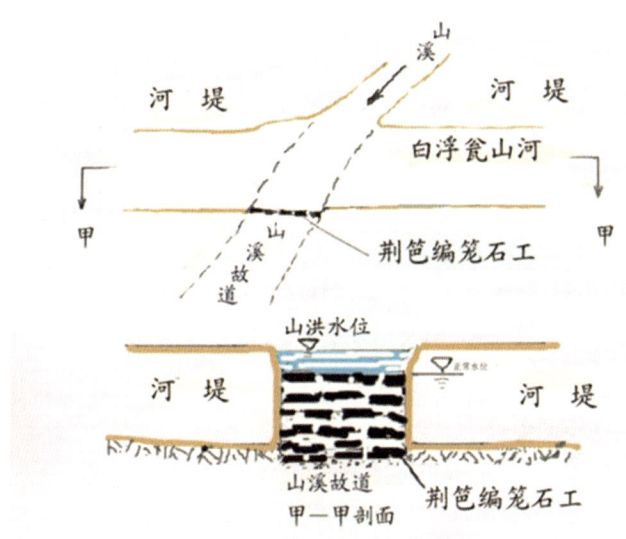

"清水口"工程结构示意图(作者考证绘制)

考察今天该段京密引水渠是如何解决山溪与渠道交叉问题的,人们注意到:查京密引水渠白浮村至颐和闸37河道,设置立体交叉工程山洪桥7座、倒虹吸5座,总共12处。而郭守敬当年所建"清水口"正好也是12处。这不仅仅是数字上的巧合,而是水利工程内在规律决定的。700年前山溪与渠道的情况与今天相比不会有大变化,表明当年的"清水口"与今天京密引水渠的交叉工程还存在着明显对应关系。

京密引水渠白浮—颐和闸段立交工程表

序号	建筑名称	桩号（米）	渠底高程	建筑长度（米）	备 考
0	东沙河倒虹吸	64+588	48.68	100	（不计算）
1	埝头倒虹吸	69+775	48.38	112	虎峪沟
2	横桥倒虹吸	71+501.7	48.28	125	关 沟
3	土城倒虹吸	72+87.2	48.19	300	猕沟、高崖口沟
4	西贯市山洪桥	77+200	47.95		山洪桥以5米计
5	后白虎涧山洪桥	79+295	47.83		
6	后沙涧山洪桥	80+354	47.78		
7	前沙涧山洪桥	81+842.5	47.67		
8	后柳林山洪桥	83+181.4	47.60		
9	前柳林倒虹吸	84+503	47.51	55	
10	辛庄山洪桥	87+133.5	47.36		周家巷沟
11	温泉倒虹吸	88+483	47.28	30	
12	白家疃山洪桥	92+235	47.06		

注：本表中京密引水渠有关资料，均引自北京勘测设计院资料，序号可见表中所示位置。

（二）引西山泉水至玉泉山建筑——石槽

乾隆年间扩大昆明湖后，明显感觉水源不足，于乾隆二十三年（1758）进行大规模的引导西山泉水至玉泉山工程。引水工程广润庙上游有两条：一条出于十方普觉寺（即卧佛寺）旁的水源头，即今樱桃沟之水源头，现在立有石碑。用石槽引水过曹雪芹旧居门前（参见下图），至广润庙前方池（遗址在今万安公墓站前）。另外一条出于碧云寺内石泉，用石槽引水，流入香山见心斋。再南流为月河，与由双清别墅流下泉水汇合。出香山公园东园墙，经石槽东流入四王府广润庙方池。然后从方池东出口入石槽在土墙上东行，经香露、妙喜诸寺，进入静明园汇合玉泉山水。① 在地图上测量石槽总长约为12千米（卧佛寺至广润庙约2.8千米；碧云寺和双清至香山园墙合计5千米，再至广润庙约2.2千米；广润庙至玉泉山西麓约2千米）。石槽工程约在八国联军侵入北京，西山诸园被焚殆尽后失于修治，逐渐毁废。石槽遗迹20世纪80年代还多处可见，后来因修公路全部拆除。上图为1983年北京水利史研究会考察西山石槽。

1983年北京水利史研究会考察西山石槽（谢连山摄）

---

① ［清］于敏中等编纂《日下旧闻考》，北京古籍出版社，1981年。

第三节 运河水源调蓄建筑——水库（水柜）

一、从瓮山泊到昆明湖——北京最早的城市水库

瓮山泊由玉泉山的泉水"汇为巨浸",最晚在金代时已存在。元初郭守敬引玉泉济运,后来扩建坝河,也都是引用瓮山泊之水,到开凿通惠河时对湖泊进行系统治理。《析津志》记载:"西湖景,在……玉泉山东。其湖广袤约一顷余。旧有桥梁、水阁、湖船、市肆、蒲荚莲芡,拟江浙西湖之盛,故名。"描述的是元末残破的情况。明《长安客话》记载:"西湖去玉泉山不里许,即玉泉、龙泉所潴。盖此地最洼,受诸泉之委,汇为巨浸,土名大泊湖。"元明文献记载西湖两岸为拦蓄泉水而兴筑的湖堤,北起自瓮山,下至麦庄桥附近,称"十里长堤"。《明实录》记载,永乐四年(1406)八月"修西湖景东牛栏庄(今六郎庄)及青龙、华家(今挂甲屯)、瓮山三闸"。永乐五年(1407)九月:"修顺天府西湖景堤三百七十九丈",长度约1250米。

明万历十六年(1588)神宗祭祖后从十三陵到西湖,然后坐船从水路而归。文献记载当时西湖控制建筑。为了皇帝游船需要,"先期水衡(水官)于下流闭水,水与崖平,白波森荡,一望十里"[①]。实现"下流闭水",就是关闭出口闸,即永乐四年修理的"瓮山闸"。防止湖水泄入清河的同时也要关闭"青龙闸",即后来的青龙桥闸。

清代打造昆明湖为北京最大水库。随着明末清初用水的增加,西湖水量日感不足。到乾隆十四年(1749),开始了大规模扩湖工程。至十五年初已完工。新湖的形成是将原来的堤防移至今知春亭以东,将原堤东的稻田、黑龙潭及零星水面与西湖连成一片;留下龙王庙孤岛,建十七孔桥相连,南移响水闸于新湖南端绣漪桥下。新湖周岸达

---

① [明]蒋一葵,《长安客话》,北京古籍出版社,1982年。

30余里，面积是原来的两三倍。扩大了湖水面积和容量，并系统修建了大量闸、坝、涵洞，对北京城市的防洪、增加灌溉、漕运、园林用水等方面发挥了巨大的作用。

关于这次扩湖工程及其效果《御制万寿山昆明湖记》记载很详细："因就命瓮山前，芟苇菱之丛杂，浚沙泥之隘塞，汇西湖之水，都为一区。经始之时，司事者咸以为新湖之廓与深两倍于旧，踟蹰虑水之不足。及湖成而水通，则汪洋㶁沆，较旧倍盛。"

清乾隆年间绘画昆明湖（摘自清《都畿水利图卷》）

3年后，乾隆十八年（1753）建惠山园闸，增加了万寿山后溪河（今称后湖）的出水口。乾隆二十九年（1764）又修筑昆明湖东堤二龙闸及东堤上的灌溉涵洞。由于昆明湖面积扩大，供水量感到不足而在湖中修建西堤，将湖分成两个区域。这是前次工程的继续。至此，昆明湖已完全成为一座灌、蓄、排设施完备的大型水利枢纽工程。至此完成了瓮山泊（西湖）到昆明湖的转变。

（一）大坝——东堤工程

原西湖东堤在龙王庙—圆静寺一线上，这次扩建实际是将此堤废弃，在原堤东边水田、黑龙潭以东另筑新堤。昆明湖东堤的位置正是原畅春园西墙外,因此乾隆有诗:"西堤此日是东堤……""原注:西堤在畅春园西墙外,向以卫园而设,今昆明湖乃在堤外,其西更置堤,则此为东矣。"① 实际上乾隆将西湖向东扩建到畅春园西墙外,修建东堤(参见图:昆明湖东堤)。现昆明湖东堤上仍竖立着刻有该诗的石碑(参见图:东堤上乾隆石碑)。

昆明湖东堤(作者摄)

东堤上乾隆石碑(作者摄)

从昆明湖至六郎庄地形图可以看出,"东堤"是在平地修筑起来的。现在昆明湖底还要高出堤外六郎庄一带稻田1.5~2.0米。东堤顶高程约53.0米,一般高于水面1.0~1.5米。东堤总长度(从文昌阁至绣漪桥)约1800米,平均宽度约12米,迎水面用条石砌护,背后填筑三合土。今颐和园东园墙正在东堤之上,从墙外可清晰看到堤的构造。

(二)蓄水水库——昆明湖

清乾隆十五年(1750)建成昆明湖,湖面积增加了三四倍,大大增加了蓄水能力。但是,扩湖建东堤后,由于地势倾斜,出现了"湖面东移"的现象。于是乾隆二十九年(1764)在湖中偏西修筑了一条西堤。从园林风景设计上,模仿杭州西湖在西堤上建造六座风格各异的桥;从水利上主要目的是实行分区蓄水。湖面被划分为两

---

① [清]于敏中等编纂《日下旧闻考》,北京古籍出版社,1981年。

大部分，西堤以东称昆明湖，堤以西仍称西湖。西堤六桥下设闸，既保持两湖的连通，又可以节制，以解决供水总量不足。昆明湖以西的西湖后来又被分割为西北湖（后称团城湖）和西南湖。1949年颐和园水面总面积为204.9万平方米。其中昆明湖为125.8万平方米（据民国初年数字约为130公顷）；团城湖面积为35.4万平方米，西南湖面积为43.7万平方米。昆明湖湖底高程一般为48.5米，最深处高程47.5米，西北湖和西南湖湖底高程在49.0米至49.5米之间。因此当湖水水位为49米时，西北、西南两湖多处滩地裸露，芦苇丛生，荒芜零落，游人罕至。湖的西北部由于蓄水达不到设计高程而淤浅，后逐渐辟为稻田，出现了今日功德寺远离西湖的局面。

（三）水库溢洪工程——青龙桥闸

原来瓮山泊天然湖泊出口在北面，下游自然流入清河。大约在辽代人工开凿了长河，穿过"海淀台地"，流入北京市区后，瓮山泊的南出口成为主要出口。实际当湖水位高于50米高程时，只要开启青龙桥下三孔闸，湖水迅速泄入肖家河至清河，确保东堤安全，可免除城区和附近农田淹没之虞。因此在北出口修建的青龙桥闸，成为昆明湖的溢洪闸。文献记载，乾隆三十六年（1771），一场暴雨过后，西山各河流涨水，以致昆明湖水平堤。立即开启青龙桥闸，洪水立即宣泄，水势随落。下游东城壕及闸河虽有漫溢，立即堵筑，而北运河一带堤完固无虞。[1]青龙桥闸最晚兴建于元代，明代永乐四年（1406）曾经修治青龙闸。万历二十五年（1597）张兆元《通惠河考》记载："青龙闸在都城西北三十里。"清代康熙二十九年（1690）成书的《清会典》记载，"宛平县闸六，玉泉新闸、青龙闸……"青龙闸作为昆明湖的溢洪闸，一直使用到1965年京密引水渠建成。京密引水渠改变了玉泉山、北长河一带水系的流向，使古老的青龙桥闸失去作用，被新建的昆明湖进水闸所替代。

---

① ［清］于敏中等编纂《日下旧闻考》，北京古籍出版社，1981年。

（四）供水控制工程——二龙闸

在东堤上建了座二龙闸，一方面作为圆明园的供水渠道的节制闸，另一方面也是确保东堤安全的泄水闸。二龙闸和闸后二龙桥现在基本保存完好。（参见右图）

昆明湖东堤二龙闸（作者摄）

二、运河调节水库积水潭

积水潭承金代白莲潭北部水域，历明清演变成为今什刹三海。元代积水潭的水域面积比什刹三海大得多，不但是大运河的终点码头，更是运河水道的调节水库。明清运河不能进入什刹海，但是仍然作为运河调蓄水库发挥重要作用。

（一）积水潭的南岸工程

金建太宁宫时将白莲潭分割成南北两部分，南边是太液池，北边称白莲潭。这个南北分隔的建筑，元代称作"海子南岸东西道路"，其北侧就是积水潭的南岸，是堤岸工程重点所在。元代不断修治，但还是问题很多。《元史·河渠志》记载，至治三年（1323）三月，大都河道提举司上奏："海子南岸东西道路，当两城要冲，金水河浸润于其上，海子风浪冲啮于其下。且道狭，不时溃陷泥泞，车马艰于往来。如以石砌之，实永久之计也。"大都河道提举司的建议得到批准。第二年就准予施工，四月工部准备好建设用材料物品，七月开工，八月完工，用工匠287人干了一个月。对这次工程《都水监事记》记载也很详细：泰定元年（1324）七月，以石砌积水潭南岸，总长1250尺。沿岸增加石护栏，在风雨湍浪时，岸坡不崩不淖，以利往来。这次工程规模比延祐六年（1319）那次治理大，那次只用条石砌筑了一段护岸，因此海子南岸仍为土堤泥路。其南面受高程较高的金水河浸润，其北面有"汪洋如海"的高程较低的积水潭风浪冲蚀。"海子南岸东西道路"，就是今平安大街北海公园北门与什刹海隔路相对的道路。这条道路并不很宽，到元代还因道狭、溃陷，车马艰于往来，到这时才全部用石块砌筑，得到彻底治理。这项记载还提到，经过这次治理，积水潭四周已经安装了石栏杆。

（二）积水潭的东岸工程

由于从金代起，东岸便建有"东闸"，用来控制灌溉用水。其位置应较准确，就是元代澄清闸附近。积水潭东岸在今鼓楼大街后门桥西侧，今地安门商场之西。1976年城建施工中，曾在地安门商场下发现条石砌岸，应当是积水潭东岸的护石。文献记载，在东岸还有著名都水监厅衙门建筑，其南面是火神庙（今已修复）。

（三）积水潭的北岸工程

积水潭北岸应当距今什刹海岸还有一段距离。《析津志》记载"西斜街临海子"，西斜街即今鼓楼西大街，元代紧靠积水潭。以东岸在地安门商场的位置推测，由于海子淤塞及建筑物的进占，使水面缩小，远离了鼓楼西大街。

元代积水潭北岸西侧一直向西北延伸到原德胜门外的太平湖，1971年修地铁时埋填，建成地铁车辆段。这片水面是元代积水潭的重要组成部分，当时积水潭北支运河至坝河的出口在这里，位置约在今新街口豁口附近。1977年施工时，曾在新街口豁口大街东侧（原冰窖口胡同西口）的北京变压器厂院内，发现石驳岸遗址。

（四）积水潭的西岸工程

依文献分析，积水潭最西北端当距"和义北水门"不远，即朝宗下闸所在处。据考证，朝宗下闸距大都西城墙200～300米。过了朝宗下闸就是"鸳雁之地，水草丰茂"的海子。可见当时太平湖西岸靠近大都西城墙，水面面积十分可观。

积水潭的西岸，有一条金白莲潭向南引出的水道，元代成为向太液池供水的金水河。开通惠河时这个出口应建有闸门控制。从地质条件及明清积水潭的演变上分析，积水潭西南岸应在李广桥水道位置（今柳荫街和龙头井街）。

第四节　运河码头与桥梁建筑

一、运河上的码头、泊船潭、船坞

（一）积水潭码头

积水潭，元代又称作海子。元初建大都时，对白莲潭加以利用，郭守敬兴建通惠河时进行了大规模的开发与治理，在积水潭四周筑堤设闸，加大了水深，扩大为京杭大运河终端码头，以利于泊船。通惠河竣工后，忽必烈从上都回京看到积水潭内"舳舻蔽水"盛况，表彰了郭守敬。

（二）长河上的码头

由于长河通航的需要，在沿河建设有码头。《析津志》记载："肃清门广源闸别港，有英宗、文宗二帝龙舟。"肃清门是大都和义门（今西直门）之北的城门，那么"广源闸别港"应该在今西直门西北方向，当时应该有一片比较大的水域，肯定与长河直接连通，以位

1981年万寿寺前码头遗址

1981年广源闸下游50米处石驳岸（均为作者摄）

置推测可能在今动物园后湖西侧。另外在广源闸的上游,应该建有码头,以供西行船只上岸休息或更换船只。明清都有明确记载。今万寿寺前还有清代码头遗址。

此外,在长河沿岸还有不少亭台楼阁建筑,如《析津志》记载的玉渊亭,"在高良河寺西,枕河堧而为之。前有长溪,镜天一碧,十顷有余。夏则熏风南来,清凉可爱,俗呼为百官厅。盖都城冠盖每集于斯,故名之"。其位置应在白石闸附近。

(三)土坝东关码头

土坝码头在通州旧城东门外北运河西岸,在今天东关大桥西端北侧。土坝码头应由三合土筑成,虽然不如石材坚固,但在近水的台阶周围都筑有木排桩保护。土坝的土料由黏土、沙子、石灰混合而成,具有一定的抗冲刷能力,维修起来比较简单。土坝主要供暂时存入通州仓的漕粮等。在土坝码头南面运河西岸,还有一些商用码头。

1981年通州土坝遗址(作者摄)

土坝与东关码头绘画局部(作者考据,东古绘制)

(四)泊船潭

就是运河停泊船只的场所,如通惠河的瓮山泊、积水潭,以及通州北的葫芦头。在通惠河闸前一般也扩建出停泊船只的水域,也起到泊船潭作用。

（五）船坞

船坞，是指修造船用的坞式建筑物。船坞是修、造船舶的工作平台，是修理和建造船舶的场所。是船厂中经人工处理的用于修造船的场地设施，船舶的建造和大修就是在船坞中进行的。（参见右图）

现存最大皇家船坞——颐和园船坞（作者摄于 2017 年）

二、运河上的桥梁和渡槽（跨河跳槽）

（一）运河上桥梁

根据元代文献记载，元大都城有 156 座桥。初建时大部分是木

颐和园绣漪桥（作者摄于 2014 年）

大修后万宁桥（作者摄于 2002 年）

北京八里桥（作者摄于 2014 年）

281

桥，后来逐渐改造为比较坚固的石桥。尤其明代修建的大部分都是石桥。京杭大运河从大都到杭州著名桥梁很多，其结构与修建石闸类似。运河上著名的桥梁很多，举例如下。

北京张家湾通济桥（作者摄于2014年）

　　金水河上的桥梁很多。在大都城外的金水河上的桥梁，记载的不是很多。根据《析津志》记载："金绳桥在西镇国寺前。"西镇国寺旧址，大约在今国家图书馆对面高梁河南岸紫竹院公园内。高梁河以南有金水河与之平行，金绳桥在寺前，那么应该是跨金水河的桥梁。元代的金绳桥位置大约在明清时三虎桥以东，紫竹院东南门附近。这里的地形正是"海淀台地"开口处，除了建桥外还可能建闸控制水流。

　　在大都城内金水河上的桥，有前述海子西金水河上的无名桥。另外记载有"无名桥，万新仓金水河一，葡萄园金水河桥一"。万新仓位置待考，但这条记载与海子西金水河的桥是连在一起的，应该距离不远。葡萄园金水河桥在崇国寺南。

　　在"西河"（金水河）上的桥很多，自北而南有，洪桥、马市桥、曩八总管府桥、顺城门石桥（明清称甘石桥）、隆福宫桥、周桥。另外一条记载："库桥、崇仁桥、草市桥。西曩八总管府桥。管帝师钱粮。隆福宫桥。"从顺序看，很可能前三座也是金水河上的桥。另《析津志》记载"福宁桥，在隆福宫前"。前面所述的昇平桥，是积水潭南岸金水河穿过"海子南岸东西道路"的桥。

在长河上的桥也很多很重要,而且在每座闸之旁都有一座桥。著名的有高梁桥(会川上闸)、白石桥(广源下闸)等。另外比较著名的有在护国仁王寺南的白玉石桥。《析津志》记载,西寺白玉石桥,在护国仁王寺南,有三拱,金朝所建。庚午年(1270)秋七月,贞懿皇后下诏建此寺。其地在都城之西10里,附近是高梁河,建在河南岸。《元史·本纪》记载,至元七年(1270)十二月,建护国仁王寺于高梁河。十一年三月,建大护国仁王寺成。以其地在都城之西10里距离计算,今天的五塔寺距西直门大约10里,护国仁王寺应在五塔寺附近。那么白玉石桥在"寺南"的高梁河上。该桥始建于金代,三孔,规模很大。1999年疏浚长河时,对水道进行了彻底整治,当河道扩宽时,于首都体育馆北侧新建的大桥稍西十余米处,发现了残石桥基,都是长方石条砌成,此地距五塔寺,只有百余米,应是原白石桥遗址。

另外还有麦钟桥、长春桥等著名桥梁。麦钟桥又名麦庄桥,文献记载:"万寿寺稍西为三笑庵,过此为麦庄桥。"清乾隆十三年(1748)乾隆曾写麦庄桥诗:"新涨平堤好进舟,霁空风物报高秋。闻钟背指万寿寺,摇橹溯洄西海流。"还记载:"长河麦庄桥之西为长春桥。"

(二)运河上渡槽(跨河跳槽)工程

当运河与其他河道立体交叉时,需要修筑"渡槽"。早在西汉时,长安城的"章门"就曾经架设"飞槽",解决引水入城问题。"飞槽"就是渡槽,宁夏引黄河灌溉工程历史悠久,到民国年间渠道上仍然使用许多"飞槽"(参见右图)。北京历史上的

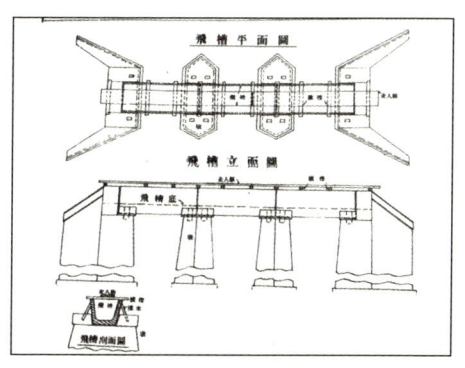

宁夏黄河灌渠上的飞槽结构图[1]

---

① 1936年《宁夏省水利专刊》。

金水河在穿越大都西护城河及城内西河时，都修建了"跨河跳槽"。跨河跳槽也是渡槽的一种形式。

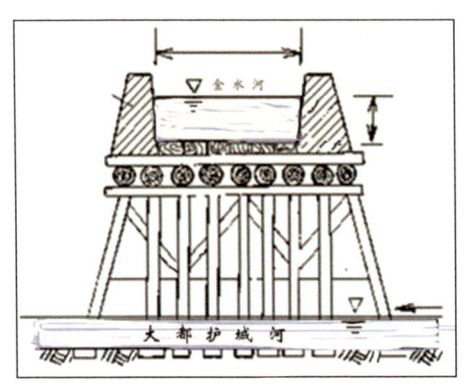

金水河上的跨河跳漕示意图（作者考证绘制）

金水河为了防止污染，在与沿途经过的河流交叉处，都专门修建了"跨河跳槽"工程。其构造如金水河上的跨河跳漕示意图所示。从图中还可以知道，金水河的水位至少比槽下河道水位（如大都护城河，其水位应该与积水潭持平），高出两三米，目的是尽可能保持一定的高程，以实现皇城内的自流供水。因此，金水河与大都护城河通过跨河跳槽立体交叉。

《辍耕录》记载了引金水河至琼华岛的渡桥工程情况："万岁山之东有石桥，长四十一尺，半为石渠，以载金水，而流于山后，以汲于山顶也。""半为石渠，以载金水"即桥上一半供行人使用，另一半做成石渠以渡金水。石渠宽度是四十一尺的一半，就是二十尺半，约合6.74米，规模不小。该石桥位置就是陟山桥附近或者是其前身，明清关于此桥的记载很多。（参见下图）

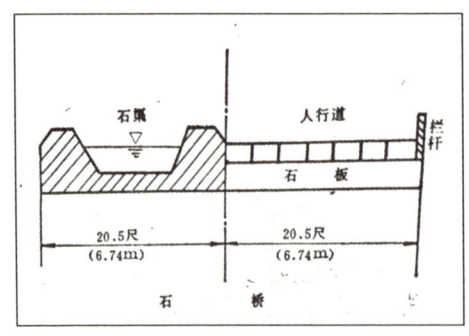

万岁山石渡桥桥面结构推想示意图

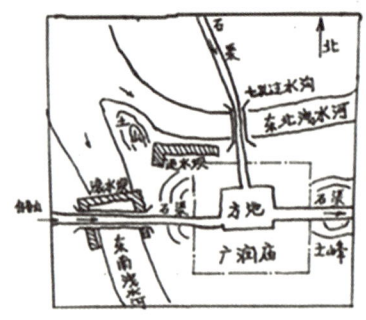

石槽立交工程示意图（作者考证绘制）

清代香山石槽引水渠途中需要跨过东南泄水河和东北泄水河，修建了比较复杂的立体交叉工程，如上页图：石槽立交工程示意图。20世纪30年代侯仁之先生考察时拍摄了一些珍贵照片。

1933年拍摄石渠与泄水河立交工程（侯仁之摄）

三、运河上的泄洪建筑减水河、月河和水关

运河上修建溢流堰闸泄洪的历史很早。西汉年间沿渭河南岸修建的漕渠，与终南山下来的山溪交叉，修建溢流堰闸解决这一难题。文献明确记载运河上设置溢流堰闸是唐代李吉甫在元和三年至六年（808—811）间任淮南节度使时，曾因"漕渠卑下，不能居水，乃筑堤阏，以防不足，泄有余，名曰平津堰"[1]。平津堰当是建于运河堤防上的溢流堰闸。

运河排泄洪水除建减水坝外，也常常依靠减水河或月河将洪水引到其他河道。前面所建减水坝下游如果不能直接排入大湖或者入海，也必须开挖引河。

（一）减水河

减水河至少在宋代的汴渠上已经使用。《宋史·河渠三》记载："大中祥符二年（1009），于中牟、荥泽县各置开减水河。""神宗元丰

---

[1] 《新唐书·李吉甫传》卷一四六，中华书局本。

六年（1083）十月，都提举司言：'汴水增涨，京西四斗门不能分减，致开决堤岸。今近京惟孔固斗门可以泄水下入黄河；若孙贾斗门虽可泄入广济，然下尾窄狭，不能尽吞。宜于万胜镇旧减水河、汴河北岸修立斗门，开淘旧河，创开生河一道，下合入刁马河。'[①]

南运河和北运河这种天然河道上的减水河，需要排泄的洪水量大，往往汛期排泄水量大于运河正常水量。如前面已经讲述的南、北运河上的哨马营、马厂、筐儿港、河西务等减水河，现在都已经成为该流域主要河道。这些都是历史上治理河道服务于漕运的根本原因造成的。

至元三年（1266）郭守敬引永定河水通漕运，为了防止永定河水泛滥威胁京城，在金口前开凿一条减水河。当永定河水超过引水渠容量时，来水自动沿泄水渠排泄到永定河原来河道中，确保了京城安全。这是借鉴都江堰水利工程的飞沙堰的原理，成功地应用在永定河上。

（二）月河

运河上的月河主要是关闭闸门后用以排泄洪水。月河，也作"越河"，其形状如月牙绕过闸坝。再有由于闸坝阻水，在洪水时候也影响了河道的泄洪，修建月河可以解决这一矛盾。因此月河成为确保运河洪水期安全的重要建筑。一般在月河进口开建滚水坝，出口建平水闸或者月河桥。清代通惠河上主要依靠月河排泄洪水。因此每座闸前都开挖1条或者2条月河。

（三）水关

河流穿过大都大城、皇城、宫城墙时必须建筑的涵洞工程，也称水关。《析津志》记载："通惠河水关在和义门北，金水河水门在和义门南。"笔者1981年调查时在元大都土城发现水关遗址一处。根据

[①]《宋史·河渠四》，引自周魁一等《二十五史河渠志注释》，中国书店出版社，1990年。

实地测量绘出复原图供参考。

《明实录》记载："西直门外及通惠河二处，系西湖、玉河水出入之处，应设水关二座；八里河、黑窑厂等处低洼，潦水流聚，应设小水关六座。"到清代北京水关在各城门附近均有建设。据《钦定大清会典事例》卷665记载："正阳门东西、崇文门东、宣武门西、朝阳门南、东直门南、德胜门西各设水关一，均内外三层，每皆护以铁栅。"

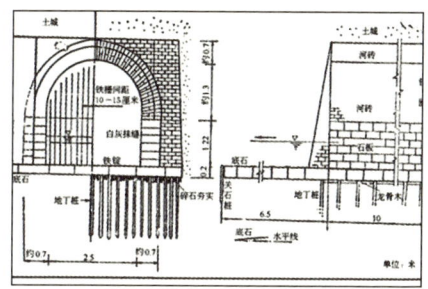

大都水关结构示意图（作者考证实测绘制）

大都水关遗址（作者摄于1981年）

1930年东便门水关遗址（历史资料）

第八章

运河管理与制度

完善的运河管理与制度是大运河能够正常运行千年的保障。北京地区大运河建设应该始于金代，前后几次开凿中都至通州运河，虽然都不很成功，但是在建设管理等方面进行了大胆尝试，为元代运河管理提供了宝贵经验。明清克服水源困难，改造运河闸坝，这些举措都维系着通惠河的航运。

第一节　历代运河管理

一、金代运河管理

金代运河如《金史·河渠志》漕渠概括的："金都于燕，东去潞水五十里，故为闸以节高良河、白莲潭诸水，以通山东、河北之粟。……其通漕之水，皆合于信安海壖，溯流而至通州。由通州入闸（河），十余日而后至于京师。……然自通州而上，地峻而水不留，其势易浅，舟胶不行，故常徙事陆挽，人颇艰之。"总体上金代运河并不通畅。但是在管理上的制度与结构设置比较完整，为后代留下了许多可以借鉴的经验。

（一）运河工程管理

据《金史·百官志》记载，中央政府由工部掌修造营建法式、诸作工匠、屯田、山林川泽之禁、江河堤岸、道路桥梁之事。下设都水监，专规措黄、沁河、卫州置司。掌川泽、津梁、舟楫、河渠之事。兴定五年兼管勾沿河漕运事。少监以下皆同兼漕事。街道司，掌洒扫街道、修治沟渠。旧南京街道司，隶都水外监，贞元二年罢归京城所。都巡河官掌巡视河道、修完堤堰、栽植榆柳、凡河防之事。分治监巡河官同此。其泸沟、崇福上下埽都巡河兼石桥使，通济河节巡官兼建春官地分河道。诸都巡河官，掌提控诸埽巡河官，明昌五年设，以合得县令人年六十者选充。大定二年设滹沱河巡河官二员。散巡河官。于诸局及丞簿廉举人，并见勾当人六十以下者充。

运河的建设是都水监负责工程技术审查、施工中的督查。"承安五年（1200），乃命都水监丞田栎相视运粮河道。"

（二）运河管理机构与制度

工部尚书一员，正三品。侍郎一员，正四品。郎中一员，从五品。都水监，监知事正四品，监作从五品，少监从五品或正六品。监丞二员，正七品。内一员外监分治。贞元元年置。掾，正八品。掌与丞同，外监分治。勾当官四员，准备分治监差委。都巡河官，从七品。分治监巡河官同此。街道司隶焉，管勾，正九品。

金秉承宋代运河管理制度，对华北运河进行分级管理。从记载"世宗大定四年（1164）十月，上出近郊，见运河湮塞，召问其故。主者云户部不为经画所致。上召户部侍郎曹望之，责曰……"[①]看，运河的修建是由户部负责。泰和六年（1206）十二月，通济河创设巡河官一员，与天津河同为一司，通管漕河闸岸，止名天津河巡河官，隶都水监。承安五年（1200），边河仓州县，可令折纳菽二十万石，漕以入京。

二、元代运河管理

（一）运河管理机构

元代通惠河的管理机构，分为以下几级：中央掌管全国河渠、堤防、闸坝等水利工程的机构是都水监，大体上继承金代制度，实际是继承宋代制度。"元有天下，内立都水监，外设各处河渠司，以兴举水利，修理河堤为务。"至元初年就设立都水监，至元二年（1265）郭守敬任都水少监。至元十三年（1276）起并入工部，直到至元二十八年（1291）元世祖批准兴建通惠河时又予以恢复。设都水监2人（从三品），当时是郭守敬和高源；都水少监一人（正五品）。都水监除负责全国工程外，还直接管理大都的坝河、金水河、积水潭码头等。元代都水监据文献记载位置推测约在积水潭东北岸，今地安门商场西侧。都水监下设有大都河道提举司，"设官三、幕官一"，专管大都水利。

---

① 《金史·河渠志》，引自周魁一等《二十五史河渠志注释》，中国书店出版社，1990年。

（二）运河工程管理

都水监其具体职责是："凡河，若坝填淤，则测以平而浚之，闸桥之木朽甃裂，则加以理。"其下又设有"通惠河道所"，专管通惠河的修治。兴建时受到嘉奖的韩若愚，便是河道所"都事"。河道所下设提领三人。《元史·河渠志》记载了设置提领的原因和作用，"元贞元年七月工部言：通惠河创造闸坝，所费不赀，虽已成功，全藉主守之人上下照略修治。今拟设提领三员，专一巡护，降印给俸"。从大德七年"瓮山等处看闸提领"奏报山水暴发冲决水口等情况来分析，似一个提领下辖若干闸坝。据元中期文献记载，通惠河共有闸官28名，应包括航道上24闸和瓮山泊上下及文明门附近之闸的管理。

三、明清运河管理

（一）运河管理机构

明代起，将北京至扬州运河分成许多段管理，其中通惠河与北运河一起通称为白漕（通惠河、北运河），以下是卫漕（南运河），闸漕（山东段）、河漕（黄河段）、湖漕（淮扬运河北段）、江漕（扬州及以上长江段）、浙漕（江南运河及浙东运河）。各段都设都水分司，以郎中、主事等为主管官员。明永乐时设漕运总兵官，管理河道与漕运，首任是平江伯陈瑄。景泰二年（1451），命都御史为总督漕运兼领河道。成化七年（1471）设总理河道官，专管黄河和运河，漕运由总漕管理，这个体制到嘉靖以后才比较固定下来。下属官员有御史，负责监督工作；工部都水司的郎中、主事或通政司少卿等，分驻各河段，管理河道、闸坝、泉源等；另外各地方政府也设专职管河官员。通惠河及京师水道，永乐初年统归北京行在工部管理。下面各闸的闸官、闸户基本承袭元代体制，只是因元末明初几十年没有通漕，失去管理。永乐五年（1407）"欲通漕舟直至京城，自文明门至通州置六闸，俱设官吏，告用闸户十一户"。后因漕舟不至而闸夫逃亡过半（因多系从南方招募)。宣德十年(1435)裁撤文明、惠和二闸官吏。成化十一年(1475)十月,增设工部管理河道官一员(相当于工部郎中)。这是因为当时漕运总兵官陈锐修浚通州至北京河道,"请设官管理之,并提督青龙桥等桥,广源等闸,及西北一带泉源"。到正德六年(1511)五月,因河道淤塞,裁减了"庆丰、通流等闸新设闸夫"。成化间庆丰等九闸原来设闸官4名、闸吏4名、闸夫647名,到正德六年庆丰等九闸因河淤,革减后仅闸官1名、闸吏1名、闸夫100名。

嘉靖七年治理通惠河后五闸、石坝设闸官2名、闸吏2名、闸夫280名,编制缩小很多。嘉靖七年(1528)吴仲疏浚通惠河成功,改行五闸二坝的"驳运制",闸官、闸夫等又有增加。这次疏浚后,于嘉靖九年(1530)设专理河道官。《明实录》记载:"九年正月,敕通政司右通政何栋专理河道。栋先任都水郎中,以浚通惠河闸工成,升通政。工部言:'治河有成绩,宜专任之,以究其用,故有是命。'"《通惠河志》详列自嘉靖九年至隆庆五年(1530—1571)41年间的33任河道官名单。

明代通惠河所在的宛平县和大兴县也负责管理县内的闸坝。如正统四年十月有"顺天府大兴县请修平津闸"的记录。

清代基本承袭明制,并逐渐简化。中央设河道总督治理黄河和运河。雍正时设直隶河道总督(即北河总督),后由直隶总督兼领。其下分五道,以通永道管理通惠河和北运河的河务与漕运,在京仓场侍郎也有维修责任。为了便于疏浚及汛期抢筑防护工程,乾隆二十六年(1761)吏部议准直隶总督方观承的要求,将通惠河南北两岸各工以平津下闸为界,分为四汛。各汛设置汛兵20名,另通州州同管河兵10名,州判管河兵5名。通流闸闸夫42名,负责管理普济、通流等闸,庆丰闸闸夫80名,负责管理大通桥(闸)、庆丰、平上、平下诸闸[1]。乾隆二十八年(1763),直隶总督会同总督仓场奏准,通惠河岁修、抢修、一切疏筑工程改令漕运通判就近管理。乾隆四十一年

---

[1] 《(光绪)顺天府志》卷四五。

(1776),通惠河各闸工改归通永道管理,以专责成。每次工程竣工时要由坐粮厅一同验收,并详报仓场侍郎核查①。

(二)运河管理制度

关于维修制度,明代成化中陈锐曾建议,应"三年一次,起夫一万余名疏捞(河道),永为定例"②。但尚未施行,因河道不通而罢。嘉靖年间修治较勤,隆庆元年(1567)李惟观建议"城河闸坝工程,宜为规制,三岁一举,用省积久浩大之费"。这项建议得到批准,并付诸实施。清代通惠河疏浚和维护有岁修、抢修之制。岁修的时间,乾隆二年(1737)始定:每年霜降时启板(仍留四五板,备拉拽冰床之用,以便行旅),然后放水掏修。因岁修资金、工力有限,主事官多应付或偷工减料,问题渐多。因此乾隆二十五年(1760)裘曰修提出:"每年修堤挑浅,名为岁修,与其逐年劳费,不若大加挑浚,后可节省过半。"当时批准了这项建议,这便是乾隆年间"十年一大挑"制度之始。到了嘉庆年间似已不再执行,仍然是岁修制,直到清末才又再次提及大修制度。

清代,自乾隆二十九年(1764)起,规定通惠河上一切工程,照运河之例,实行保固三年的制度③。工程如有决坏,按不同情况处罚。刑部颁布的法律规定:"凡运河三年之内,堤工遇冲决,而所修工程实系坚固,於完工之日已经总河督抚保题(签收)者,止令承修赔修四分(40%),其余六分准其开销(报公)。""如运河三年之外堤工遇冲决,而该官实系防守谨慎,并无疏虞懈弛者,该总河督抚查明具题(担保),止令防守该管各官共赔四分:内河道分司、知府共赔二分;同知、通判、守备州县共赔一分半;县丞、主簿、千总、把总共赔半分。"明文虽如此,实际管河各官偷工减料、贪污盗窃之事仍屡见不鲜,如遇冲决或上下串通一气、谎报"漫溢",或行贿欺瞒,河工管

---

① 《(光绪)顺天府志》卷四五。
② 《漕运通志》卷八。
③ 《大清会典事例》卷九一四。

理上仍成各级官吏贪污的一大渊薮。

（三）运河工程管理

清代关于通惠河岁修情况，文字记载简略。现国家图书馆舆图部珍藏"道光二十九年（1849）通惠河南北两岸岁修各工图说""黄卷"奏本一幅，是关于通惠河岁修的资料。这是清中后期通惠河工程情况最直接、最可靠的记录。

第二节　历代漕运管理

一、金代漕运管理

《金史·百官志》记载：中央政府设漕运司，提举1员，正五品，负责河仓漕运之事。同提举1员，正六品。勾当官，从八品，负责催督起运纲船。司吏6人，分别负责课使、起运两科，各设孔目官，前后行各1人。课使科，负责吏、户、礼案。起运科，负责兵、刑、工案。公使81人，押纲官76人。

金代实行春秋两运制度："春运以冰消行，暑雨毕。秋运以八月行，冰凝毕。"纲船要求"以前期三日修治，日装一纲，装毕以三日启行"。到接受仓储地，"以三日卸，又三日给收付"[①]。

泰和六年（1206），尚书省看到漕河经过的地方，州官、县官认为事不关己，经常导致运河淤塞不通。于是颁布规定：凡是漕河所经过的12个州、府官衔都带"提控漕河事"，33个县官则带"管勾漕河事"，"俾催检纲运，营护堤岸"。十二月运河创设巡河官一员，通管漕河闸岸，隶属于都水监。

二、元代漕运管理

元初，漕运管理多仿金代制度，设置机构，兴建漕仓等，由户部管理。

中统二年（1261）"立军储所"，不久即改为"漕运所"，至元五年（1268）升为漕运司（秩五品），至元十二年改为都漕运司（秩四品）。至元十六年大规模治理坝河后，实行水陆并运制度，坝河的漕运归户部经管。设立"新运粮提举司"，管理陆路站车250辆，隶属

[①]《金史·河渠志》，引自周魁一等《二十五史河渠志注释》，中国书店出版社，1990年。

于兵部。至元十九年（1282），由于坝河运输任务增加，又改为京畿都漕运使司。初置司于河西务，后移于大都城内（今雍和宫大街北口）。1952年8月19日开辟安定门东城墙道路，在城墙内掘出元代竖立的"元京畿都漕运使王德常去思碑"一块，碑文记有元代漕仓制度等，史料价值极高。①"自济州东阿为头，并御河上下，直至直沽、河西务、李二寺、通州、坝河等处水陆趱运，接运海道粮斛及各仓收支一切公事，并隶本司管理。"②

从《大元海运记》中至元二十五年计算南粮运耗的规定中，可以分析出当时直沽至大都各段漕运概况。仅从河西务算起，一石粮食运到大都仓内，坝河水运需加耗四升五合，站车运输则耗五升，数量相当可观。坝河运至大都仅60里，粮耗超过直沽至河西务120里，可见坝河倒载的艰难。

通惠河竣工后，特命都水监郭守敬"兼提调通惠河漕运事"③。至元三十一年（1294）专门设置了"通惠河运粮千户所"掌管漕运。千户所设中千户一员，副千户二员。千户所下辖运粮人员多为军队士兵。如至大元年（1308）正月"以通惠河千户刘粲所领运粮军凡百二十人，属万户沁特穆尔兵籍"④。同时为维护漕运秩序和安全，抽调大批士兵值勤巡逻。就在通航的第二年（元贞元年），中书省建议："新开运河闸，宜用军一千五百，以守护兼巡防往来船内奸宄之人。"批准后得到执行。大德三年（1299）"通州漕河置巡防捕盗司"⑤。10年后，于至大元年（1308）"摘通惠河漕卒九百余人……漕事如故"⑥。说明这时运河秩序已入正轨。

通惠河通航后，从直沽北上的漕船，可由李二寺河口沿通惠河直

---

① 《文物参考资料》1953年1期。
② 《大元海运记》。
③ 《元史·百官志》。
④ 《元史·兵志》。
⑤ 《元史·成宗本纪》。
⑥ 《元史·武宗本纪》。

驶入大都积水潭，既缩短了运距，中途也不再盘倒。这样增加了漕运量，减少了运输损耗。《大元海运记》卷下记载大德三年（1299）中书省奏准户部的规定，用"夹布袋盛糙米，依运'白粳香糯'的破耗计算，如直沽装船，经由通惠河赴大都交卸"，如全年漕粮都由通惠河最高可节省3万余石。

三、明清漕运管理

明初，漕运管理制度随着运河的变化而变动较大，自嘉靖起至清中叶比较稳定，清后期运河受阻，管理也日益混乱，问题渐渐增多。

明永乐初迁都北京后，漕运任务日重，漕运和河道统归漕运总兵官兼管。正统三年（1438）设总督仓场，衙署设在今东单裱褙胡同。景泰年间，设通仓御史一员，京仓巡城御史带管一员，负责京通漕粮收运。成化七年（1471）以后，设总漕专理漕运，设漕运参将，运输仍用军卒。明都察院设巡漕察御史一员，驻通州，以巡视漕务为专职，掌管稽查工作。成化后设坐粮厅管理。

清初承袭明制，设总督仓场，由户部满、汉侍郎各一员充任，专门执掌漕运，其地位视如京师部院衙门。仓场衙门仍在京城内，下设京粮厅；公署坐落在通州新城南门内，下辖坐粮厅。坐粮厅满、汉各一员，由给事中、御史及各部郎中、员外郎中选派，任期2年。其下辖石坝州判一员、土坝州同一员、通济库大使一员、通州税课司大使一员。坐粮厅管理漕粮，查验抵坝漕船米数和米色（数量和质量），催攒重、空粮船，督令经纪车户转运粮米交京、通各仓，以及各闸坝堤岸的修固等事务。乾隆三十年（1765）后，由漕运通判专管，并兼抽通州税课，另设巡漕御史一员，监督漕运管理，直至道光三年（1823）裁撤。

通州石坝州判衙门，设在通州北门外，石坝掣斛厅在通惠河岸边隙地。每当漕船到通抵坝，差户部章京一员、御史一员前赴石坝"监察"收粮情况。这时衙门成为这些"监察"大员的临时驻扎公署。在石坝上建有大光楼一座，通称石坝楼，是仓场侍郎和坐粮厅稽查督催粮运的临时办公地点。土坝州同督漕公署设在通州东门外的"土坝掣斛厅"。每年漕运季节，土坝州同督率文武官员沿河稽查、催运。自明嘉靖后，漕粮一部分运至通州石坝起岸，由人夫搬运至葫芦头里河（通惠河）的剥船上，一部分运至土坝起岸，车运至京通各仓。当时通惠河五闸，各设水脚15名，合计75名，加石坝30名，共计105名。运至大通闸的粮米，由所设60名车户负责运至京师各仓。通惠河各闸设剥船60只，每船4人，负责驳运。

清代管理通惠河（里河）和北运河（外河）官吏驻通州情况如下表。

清代通州管理里外河漕运事务官员一览表

清代设官	人数	地点	说明	备注
总督仓场侍郎 司员 中书主事	满正1人 汉副1人 2人 数人	通州新城南门以东（今通州医院路北）		
巡漕御史（道光三年裁撤）	1人			
户部坐粮厅厅承	满正1人 汉副1人		下设八科、三班、六役。职掌河道船只，验收粮米，稽征税收，课厘地亩。辖管七十二行业，六十四巡社	
坐粮衙署	数人	新城西门内大小红牌楼间，仓石道西（今通州师范农园艺）		
大运西仓监督 大运中仓监督	满1人 汉1人 满1人 汉1人	坐粮厅衙署后 旧城南门内	各仓设书办、护卫、置仓花户头、更夫等数人	

续表

清代设官	人数	地点	说明	备注
漕运通判	1人	漕运厅衙署在东关里河沿大王庙南	管理河道岁修、抢修及一切疏筑工程，包括每年外河挖浅工程	
分辖土坝通州州同 分辖石坝通州州同	1人 1人	原在州署，后驻东关土坝公廨 原在州署，后驻北关石坝公廨	坝官职责：司权量，较盈绌。督运实仓及疏筑所属段内堤坝河道事务	
通流闸官 庆丰闸官	1人 1人	公廨在闸房 公廨在闸房	闸官专司闸务、启闭及堤工、纤道。凡两闸所需麻绳、板片、杂项公费银，于坐粮厅衙门请领	
里河外委把总	2人		专司堤工、纤道	
外河外委千总	2人		专司挖浅	
外河外委把总	6人		专司挖浅	
平家疃外委	1人		同治十三年设	

本表据通州梁耀庭整理。

清代通州管理里外河漕运事务吏役河兵一览表

吏役河兵种类	人数	地点	说明	备注
坐粮厅八科： 经承 书手	8人 若干人		八科包括：东、西、南、北、库、税、铜、漕。各有科房。每科设经承1人，书手若干人。税科管理经由运河运转的客商粮货过路税或落地税。漕科管理河道船只等	
坐粮厅三班	若干人		三班：里班、外班、车马班。承担衙署各科内外传呼、值堂、车桥马匹、仪仗值役等杂项差役	

续表

吏役河兵种类		人数	地点	说明	备注
坐粮厅六役	头宅			搞门，任承启	
	二宅	书办4人		管土坝	
	三宅	书办19人；小写4人		管石坝	
	社人	数人		验粮官的前驱顶马，管承验米样，数人轮流值差	
	运役：水脚船头车户	军粮水脚104人 五闸共125人 50人		水脚、船头、车户等运役，负责盘脚入仓之役	
	经纪：军粮经纪白粮经纪	100人 25人			
闸夫	通流闸夫	42人		兼管减水、响闸、节水、南浦四闸启闭、修护	
	庆丰闸夫	80人		兼管平津上、平津下、普济三闸启闭、修护	
河兵	漕运厅管河兵	80人		通流、庆丰、南岸下汛、北岸上汛共4处	
	通州州同管河兵	10人			
	通州州判管河兵	15人			
	通州驻漷州判管河兵	20人			
	平家疃外委管河兵	16人			

本表据通州梁耀庭整理。

第三节 历代漕仓建设与管理

自金代起,华北地区的粮食源源不断地运到中都,就开始设置漕仓。元代漕运自江南,在大都先后设置漕仓数十座,规模宏大,管理制度日渐完备。明清在前代基础上又不断修理、扩建,使这些粮仓一直使用到大运河全线停运之后。现在东直门十条大街仍然可以看到不少古代粮仓的遗存,这些都是历史的见证。

一、金代漕仓建设与管理

(一)漕仓建设

金代漕运山东、河北的粮食至中都,在运河的沿线各州、县都设置了漕仓,贮存各地收敛的粮饷,以备运至京师。《金史·河渠志》记载:"凡诸路濒河之城,则置仓以贮旁郡之税。"在通州和中都城也都有粮仓。据记载,当时就有通济、丰备、丰赡、广济等仓。

(二)漕仓管理

金代漕仓官吏设置情况,据《泰和定律》可知,各仓设仓使1人,主管掌仓廪蓄积,受纳租税,支给禄廪之事,官秩从五品。另有副使1人,掌同使,从六品。攒典1~2人,掌收支文历、行署案牍。仓子随仓规模而定(最多可以设20人),掌斛斗盘量、出纳、看守、巡护之事,与仓官通管。当时中都每仓设13人,通州4仓共设120人,可见当时通州仓的规模很大。此外,通州仓设副使外,各增置判官一员。

二、元代漕仓建设与管理

元代《工典·仓库》记载:"国之有仓廪府库,所以为民也。我朝仓库之制,以此则有上都宣德诸处。自都而南则通州、河西务、御河及外郡常平诸仓。以至甘州有仓盐茶，有局所，供亿京师，赈恤黎元者。其措置之方可谓至矣。"①

元军占据中都城后，就开始利用白莲潭外河道运粮。见于记载的最早建仓时间是中统元年，即所建千斯仓，当时也应修复一些金代旧仓。兴建通惠河以前，又增建不少仓。至元十六年开坝河前共建9仓，开坝河后又建6仓，通惠河完成后又陆续兴建7仓，共计22座。据《元史·百官志》《元典章》《禁扁》《辍耕录》等书关于元代粮仓的考证和《经世大典·仓库》记载比较统计，当时京仓共1303间，可储粮328.25万石，贮存能力接近全年漕粮总数。

元代大都粮仓建置考证一览表

文献	经世大典·仓库					元史·百官志			元典章	禁扁	辍耕录
序号	仓名	间数	储粮（万石）	建置年代	参考位置	序号	分类	备考	序号	序号	序号
1	相应仓	58	14.5	中统二年		17	B	记作相因仓	2	5	4
2	千斯仓	82	20.5	中统二年	光熙门	3	A		1	3	3
3	通济仓	17	4.25	中统二年	葫芦套	19	C		4	18	6
4	万斯北仓	73	18.25	中统二年	京城外	1	A		17	1	2
5	永济仓	73	20.75	至元四年	八政坊	5	A		7	12	9
6	丰实仓	20	5.0	至元四年		22	C		10	17	14

---

① ［元］齐履谦《元文类》卷四二《工典总序》。

续表

文献	经世大典·仓库				元史·百官志			元典章	禁扁	辍耕录
序号	仓名	间数	储粮（万石）	建置年代	参考位置	序号	分类	备考	序号	序号	序号
7	广贮仓	10	2.5	至元四年	京城外	20	C	记作庆贮仓	5	15	无
8	永平仓	80	20.0	至元十六年	京城外	4	A		6	13	8
9	丰闰仓	10	2.5	至元十六年		21	C		3	14	5
10	万斯南仓	83	20.75	至元二十四年	八政坊	2	A		16	2	1
11	既盈仓	82	20.5	至元二十六年九月	八政坊	7	A		13	6	11
12	惟亿仓	73	18.25	至元二十六年九月		6	A	皇庆元年置	8	4	10
13	既积仓	58	14.5	至元二十六年九月		15	B	皇庆元年置	14	7	无
14	盈衍仓	56	14.0	至元二十六年十一月		16	B		9	8	12
15	大积仓	58	14.5	至元二十八年		14	B		11	9	13
16	广衍仓	65	16.25	至元二十九年		13	B		12	10	15
17	顺济仓	65	16.25	至元二十九年	南河沿东岸	18	B		15	11	16

续表

文献	经世大典·仓库					元史·百官志			元典章	禁扁	辍耕录
序号	仓名	间数	储粮（万石）	建置年代	参考位置	序号	分类	备考	序号	序号	序号
18	屡丰仓	80	20.0	皇庆二年二月	南河沿东岸	9	A	皇庆元年置	无	22	无
19	大有仓	80	20.0	皇庆二年二月		8	A	皇庆元年置	无	21	无
20	积贮仓	60	15.0	皇庆二年二月		10	A	皇庆元年置	无	20	7
21	广济仓	60	15.0	皇庆二年二月		12	B	皇庆元年置	无	16	无
22	丰穰仓	60	15.0	皇庆二年二月		11	B	皇庆元年置	无	19	无
合计：22		1303	328.25			22			17	22	16

本表引证资料：

①《经世大典·仓库》，引自《永乐大典》卷七五一一，《世界书局》1963年影印辑本。

②《元史·百官志》，中华书局标点本，卷八五（A、B、C依仓官级别而分，详见下表4～9）。

③《元典章》，清影元抄本（莫棠跋，北京图书馆藏）卷九。

④（元）王士点《禁扁》，《栋亭十二种》本，（十）仓。

⑤元·陶宗仪《辍耕录》，中华书局，1959年。

注：序号为引证者所加，为各文献记载的顺序。

元代通州粮仓建置表

序	仓名	间数	储粮（万石）	分类	元史	元典章	禁扁
1	迺积仓	70	17.25	A	√	√	√
2	及姊仓	70	17.50	A	√	√	√
3	富衍仓	60	15.0	C	√	无	√
4	庆丰仓	70	17.5	A	√	无	√
5	延丰仓	60	15.0	A	√	无	√
6	足食仓	70	17.5	C	√	√	√
7	广储仓	80	20.0	A	√	√	√
8	乐岁仓	70	17.5	A	√	√	√
9	盈止仓	80	20.0	A	√	√	√
10	富有仓	100	25.0	A	√	√	√
11	有年仓			A	√	√	√
12	富储仓			C	√	无	√
13	及衍仓			C	√	无	√
14	南狄仓	3			俱无载，不似漕仓		
15	德仁府仓	20			俱无载，不似漕仓		
16	村舍仓	3			俱无载，不似漕仓		
	合计	756*	182.25		13	8	13

注：*此数缺三仓记载。资料来源同上表。

（一）漕仓结构

中统元年建千斯仓时，便明确记载是"勘会亡金通州河仓规制"而建。元初蒙古人没有建仓廒的传统，文献记载："元初，河仓暨京师仓并无廒房，皆作露囤。不一二夏举皆陈腐臭败，以致牛马不食"，浪费现象严重。后来有人建议"以二项田偏置廒房，实为便当"。这样才开始注意到仓廒建筑的重要性。

元代仓廒以"间"为单位，每间"檐柱高一丈二尺，檩长一丈四尺、八椽"。《经世大典·仓库》列出每10间用料数额。从以上资料可以看出，元代仓廒一间，可储粮2500石左右，似与明清一廒（5间）相同。再据用料情况看，10间用石础55个，可知每间进深约5丈，大于现存清仓。

（二）漕仓管理

元代漕仓的建置和管理，继承了金代的制度。元代仓廒多位于坝河和通惠河沿岸，仓附近多有水道相通。如《析津志》记载，万斯仓前桥2座，坝仓前后桥5座，永济仓东桥2座等。这些水道可使漕粮直接水运到仓前。元大都仓库统归京畿漕运使司管辖，"止领在京诸仓出纳粮斛及新运粮提举司站车撺员"。各仓设官情况，根据规模大致可分为3类。各仓都派军15人看守。在仓廪管理上，太宗时就规定每仓夫役3人"差守仓"，半年交换，以成绩好坏作为考核晋升的条件，如果发生失盗，"就令均赔"。但是元代仓廪"官非其人，收受不精，仓廒不整，晓晾不时"，致使仓粮腐烂的现象常常发生。

元代仓官分类

类别	监支纳	秩	大使	秩	副 使	秩	仓廒间数
A	1	正七品	2	从七品	2	正八品	65～82
B	1	正七品	1	从七品	2	正八品	56～65
C	1	正七品	1	从七品	1	正八品	10～20

注：本表资料来源：《元史·百官志》。

三、明清漕仓建设与管理

明代北京的漕仓始建于洪武四年（1371）。如正月在寅宾、南薰二坊设千斯仓，二月设太仓。六年（1373）又在密云设龙庆仓、古北口仓等①。明代北京城内的仓址大都仍为元代之旧。永乐年间建都北京后，即建北京37卫仓②。宣德中增置北京及通州仓。正统年间又增置京卫仓10座。自从实行兑运法后，各地仓支运者减少，而京通仓容纳不下，中央曾下令拆毁临清、德州、河西务仓的1/3，增建京通仓库。

嘉靖四年（1525）设仓场公署，京师共有8座仓，一般贮藏量少于通州各仓总和。隆庆初，御史蒋机曾说："漕储通仓者三百二十余万石，而京仓仅二百余万石。……请无拘三七，四六之例，凡兑运者悉入京仓，改兑者入通仓。诏可。"明初因通惠河漕运不畅通，京仓储备少于通仓，与元代情况相反。

明代京通各仓建置情况，据《明会典》等资料，其中仓名多系永乐后所改新称，但仓址基本未变迁。清代的漕仓顺治初年京城确定有8仓，通州3仓，基本是明代的旧仓。京通各仓经康熙、雍正年间的增建，至清末共为17仓。

《明会典》所记明代京仓一览表

序	仓名	卫	旧廒（座）	存在廒（座）	计间	空地（座）	建置年代	位置（据京师五城坊巷胡同集）
1	旧太仓	11	306	236	1215	53	永乐七年	东城 南居贤坊、西门、北门
2	南新仓	8	249	180	898	49	永乐七年	东城 南居贤坊、南门
3	海运仓	6	178	120	600	60	洪武二十六年	东城 南居贤坊

---

① 《永乐大典》卷七五一四、七五〇六、七五一二、七五一六，引《顺天府志》。
② 《明会典》卷五六。

续表

序	仓名	卫	旧廒（座）	存在廒（座）	计间	空地（座）	建置年代	位置（据京师五城坊巷胡同集）
4	新太仓	7	181	149	745	27	宣德七年	东城　北居贤坊
5	北新仓	5	140	95	483	41	永乐七年	东城　北居贤坊，即赛百万仓
6	大军仓	4	120	77	390	45	永乐七年	东城　北居贤坊
7	济阳仓	2	47	34	160	2	永乐七年	北城　教忠坊
8	禄米仓	2	74	49	245	2		东城　黄华坊
9	西新仓	4	100	83	415	2	永乐七年	西城　河漕西坊，即广平库仓（疑在大兴县）
10	大兴左仓	1	29	25	133	4	永乐七年	中城　积庆坊
11	太平仓	2	48	44	220	0	弘治七年	
	合计	52	1472	1042	5504	285		

注：转引《图书集成》卷二典卷六二。

明代通州仓建置一览表

仓名	嘉靖四年（1525）据《漕运通志》记载					据《明会典》载		
	建设年代	地点	廒座	间数	大门	存在廒座	计间	空地（座）
大运西仓	永乐间	新城	330	1650	南、北、西三门	394	1971	—
	俗称太仓				每门守军官1人、办事1人，军10人	*112	561	282
大运南仓	永乐间	新城	120	510	北、东二门	80	400	—
	天顺后并中仓	南门西			守军同上	*49	247	72

续表

仓名	嘉靖四年（1525）据《漕运通志》记载					据《明会典》载		
	建设年代	地点	廒座	间数	大门	存在廒座	计间	空地（座）
大运中仓	永乐间	旧城	130	697	南、北、东三门	140	703	—
		南门西			守军同上	*64	321	74
大运东仓	永乐间	旧城	41	205	南、西、东三门	已废		
	隆庆三年并入中仓	（久废）			守军同上			

注：*为顺治初年数字。

清顺治初年京通谷仓情况表

序	仓名	所存廒数	间数	空地（座）	置水井数
1	禄米仓	25	123	5	1
2	南新仓	30	152	16	1
3	旧太仓	42	213	23	2
4	海运仓	45	229	16	1
5	北新仓	49	245	8	2
6	富新仓	28			2
7	兴平仓	30			1
8	太平仓	15	75	1	（水门3座）
	（以上京仓）				
1	大运中仓	64	321	74	
2	大运西仓	112	561	282	
3	大运南仓	49	247	72	
	（以上通州仓）				

注：本表据《清会典》卷八七一。

(一)漕仓建设与结构

清代仓廒应与明代基本相同。《大清会典》记载清代粮仓,以五间为一廒,每间七檩六椽,阔一丈四尺,深五丈三尺。山柱高二丈二尺五寸,檐柱高一丈五尺五寸。每廒顶开气楼一座。仓廒墙壁用城砖砌成,下厚约2米,顶厚1米,能较好起到防火、防盗、保温、耐久作用。许多砖上现在仍可以见到"嘉靖××年××窑烧造"字样。廒底砖砌一层,上铺木板,通仓例用席片。各仓还设有官厅、科房,供管理人员使用。仓院内都设有水井,以备消防之用。例如乾隆六年(1741)大修时各仓共增加井73眼。

(二)漕仓管理

诸仓修葺,顺治初定为三年一小修,五年一大修,每岁额定修仓廒75间。实际只执行到康熙五年(1666)便废止。以后修治每2～3年或1～2年都要进行一次。

康熙二十二年(1683)至嘉庆十七年(1812)的130年间有数字可统计的,共修治50次。其中乾隆以前(1683—1736)54年间增仓廒867座。乾隆三十六年(1771)裁通州20廒。从乾隆三十七年(1772)至嘉庆十七年(1812)41年间,共修治32次,达1685廒次。自同治四年(1865)后,各仓开始减廒。以后除光绪二年(1876)重修一次外,再无修治。光绪二十六年(1900)八国联军入京师占踞各仓驻军,

1981年北京南新仓气楼(作者摄)

民国时期通州粮仓(历史资料)

仓廒全废。至民国年间大多被军队占用。

1949年后，北京粮仓大部分为北京百货公司用作仓库（东四十条胡同）。1981年大部分粮仓还存在，2000年以后陆续拆除，目前仍然保留少部分粮仓。

2019年北京南新仓（作者摄）

参考文献

1.《二十五史河渠志注释》，周魁一等，中国书店出版社，1990年。

2.《水经注》，（北魏）郦道元著，永乐大典本，商务印书馆影印。

3.《（光绪）顺天府志》，（清）缪荃孙辑本，北京大学图书馆藏。

4.《析津志辑佚》，北京图书馆善本组辑，北京古籍出版社，1983年。

5.《国朝文类》，（元）苏天爵集，四部丛刊本。

6.《明实录》，中央研究院影印本。

7.《通惠河志》，（明）吴仲撰，玄览堂丛书本。

8.《漕河图志》，（明）王琼撰，弘治刊本，北京图书馆藏。

9.《长安客话》，（明）蒋一葵撰，北京古籍出版社。

10.《帝京景物略》，（明）刘侗撰，北京古籍出版社。

11.《行水金鉴》《续行水金鉴》，国学基本丛书本。

12.《日下旧闻考》，（清）于敏中等编纂，北京古籍出版社，1981年。

13.《（光绪）顺天府志》，（清）张之洞等纂，光绪十五年校本。

14.《（光绪）大清会典事例》，光绪三十四年商务印书馆石印本。

15.《（光绪）通州志》，（清）高建勋等修，光绪五年刻本。

16.《北京古运河与城市供水研究》，蔡蕃著，北京出版社，1987年。

17.《京杭运河史》，姚汉源著，中国水利水电出版社，1998年。

后　记

自2014年6月22日中国大运河申遗成功，习近平总书记多次指示，一定要保护好、传承好、利用好大运河文化，在全国掀起大运河研究新热潮。中国大运河有文字确切记载开凿始于公元前486年，至今2500多年，历史文献汗牛充栋，大运河文化源远流长。而过去长时间专门研究大运河的基础相对薄弱，许多重大历史问题还需要进一步深入研究。

考察中国大运河历史最明显的特点就是它一直朝着首都修建。汉唐几百年大运河的漕运终端是陕西西安，而元朝开始修建的京杭大运河改为北京后再没有改变。因此考察历史各时期大运河，包括北京大运河的修建无疑是一直要通达京城的漕仓。北京大运河最早与全国连通是公元608年隋炀帝修建的永济渠，从黄河北岸自沁水向东北开凿，有几段与白沟重合，北端可以通到涿郡（治蓟，今北京城西南），长二千余里。到唐代这条运河仍然是北京通往全国的唯一通路。

北京运河修建历史可以归纳为金元大运河创建期和明清大运河发展期。金占据华北，将漕粮水运到通州，因此千方百计修建中都至通州的运河。遗憾的是由于北京地区水资源的缺乏与地形过陡，前后三次修建中都至通州运河都不理想。元代以其水利家郭守敬高超精准设计和施工，克服困难，吸取金代失败教训，将金代不成功的三条运河重修，并且都获得成功，完成了中国大运河的漂亮转身，从原来向西的汉唐运河转至向北方的大都城。京杭大运河一直使用到清末，发挥了巨大作用。

北京大运河的研究工作任重而道远。本书只是个人学习中的一些体会,由于历史久远和文献不足,许多问题仍然处于推测和探讨阶段,希望大家给予批评指正。

蔡蕃